旅游城镇产业集群动态转变研究

徐 林 著

中国纺织出版社

图书在版编目（CIP）数据

旅游城镇产业集群动态转变研究 / 徐林著 . —北京：中国纺织出版社，2019.4 （2024.2重印）

ISBN 978-7-5180-4523-5

Ⅰ. ①旅…　Ⅱ. ①徐…　Ⅲ. ①旅游城市—产业集群—研究 Ⅳ. ① F590.3

中国版本图书馆 CIP 数据核字（2017）第 330794 号

责任编辑：武洋洋　　　　责任印制：储志伟

中国纺织出版社出版发行

地址：北京市朝阳区百子湾东里 A407 号楼　邮政编码：100124

销售电话：010-67004422　传真：010-87155801

http：//www.c-textilep.com

E-mail：faxing@e-textilep.com

中国纺织出版社天猫旗舰店

官方微博 http：//www.weibo.com/2119887771

北京兰星球彩色印刷有限公司印刷　各地新华书店经销

2019 年 4 月第 1 版　2024年2月第8次印刷

开本：787 × 1092　1/16　印张：11.75

字数：202 千字　定价：78.00 元

前 言

旅游城镇产业集群是指在以旅游产业为主导产业的城镇地理空间内形成的以特色旅游生产部门为核心，其他旅游产业部门根据旅游者需求，围绕核心生产部门形成集聚，并由当地传统产业对旅游产业构成外围支撑的网络状产业集群系统。相关研究一般从理论研究和案例研究两方面探讨旅游城镇产业集群动态演化的过程和内在机理。

理论研究以产业集群理论和演化经济理论为基础，综合运用旅游学、产业经济学、区域经济学、管理学、社会学等理论，对旅游城镇产业集群动态演化的一系列核心问题进行系统研究。这些核心问题包括：旅游城镇产业集群的形成机制、内部构造演化的模式、路径和动力机制、外部空间演化的模式和实现过程。通过研究，得出结论：大多数旅游小城镇产业集群的形成具有市场机制与行政机制共同作用的特征。旅游城镇产业集群的动态演化为内部构造演化和外部空间演化，从构造演化到空间演化是一个量变到质变的发展过程。在内部构造演化方面，旅游城镇产业集群的基本构造呈现出由核心层向紧密关联层和外围松散层逐步扩散的网络状结构特征。集群构造的动态演化以旅游者需求变化为原动力，以产业集群核心层产品变化为标志，根据核心层产品的不同变化方式演变出多条演化路径。集群构造演化的模式分为资源导向型模式、功能导向型模式和综合导向型模式，每种模式适用于不同类型的旅游城镇产业集群，具有不同的演化路径，但均以品质化和差异化为演化趋势。将旅游需求变化转化为集群构造演化的动力机制是以旅游需求为导向的旅游城镇企业创新—市场选择—创新扩散机制。在外部空间演化方面，旅游城镇产业集群空间演化的基本模式分为聚集模式、衍生模式和扩散模式。三种模式具有阶段性推进特征，实现旅游城镇产业集群由单个集群形成，向多个集群衍生，再到区域旅游目的地系统形成的空间演化完整过程。

全书共分十章。第一章绪论首先对论文的选题背景、研究意义进行分析；对论文涉及的旅游城镇研究、演化经济理论、产业集群演化理论进行总结和评述；在此基础上对本论文拟解决的关键问题、研究框架与内容、研究方法和技术路线、论文创新之处进行介绍。

第二章是研究的基础性理论探讨。对研究涉及的一系列基础性概念进行对比性理论探讨。这些基础性概念包括城镇与旅游城镇，产业集群与产业链，旅游产业、旅游产业链与旅游产业集群，旅游城镇产业集群。其中重点阐述旅游城镇的特征、旅游产业的特殊性与旅游产业链的基本形态，在此基础上，对旅游城镇产业集群的概念进行界定，分析其具备的基本特征，并比较旅游城镇产业集群与城市旅游产业集群的差别。

第三章分析旅游城镇产业集群的形成机制，包括市场机制、行政机制和市场与行政相结合机制。

第四章、第五章是对旅游城镇产业集群内部构造动态演化的研究。其中第四章研究旅游城镇产业集群的基本构造，探讨其构造演化的方式。在此基础上阐述旅游小城镇产业集群构造演化的多种路径，重点探讨每种路径的特征、形成原因以及每种路径上集群基本构造的变化趋势。进而归纳出旅游城镇产业集群构造演化的三种基本模式：资源导向型模式、功能导向型模式和综合导向型模式，并对每一种模式的特征、环境条件、演化路径与趋势、影响因素进行分析，并结合现实案例进行论证。根据构造核心层的不同，将旅游城镇产业集群划分为不同的类型，并详细讨论每一类旅游城镇产业集群的构造特征和演化模式。第五章深入探讨推动旅游小城镇产业集群按照以上演化模式进行演化的创新动力机制。对这种创新机制的三个作用阶段：旅游城镇企业产品和服务创新、旅游城镇市场竞争选择、旅游城镇产业集群内部创新扩散分别进行分析，运用 Logistic 演化模型对旅游城镇企业创新的市场选择过程和创新扩散过程进行深入论证。笔者进一步指出这种创新机制的实现需要有一个旅游创新支撑体系的支持，并对这个体系的构成和各部分职能进行详细阐述。

第六章对旅游城镇产业集群的外部空间演化进行研究。笔者将空间演化分为聚集模式、衍生模式和扩散模式三种模式，并对每一种模式的形成原因、空间结构特征、实现过程、各种模式中旅游小城镇产业集群的构造演化趋势和各种模式的影响因素进行了系统研究。其中重点构建旅游城镇产业集群的空间衍生模型来说明衍生模式的实现过程。

第七章进入案例研究。在论证云南旅游城镇产业集群的现实存在性的基础上，重点对丽江大研旅游城镇产业集群的动态演化过程及其内在机理进行个案研究。选择丽江大研镇的理由是：它是目前在云南乃至全国范围内旅游业发展最为成熟的小城镇之一，其旅游小城镇产业集群从形成到演化经历了较长的时间，在内部构造演化和外部空间演化两个方面都积累了十分丰富的素材。对丽江大研镇的个案研究内容对应理论研究的框架，从大研旅游城镇产业集群的形成机制、基本构造及其构造的演化模式与路径趋势、推动构造演化的创新机制及其创新支撑体系、空间演化的三种模式进行系统研究。其中对创新机制的研究以大研镇特色旅游商品的开发经营为具体案例。案例研究对理论研究结论的现实适用性进行逐一验证。阐述滇西北旅游产业集群发展的可行性和必要性，分析滇西北旅游产业集群发展的驱动因子以及现阶段滇西北旅游产业的发展现状。分析阐述滇西北旅游产业集群发展现状、发展阶段和发展中存在的问题。提出滇西北旅游产业集群发展的目标、滇西北旅游产业集群发展的模式以及滇西北旅游产业集群发展的对策。从蒲州镇旅游资源和景区辐射区域的空间集聚现状及社会产业经济现状入手，分析蒲州镇发展旅游产业集群的必要性并进行泛旅游产业集群化的SWOT分析，最终进行蒲州泛旅游产业集群布局研究，对蒲州进行泛旅游产业集群的构成分析和“一轴六区”布局分析。

第八章和第九章在理论研究和案例研究的基础上，对旅游城镇产业集群动态演化过程中普遍存在的问题进行分析，并以云南旅游小城镇建设实践的有益经验为依据，提出健康促进旅游城镇产业集群内部构造演化和有效推动旅游城镇产业集群外部空间演化的政策建议。据此，对丽江大研旅游城镇产业集群演化过程中存在的问题和解决对策进行探讨。

最后一章是研究结论与展望，总结并形成旅游城镇产业集群动态演化基本理论，指出研究局限，展望今后的研究方向。

本书的主要创新之处包括：

第一，研究选题的创新：目前对旅游城镇的研究大多停留在现象描述与政策指导层面，鲜有系统的理论研究；对旅游城镇产业集聚现象的关注和研究更显得稀少。本研究首次对旅游城镇产业集群动态演化的基本理论研究，研究选题上体现出显著的突破创新性。

第二，研究思路的创新：①提出以旅游需求变化为原动力，引发旅游城镇产业集群由核心层向紧密关联层和外围松散层逐步变化的构造演化方式。②以核心层旅游产品变化作为集群构造演化的标志，设计出多种构造演化路径。③提出资源导向型、功能导向型和综合导向型三种构造演化模式，并运用云南的现实案例对每一种模式进行佐证。④基于演化分析框架，提出将旅游者需求转化为旅游城镇产业集群构造演化的动力机制是旅游城镇企业创新—市场选择—创新扩散机制。⑤提出旅游城镇产业集群空间演化渐进性发展的三种模式：聚集模式、衍生模式和扩散模式。

第三，数理研究的创新：①首次将Logistic演化模型运用于旅游企业创新的研究中，以旅游城镇产业集群内两家餐厅的创新竞争与扩散为例，运用Logistic模型对旅游企业创新策略接受市场竞争选择以及创新策略在集群内部扩散的过程进行深入论证。②构建旅游城镇产业集群空间衍生模型来阐释空间衍生的原因和实现过程。

第四，案例研究的创新：①通过丽江大研镇的个案研究论证了以人文景观为核心的旅游城镇产业集群的构造演化模式为功能导向型模式，演化路径倾向于集群核心层旅游产品变化以及单核心向多核心演化的研究结论。②第一次深入企业层面，探讨大研镇的旅游企业创新对推进大研旅游城镇产业集群构造演化的作用。③证明大研旅游城镇产业集群的空间演化由围绕大研镇形成旅游产业集群的聚集模式、大研古镇向束河古镇扩充的衍生模式、形成丽江旅游目的地系统的扩散模式三个阶段构成，从而对丽江的旅游产业发展历程进行了全新视角的诠释。

由于作者水平和学识有限，纰漏之处在所难免，敬请各位专家、学者和广大读者对本书的内容和结构多提宝贵意见。

在本书的写作过程中，参阅与引用了多方面的研究资料，已在参考文献中注明，有遗漏之处，敬请谅解，并向有关作者表示衷心的谢意。

作者

2018 年 11 月

目　录

第 1 章 概述

1.1 选题背景及其研究意义

1.1.1 研究背景

2008 年由美国次级贷款引发的金融危机席卷全球。此次危机促使中国更加清晰地认识到中国经济发展必须从出口依赖模式转变为内需拉动模式。启动中国广大的内需市场不仅符合中国的利益，也符合世界主要经济体的利益。为此中央推出促进经济增长的十项措施，包括加快民生工程、基础设施、生态环境建设和灾后重建等，到 2010 年底约需投资 4 万亿元。从中央政策可以看出，上述投资的实质就是拉动国内需求市场。旅游业是一项建立在基础设施和生态环境基础上的服务性产业，具有拉动内需的巨大潜力。因此，尽管旅游业受到金融危机的严重冲击，但从中国发展的实际看，创造大量旅游消费项目，将成为扩大内需的重要举措。

2009 年 11 月 25 日国务院常务会议讨论并原则通过《关于加快发展旅游业的意见》，意见指出，旅游业兼具经济和社会功能。近年来，我国旅游业快速发展，但仍面临发展方式粗放、基础设施建设滞后、服务质量水平不高等问题，必须加强统筹规划，把旅游业培育成国民经济的战略性支柱产业和人民群众更加满意的现代服务业。此次会议对旅游业的产业定位由原来的“国民经济新增长点”上升到“国民经济战略性支柱产业”的高度，可见旅游业在国民经济体系中的重要性已得到国家充分认可。该《意见》的出台预示着中国旅游产业在未来一段发展时期内将得到国家强有力的政策支持，产业发展前景看好。

我们需要更进一步认识到，拉动国内需求的重点是农村，发展农村地区的旅游产业，能够为这些地区创造大量的物质、资源、人力、信息需求，拉动相关产业发展，达到扩大内需的目的。从国家发展战略看，党的十六届五中全会提出建设社会主义新农村是我国现代化进程中的重大历史任务。旅游业被称为绿色环保的“无烟产业”，还兼有吸纳就业和带动关联产业发展等多种功能，能够在解决“三农”问题中发挥重要作用，因此，中央要求全国旅游系统要“以旅促农，积极参与社会主义新农村建设”，并“积极推动县域旅游和旅游城镇建设”。

综上所述，我们对旅游产业的关注应该进一步聚焦农村地区的旅游业发展，寻找适合农村地区发展旅游业的模式。“旅游城镇”建设正是立足于农村旅游业发展，推进城镇化进程的重要举措。“旅游城镇”建设顺应宏观经济的发展趋势，也是国家实施“社会主义新农村建设”发展战略、推进城镇化进程的重要途径。在国家将旅游业建设成为“国民经济战略性支柱产业”的新政策环境中，“旅游城镇”发展前景广阔。

1.1.2 研究意义

（一）理论意义

首先，本研究将产业集群理论和演化经济理论运用于旅游城镇研究，在旅游城镇研究领域是一项开创性的工作，对于丰富旅游学术研究有重要意义。目前对旅游城镇的研究尚处于起步阶段，以经济理论为背景的研究可谓是一片空白。本书开创性的研究能够初步形成产业经济视角的旅游城镇产业集群动态演化基本理论，为今后研究的进一步拓展打下基础。同时，作为一门年轻学科，目前旅游学尚未形成完善的理论体系，旅游学术研究呈现出运用经济学、管理学、社会学等相关成熟学科理论来研究旅游相关问题的趋势。因此，本研究从产业集群视角，将代表目前经济学发展趋势的演化经济理论运用于旅游研究，能够进一步拓展旅游学术研究的理论视角，丰富旅游学术研究内容。

其次，本研究拟解决的核心问题是旅游城镇产业集群的形成和演化过程及机理，研究对于丰富产业集群理论的运用领域具有重要意义。传统产业集群研究主要运用于制造业和高科技产业领域。而旅游城镇产业集群是服务性产业集群，与制造业和高科技产业集群的构造及演化机理有显著的差异。本研究能够丰富产业集群理论在服务性产业领域的实际运用，在此基础上，突破传统产业集群的静态研究方法和外生性研究视角，将旅游城镇产业集群视为一个有生命的经济体，从集群内生环境着手对集群的形成、内部构造演化和外部空间演化进行动态研究。这种研究设计为产业集群的研究提供了更为细致和深刻的理论框架，有助于深化产业集群研究的深度。

再次，本研究将经济学的前沿理论——演化经济学运用于具体区域、具体产业的问题研究，能够提升这一前沿理论对现实问题的解释力，在将抽象理论运用于具体问题研究方面进行大胆而有益的尝试。

（二）现实意义

本研究的选题来源于现实发展问题，研究的结果将为现实需要服务，研究具有突出的现实意义。如前文所述，旅游城镇是中国旅游资源分布的重要区域，也是中国城镇体系的重要构成部分。加快旅游城镇建设是中国旅游“二次创业”的突破口，也是解决“三农问题”，建设“社会主义新农村”的重要途径。虽然城镇是国家城镇体系中最基层的构成单位，旅游城镇在国家旅游产业体系中也只是一个小范围的产业系统，但旅游城镇却承载着丰富旅游产品内容、拓展旅游产业布局、扩大内需、促进社会经济发展的重大职能。因此，在目前建设旅游城镇政策实施的初期，就展开对旅游城镇产业发展问题的系统研究，对于认清旅游城镇发展趋势，顺利推进旅游城镇建设进程有重要的指导意义。

本研究关注的核心问题是旅游城镇产业集群的动态演化过程及内在机理，并以云南旅游城镇建设实践为案例，重点对云南具有代表性的丽江大研旅游城镇产业集群的动态演化进行个案研究，从中发现目前旅游城镇产业集群发展过程中存在的问题，寻找相关解决途径。研究将理论与实践相结合，通过实践案例来验证理论研究的适用性，通过理论研究来指导旅游城镇建设的实践。因此，研究能够为旅游城镇建设相关政策的制定和完善提供科学的理论依据和丰富的现实经验。

1.1.3 问题的提出

旅游城镇建设是中国旅游产业发展的必然选择。1998 年国家出台“旅游黄金周”政策，为中国旅游业的发展提供了前所未有的机遇。大批重点旅游城市和著名旅游景区的游客接待量屡创新高，创造了颇为可观的旅游收入，并显现出旅游业显著的乘数效应和产业关联效应，旅游产业成了“国民经济新增长点”。在旅游产业经济效应的推动下，全国各地涌现出大批新兴景点景区。而我国种类繁多的旅游资源大多分布在乡村或民族地区。因此新兴景点景区中的很大部分就出现在这些具有资源条件的地区。旅游业的快速发展有效拉动了当地基础设施建设和相关服务产业成长，创造了大量就业岗位，解决了农村剩余劳动力转移的问题，使农民脱贫致富。这些地区在实现“旅游扶贫”的基础上，城市化进程加快，逐步发展成为具有特色旅游资源的城镇。而这些城镇如何进一步实现科学发展，成为旅游业界和地方政府普遍关注的问题。

2003 年“非典”使中国旅游业蒙受了巨大损失。“非典”过后，被压抑的旅游需求急速爆发，诸多旅游目的地不堪重负，在分享旅游收入快速增长的同时，暴露出一系列严重的问题，如：旅游目的地拥挤不堪，各地旅游接待设施和接待能力不足，旅游服务质量差，生态环境破坏严重等。于是中国的旅游产业发展逐步进入瓶颈期，这种瓶颈体现在：第一，以重点旅游城市和著名旅游景区为核心的旅游产业发展思路，其效应已经充分显现出来，鼎盛过后即是衰退，旅游产业发展的后劲在哪里？第二，传统旅游发展追求量的业绩，已经给旅游目的地造成严重的后果，如何分流客源，把发展模式转变到提高旅游产品和服务的质量上来？

为突破旅游产业的发展瓶颈，实现旅游“二次创业”，国家和各地政府都在积极寻找对策。这时，旅游资源丰富、数量众多、分布广泛、产品形式灵活多样的旅游城镇成为中国旅游“二次创业”的重要突破口。2004 年旅游大省云南省率先提出了建设“旅游城镇”的创新思路，并于 2005 年出台了《云南省人民政府关于加快旅游城镇开发建设的指导意见》，旅游城镇建设实践收到了显著成效。除云南省的实践最具代表性外，全国其他地区也有依托优势资源，发展旅游城镇的实践经验。如：江南以六大古镇为代表的系列旅游村镇建设，浙江以乌镇为核心的旅游城镇建设颇具特色。此外，徽州系列古镇、四川系列古镇、贵州系列古镇以及山西、广西、江西、湖南等地都在积极探索旅游城镇建设和发展的路径和模式。2006年5月，建设部、国家旅游局在云南大理召开“全国旅游城镇发展工作会议”，号召将云南旅游城镇建设的经验推向全国，并就全国各地的旅游城镇建设实践进行了总结交流。此次会议之后，全国旅游城镇建设掀起高潮，各省区都将创建“旅游名镇”作为推动区域旅游经济发展，加快城镇化进程的重要举措。

但是，在旅游城镇快速发展过程中突显出一些亟待解决的问题，这些问题表现在：首先，部分旅游城镇开发的旅游产品仅仅从自身资源特色出发，却无法真正满足旅游者求新求异且快速变化的消费需求。其次，一些地区的旅游城镇重复建设问题严重，导致资源浪费，恶性竞争。最后，部分旅游城镇无法提供完善和舒适的旅游服务，对旅游者的吸引力不足，导致旅游城镇发展未显示出明显的经济效应。这些问题的出现，归根结底是因为这些旅游城镇没有形成以旅游者需求为导向，以特色资源为核心，在区域范围内具有产业凝聚力和辐射影响力的旅游产业集群系统。实践证明，发展较为成熟的旅游城镇基本都形成了产业集群的基本形态，通过产业集群的一系列内在机制解决了旅游城镇发展中的诸多问题。所以，为推动旅游城镇的科学发展，我们需要从产业集群视角对业已形成产业集群的旅游城镇的形成和演化过程进行系统研究，从旅游城镇的内生要素着手，探究其产业集群动态演化的机理，从而深化对旅游城镇发展规律的认识和理解，为旅游城镇产业集群的培育提供理论指导，为相关政策的制定提供经验参考。

1.2 理论研究综述

1.2.1 旅游城镇综述

（一）国内研究状况

笔者通过中国期刊网，对国内旅游学术界具有权威性的期刊《旅游学刊》、《旅游科学》、《北京第二外国语学院学报》、《桂林旅游高等专科学校学报》（旅游论坛）1999年—2008年以旅游城镇为主题或篇名的论文进行了搜索，其结果为：一、四份刊物中主题包含“旅游城镇”字段的论文共5篇。二、四五份刊物中篇名包含“旅游城镇”字段的论文共有3篇。可见，与目前旅游城镇建设的广泛实践相比，旅游学界对旅游城镇的研究十分滞后。在搜索中笔者发现，对旅游城镇研究的文章主要集中于《城镇建设》刊物，该刊物收录了目前国内城镇研究的主要成果。基于以上主要文献来源，笔者选取其中比较具代表性的研究，对目前国内“旅游城镇”研究所关注的主要课题归纳如下：

国家政策层面对旅游城镇建设的意义和作用的论证。旅游城镇建设已成为我国推进城镇化建设的重要方向和路径。2006年5月建设部和国家旅游局联合召开“全国旅游城镇发展工作会”。时任建设部部长汪光焘在题为《加强引导创新机制，促进旅游与城镇协调发展》

的讲话中指出旅游城镇丰富了我国城镇发展的实践。这类城镇植根于广大的农村地域、依托地方文化与特色资源，它们所特有的休闲度假、游览观光、历史文化和民族文化传播等功能，贴近农民、连着农家。发展这类城镇，有利于促进城市基础设施和公共服务向农村地区延伸，有利于提高城乡居民物质文化生活质量，有利于农民就地就近就业和增收致富，有利于城乡协调发展，因地制宜发展城镇在我国城镇化过程中有着特殊位置。国家旅游局局长邵琪伟在题为《推动全国旅游城镇健康发展》的讲话中指出：一方面，推动旅游城镇发展，有利于发挥旅游业的产业联动优势和产业辐射功能，引导各种资本、资源和要素向旅游城镇有效聚集，为有条件的地区在产业培育过程中提供旅游等新的产业支撑。另一方面，推动旅游城镇发展是综合发挥旅游产业功能的重要体现。我国大部分旅游资源集中在广大农村和民族地区，以城镇为“点”，带动广大农村和民族地区的旅游业发展和经济发展，已成为综合发挥旅游产业功能的重要方面。

对旅游城镇建设模式的归纳。旅游城镇分布广泛，资源特征和历史沿革不尽相同，因此有必要根据各地实际，探索相应的开发模式。以城市周边的旅游城镇建设为例，谢朝武（2004）认为环城旅游带的开发能使位处其中的城镇实现从传统的要素流转经济到自主发展的生态经济的转变。环城旅游带中的城镇具有要素流转功能、旅游休闲功能、产业结构的自优化功能和环境保护功能，其发展动力主要来自于生态位势的自然吸引力、经济利益的定向牵引力、政府的行政驱动力和制度规范力，城镇建设的过程控制应该根据其生命周期来进行主因素分析。资源型旅游城镇的发展模式可以概括为名气扬升—人气聚揽—财气转化三阶段循环的可持续发展模式，马晓龙等（2005）以西安临潼区为实证研究对象证明了这种发展模式的可实现性。云南省建设厅、云南省旅游局（2006）对云南省旅游城镇建设的模式进行了概括：旅游城镇的建设模式包括民族文化建设型、生态环境营造型、特色经济培育型以及复合型，其中复合型是建设重点旅游城镇的管理模式，包括保护提升型、开发建设型、规划准备型，并在此基础上提出了首批60个旅游城镇名单。

以具体案例为切入点，对各地旅游城镇建设的现状与问题的全面探讨。这方面的研究案例选点广泛，问题探讨切合实际。其中以对旅游城镇建设成效显著的云南和浙江两省的建设思路和具体做法探讨最具代表性。也有学者通过案例研究，总结出旅游城镇旅游产品开发、旅游产业形成等相关理论。建设部调研组（2006）在《关于云南省旅游与城镇相互促进协调发展情况的调研报告》中谈到云南省旅游城镇建设的主要做法是：①通过城镇规划调控、建设专业化市场、保护与开发合理并行等方法科学规划、合理布局、严格实施、有序发展；②从资金引导、土地供应、户籍制度等方面进行政策扶持；③充分发挥市场机制；④支持骨干企业参与旅游和城镇建设；⑤引导农村富余劳动力就近就业；⑥注重历史文化遗存保护、生态环境建设，实现自然、人文资源的永续利用和有机更新。建设部、国家旅游局联合调研组（2006）对浙江省旅游城镇建设实践也进行了调研，指出旅游型村镇建设的主要思路可以归纳为加强政府引导、鼓励多方参与、确保规划先行、促进标准化发展、加大宣传力度。在旅游城镇旅游产品开发方面，唐秀丽等（2006）提出了建立区域协调互动机制的产品开发对策，为城镇旅游产品开发提供了新的思路，即在城镇旅游产品规划与策划中，把整个镇域作为相对完整的旅游产品、相对完整的旅游目的地和统一的区域旅游形象实体，既平衡好旅游业的各组成部分，又通盘考虑旅游业发展和其他部门、行业之间的协调关系，避免各自为政的弊端对外，在保持自己特色的基础上与周围城镇协作发展，采用优势互补的策略，把周围城镇纳入到一定的区域系统中，与其合作发展，建立区域性开放体系，实现资源共享，从而产生规模效应。在城镇旅游产业形成的因素研究方面，何勇（2008）认为主要因素是旅游资源吸引力、市场需求、交通区域、接待服务设施、机遇及政府职能政策等，并构建了城镇旅游产业影响因素模型。此外，李晓阳（2008）对黑龙江旅游城镇，胡卫华对云南丽江和湖南凤凰的古城镇，韩军（2007）对山东临沂旅游城镇，张仁开（2007）对上海郊区旅游城镇的开发建设进行了相关研究和总结。

从规划角度对旅游城镇的规划思路、规划方案的系统阐述。旅游城镇建设必须遵循规划先行的原则，近年来从规划技术角度对旅游城镇的研究逐步成为旅游城镇研究领域的新方向。刘德云（2008）根据公众参与在旅游城镇规划中的价值，构建了参与型旅游城镇规划的理论模型，强调理论模型以公众参与为核心，通过目的—分析—远见—综合预测—评估五个环节建立从规划大纲设定到规划方案执行到规划回顾的层级回馈机制的框架。从而将旅游城镇规划上升到较为系统的理论层面。在此之前，唐鸣摘（2007）从旅游城镇景观的概念、分类、特点以及景观体系的构建等方面加以论述，勾画并明确旅游城镇景观的保护和建设方向。叶林（2004）以重庆市统景镇为例，研究了邻近风景区的旅游型城镇总体规划。王兆峰（2002）对湘鄂渝黔边旅游城镇规划的思路进行梳理。单德启（2006）对安徽芜湖市奎湖影视园文化镇的具体规划方案作了深入探析。

（二）国外研究现状

在国外，城镇建设早已成为推进城市化的最有效途径，美国、英国、澳大利亚以及拉美等国都进行了多年实践，其中包含大量以旅游业为主导产业的旅游型城镇的开发建设。国外对旅游型城镇的研究特色主要体现在从具体的案例出发，提炼出系统理论或者建立一个理论模型，用具体案例来加以验证，从而较好地实现理论与实践相结合。其主要研究主题可以归纳为（赵小芸,2008）：

城镇社区参与与旅游业发展的互动关系。城镇旅游发展带有显著的政府意愿，因此只有在发展过程中充分尊重当地社区利益尽可能提高社区参与度，才有可能实现可持续的旅游发展，否则宏观旅游战略将不具任何指导意义 (Robert Madrigal,1994；Kirsty Sherlock,1999)。Robert Madrigal 曾以美国和英国的两个旅游型城镇为比较案例详细研究了当地居民对旅游业发展影响的感知与政府在旅游业发展中的作用之间的关系。研究得出结论：反对当地旅游发展的居民支持政府采取限制性产业政策，支持当地旅游发展的居民则强烈反对政府的限制，而大多数中间人群的利益则是政府在制定旅游发展规划和产业政策时重点关注的对象，因为城镇社区就是政府进行旅游营销的内部市场。此外，大量以居民对旅游业发展感知为主题的研究均以乡村或小镇人口为研究对象 (Allen,Long,PerdueandKieselbach,1988;Cooke,1982;Long,Perdueand Alien,1990；Madrigal,1993)。

旅游业发展对城镇社会经济发展的影响。这方面的研究在重视研究结论的同时，强调研究方法的运用。Graham Parlett,John Fletcher,Chris Cooper（1995) 通过构建爱丁堡历史古镇的旅游投入产出模型来研究旅游业发展对古镇其他产业产生的乘数效应。研究表明爱丁堡旅游业已经成为推动当地经济发展最为重要的产业。与欧洲其他 17 座类似的历史古镇相比，爱丁堡旅游业之所以能保持旺盛的发展势头，与当地高度重视对历史文化的保护密切相关，同时在旅游发展过程中组织大量论坛和研讨活动，引入各方力量探讨旅游发展战略，较好地处理了公共部门和私营部门的关系。JohnS.Akama 和 DamiannahKieti(2007) 对肯尼亚蒙巴萨岛旅游城镇的研究结论表明，尽管当地把旅游业作为社会经济发展的工具，但事实上旅游业并未发挥其应有的作用。大量政府主导的旅游工程盲目实施，导致旅游资源被外部利益集团掌控，当地居民难以从旅游业发展中受益。在小镇旅游发展中必须改变以外国旅游者数量增加和旅游收入增长为衡量标准的方式，从旅游产业如何整合国家和地方经济体系，如何使当地居民受益的角度出发来制定衡量标准。研究采用的是田野调查和问卷调查法。

关于城镇旅游规划的理论探讨。一些学者构建了旅游规划模型，其中的共性是指出旅游规划必须更加科学化，合理化，需要建立一套完整的规划决策程序与体系 (Baud-Bovy,1982;；Getz,1986)。Carlos Costa(2001) 进一步指出从理论层面而言，旅游型城镇的城镇发展规划和旅游规划必须相互融合，具有一致性和可持续性。但自 1850 年以来的规划实践证明，虽然城镇规划与旅游规划都遵循明确的指导方针和原则，但城镇规划有权威规划机构和规划理论的支持，而旅游规划通常是对具体情况的反应过程，直接遵循市场利益导向。两种规划之间的融合是显著的趋势，因为旅游规划实际上是城镇规划的一部分，旅游规划应该更多从理论和技术角度着手。

如何发挥当地资源在旅游城镇建设中的效用。这方面的研究以大量欧洲传统城镇向旅游型城镇转型的研究最为典型。例如 Clare Murphy 和 Emily Boyle(2006) 通过构建旅游城镇文化旅游发展理论模型研究了英国前工业城镇如何利用当地文化特质打造文化旅游城镇，实现城镇经济发展转型。通过模型研究发现，当地业已形成的特定居民的角色和居民之间的关系是当地文化旅游发展的最重要因素，最初当地文化旅游发展的偶然性而非政府战略导向是另一关键因素。此外，当地文化遗产、文化产品创新等也是构建文化旅游城镇的有利因素。MelanieKay Smith(2004) 研究了英国沿海传统度假城镇的复兴过程，结果表明旅游业与文化、休闲、零售等领域相互融合带动当地商业投资，强化经济联系，从而大力推动了当地旅游业为主导的经济体系复苏。因此加强文化发展规划对城镇旅游业发展至关重要，采用宽泛的文化界定，融入后现代理念，能够有效消除社会和种族隔离，促进文化旅游的多样化。

具体案例研究。比较具代表性的是 Seaton,A.V.(1996，1999) 对 20 世纪 60 年代兴起于威尔士，20 世纪 90 年代扩散到全英国的欧洲图书镇旅游发展项目进行的长期跟踪研究。

（三）国内外旅游城镇相关研究评价

根据以上国内外旅游城镇的相关研究状况，可以归纳出如下特征：

第一，国内外研究都将旅游城镇规划作为研究的一个重要主题。所不同的是，国外的研究比较重视规划理论和方法的探讨，而国内的研究多以具体规划案例的探讨为主。但近两年国内研究开始从规划案例中提炼理论与方法，有逐步向理论体系发展的趋势。刘德云 (2008) 的研究就是这种趋势的代表。

第二，国内外研究都有大量对旅游城镇的个案研究，研究内容均集中于探讨当地资源特征、发展模式、政策支持、发展效果评价等。由于国外研究已经历较长时间，因此在案例探讨的基础上，形成了一系列纵向和横向比较的连续性研究。这对目前国内的研究是很好的启示，是案例研究进一步深化的方向。

第三，国内外研究都十分重视政府在旅游城镇发展过程中扮演的角色和发挥的作用。学者们普遍认为旅游城镇具有典型的政府主导特征。所不同的是，国外研究更加重视在政府主导基础上，如何以社区利益为中心，在社区和政府之间进行利益分配。而国内由于旅游城镇概念的提出与建设本身就是政府意志的结果，因此研究大多探讨的是政府如何主导，以推动城镇旅游业的发展。

比较国内外研究，可以看出由于国内对旅游城镇的研究尚处于起步阶段，与国外研究的差距主要存在于两个方面：

一方面，旅游业在城镇发展中最显著的作用就是拉动当地经济发展，因此对旅游城镇经济发展的形态和内在机理的研究以及经济发展效果的评估理应成为研究重点。国外学者在这一领域已通过田野调查、模型评估等方法进行了有益的研究尝试。而国内对此课题的研究不足，现阶段研究尚且停留在描述概括阶段，缺乏系统的理论框架指导，在研究深度、广度、研究方法创新等方面有很大提升空间。

另一方面，社区参与目前已成为国际旅游学研究的重点课题，在旅游城镇研究中，国外学者也对这一课题进行了广泛的探讨。而在国内，虽然近年来出现了大量社区参与旅游业发展关系的研究，但在以旅游城镇为主题的研究中涉及“社区参与”的内容显得较为缺乏，应在今后研究中有所突破。

综上所述，比较国外的研究状况，国内对旅游城镇的研究缺乏系统性，尤其对旅游城镇经济发展的形态和内在机理的研究、经济发展效果的评估，旅游城镇社区参与等课题的研究涉及较少。而这些课题正是进行旅游城镇深层次研究的主要着眼点。

1.2.2 产业集群化理论

产业集群研究是产业经济学的重要组成部分，而产业集群的演化是产业集群研究的核心问题。国内外学者从不同研究视角、运用不同研究方法进行了大量理论研究与实证检验。

归结起来，产业集群演化研究的主要内容包括：产业集群的形成机理和演进发展过程。笔者将从这两个方面对现有研究成果进行归纳总结。

（一）产业集群的形成机理

1、马歇尔的产业区理论

马歇尔 (Marshall) 在《经济学原理》中以亚当·斯密的劳动力专业化理论为基础，研究了早期英国产业聚集的原因。他认为在同一种类生产的总量很大的领域里，使用高价的专用机械为大量邻近的企业进行工作，能使专用机械的使用率大幅提高，专门设备的使用成本大幅降低。而从劳动力市场看，雇主需要到能雇用到大量专业技术工人的地方开设工厂，求职者也通常前往有大量雇主存在的地方求职，这些因素都导致了产业聚集。马歇尔据此提出了“内部经济”和“外部经济”概念。内部经济是有赖于从事工业的个别企业的资源、组织和经济效率的经济；外部经济是有赖于这类产业的一般发达的经济。外部经济对产业区的形成非常重要，往往因为许多性质相似的企业集中在特定的地方而产生外部经济效应，如产业区出现熟练劳工的市场和先进的附属产业，或产生专门化的服务性行业，改进铁路交通和其他基础设施等，以及产业规模扩大而引起的知识量的增加和信息技术的传播。劳动力市场共享、专业化附属行业的创造和技术外溢是马歇尔解释产业集群形成机制的三大关键因素。

2、韦伯的工业区理论

韦伯 (Weber) 在 1909 年出版的《区位原论》中探讨了工业区位决定以及促使工业在一定区域集聚的原因。韦伯把影响工业区位的决定因素分为区域因素和位置因素，区域因素又包括聚集因素和分散因素。在聚集因素中，有特殊聚集因素和一般聚集因素。特殊聚集因素包括便利的交通条件、丰富的资源状况；一般聚集因素包括因企业聚集所产生的外部经济性，如公共服务和基础设施的共享，特别是因上下游企业之间的产品互补所产生的产品相互依赖的间接外部经济效应。通常情况下，工业聚集在交通便利和资源丰富的区域。韦伯认为，若干企业聚集在一起，能为各个企业带来更多的收益或节约更多的成本，这是企业聚集的基本原因。韦伯在《工业区位论》中将产业聚集分为两个阶段：第一阶段是企业自身的规模扩张，引起产业集中化；第二阶段是靠大企业以完善的组织方式集中在某个地方，并引发大量同类企业在此地的出现，这时地方性集聚就能产生显著的规模经济优势。

3、佩鲁的增长极理论

增长极理论最早由法国经济学家佩鲁 (Perroux) 提出，其理论出发点是“经济空间”理论。佩鲁认为：经济空间是存在于经济元素之间的经济关系，这种经济空间主要是对产业关系的抽象和概括，而不是普追意义上的地理空间。佩鲁把这种抽象的经济空间分为三种类型：计划空间、受力场空间和同质聚集整体空间。增长极产生于受力场经济空间。佩鲁把增长极分为两类：一类是厂商或企业，另一类是产业。它们的共同点是创新。虽然在完全竞争的环境中，追求利润最大化是所有经济体的共同目的，但只有创新才是实现利润最大化的根本途径。而现实中并非所有的厂商和产业都具有创新功能，只有"成功的创新"性厂商和"领头产业"在一定的经济空间中对其他厂商和产业才具有支配和推进功能，产生"支配效应"和"扩散效应"。佩鲁认为"领头产业"就是指包含创新企业的主导推进产业。而对于增长极的具体含义不同学者有着不同的理解。麦克龙认为："增长极是一种有相关产业构成的产业综合体，这些相关产业由于相互邻近而获得相当多的经济利益。"而拉苏恩认为"增长极是围绕主导产业而发展起来的，通过投入产出关系紧密联系的，地理上又是聚集在一起的产业群，主导产业和整个产业的创新和发展步伐比极外的产业快"。不论对增长极作何理解，佩鲁的增长极理论可以概括为确定区域主导产业，通过发挥主导产业的扩散效应和关联效应，吸引大量相关资源和企业在区域空间内聚集，推动区域经济发展。可见增长极理论对产业集群的形成机制解释是从主导产业的关联扩散效应着手的。

4、克鲁格曼的新经济地理理论

20 世纪 90 年代美国经济学家克鲁格曼 (Krugman) 的新经济地理理论将经济地理带入了主流经济学领域。他的理论核心思想可以概括为三个方面：一是规模报酬递增。由于生产规模的扩大带来产出的增加，从而带来生产成本的下降，各国或区域间通过发展专业化和贸易，提高其收益；集中是经济规模的反映，地理上的集中形成大型的聚集地区，其规模优势远远大于某一个部门或产业的集中优势，从而为地区获得竞争优势创造了前提。二是中心—外围模型。克鲁格曼指出由于不完全竞争的存在，当某个地区的制造业发展起来之后形成工业地区，另一个地区则仍处于农业地区，两者的角色将被固定下来，各自的优势被"锁定"，从而形成中心区与外围区的关系。这个模型以严格而连贯的形式阐述了经济活动区位选择与收益递增、运输成本、需求等因素的内在联系，即：规模经济越重要，运输成本越低，对制造业产业的需求越大，制造业生产就越容易集中。他的研究也表明产业集群的形成具有较强的路径依赖性，一旦建立起来就倾向于自我延续下去。三是建立模型探讨国际贸易成本与产业集聚的关系。通过对两个国家、两个产业和一种生产要素的建模研究，得出结论在贸易成本高时，两个产业同时存在于两个经济中，在贸易成本低时，产业集聚不仅是可能的，而且也是必需的，甚至可能走上彻底的专业化。克鲁格曼对多生产要素、多国家、多产业的研究，证明了产业集群现象存在的可能性与持续条件。

5、波特的竞争优势理论

波特 (Porter) 的集群竞争优势理论认为，集群通常发生在特定的地理区域。产业地理集中的发生是由于地理因素，集群由于地理接近，可以使生产率和创新利益提高，交易费用降低。一个国家在国际具有竞争优势的产业，其企业在地理上呈现集中的趋势，通常聚集在某些城市或地区。集群的规模可以从单一城市到一个州，一个国家，甚至到一些邻国联结成的网络，集群所具有的不同形式要视其纵深程度和复杂性而定。

6、斯科特的交易费用集群理论

斯科特（Scott）是将交易费用分析方法具体运用到产业集群发展中成功的学者。他深化和发展了科斯和威廉姆森的交易费用分析方法，认为产业集群的兴起和增长是企业内部和外部交易成本之间进行选择的结果，产业集群是企业垂直分离的空间经济成果。当企业垂直分离时，经济中外部交易活动的水平将提升，由此促使那些有强烈愿望和经济联系的生产相互向集群区域集中。反之，大量生产企业的聚集会极大地降低外部交易的空间成本。这种情况下，将会产生两方面的经济效果：一是企业搜寻和续约成本的下降将进一步加剧企业的垂直分离；二是投入需求的高度非标准化以及生产企业需要面对的交流、接触，也加剧了企业的垂直分离。因此，企业垂直分离强化了产业空间聚集，产业空间聚集又进一步加剧了企业的垂直分离。斯科特还认为，在社会劳动分工日益加剧的情况下，企业间的交易频率大大增加，企业总交易费用上升。交易成本与地理距离呈正相关，所以企业有近距离选择交易伙伴的愿望，从而导致地方性产业集群的产生。

（二）产业集群演进发展过程

1、产业集群生命周期理论

产业集群生命周期理论是产业集群演进发展过程研究中运用最为广泛的理论，它将产业集群刻画为具有阶段性发展特征的生命体，从而描述了产业集群从产生到衰败的全过程。

Petri Ahokangas,Martti Hyry,Pekka Rasanen(1999) 提出了一个区域集群演化模型，模型将集群演化划分为三个阶段：起源与出现、成长与集中、成熟与适应。在起源与出现阶段，由于地区或资源等优势，一批快速增长的新企业在某一地点集聚，具有创新精神的创业家最初利用独特的人际关系建立起企业之间的联系。随着新企业不断进入集群，集群产生集聚经济效益。随后集群将进入增长阶段。在成长与集中阶段，一旦企业实现了真正的成长，那么集群的成功就取决于广泛的、高质量的、松散联结的网络，以及差别化的企业经营战略。大量企业在空间上相互临近，将导致各种思想、技术和信息传播的加快，由此促使企业经营活动出现模仿和同构化。随着这种相互模仿和同构化的持续，集群进入集中化阶段，企业增长率和新进入集群的企业数量都下降。此时，集群进入成熟与适应阶段。在成熟的外部环境中，迅速增加的资源竞争将导致成本上升，带来集聚经济的丧失。在现有集群中，企业家活动变得更加保守，并带有模仿性。如果这种集聚不经济的状况持续下去，随着模仿和同构化的增加，集群内企业的数量将出现下降，创新开始出现在现有集群以外的地区。这时整个集群将出现衰败，严重时甚至会走向毁灭。Ahokangas 提出的这个产业集群生命周期模型为解释产业集群演化开创了具有影响力的思路，为之后大量学者的研究奠定了基础。

Garofoli（1991) 根据意大利的经验研究将集群发展分为三个阶段：区域生产专业化阶段、地区生产系统化阶段、区域系统化阶段。在区域生产专业化阶段，企业集中于某一地区，这是由于该地区的特殊优势(如低成本的劳动力)造成的，企业之间并没有过多的联系；

到了地区生产系统化阶段，企业之间的联系增多，同部门企业开始合作，不同部门也开始形成稳定的组织结构；而在区域系统化阶段，产业集群完全成熟，内部结构逐步完善，集群内企业和组织联系变得紧密而稳定。

李瑞丽 (2005) 根据 Ahokangas 的模型，将产业集群生命周期划分为以下四个阶段：起源和发生、发展和趋同、成熟和调整、衰败阶段。并根据对集群发展影响突出的技术、市场、人力三要素在不同阶段的作用，提出了驱动产业集群演化的三角驱动 TMP 模型。李瑞丽指出，产业集群总会呈现出一定的演化规律，在这个演化过程中，技术创新和扩散、需求偏好变化以及人力等因素共同作用，最终使产业集群呈现出由诞生到成长、成熟并逐步衰落的过程。

谈正达 (2005) 将产业集群的生命周期划分为四个阶段：形成阶段、发展阶段、成熟阶段和衰退阶段。并根据产业集群不同的形成方式，分别对内生性产业集群和外生性产业集群的演化过程进行分析。在他的分析中，内生性与外生性产业集群在不同生命周期的特征有所区别。最显著的区别是内生性产业集群具有自发形成性质，由于竞争激烈，集群里中小企业居多，主要以网络型产业集群为演化路径；而外生型产业集群由于政府支持和本地的区位优势，外部企业开始在本地扎根，由此带动本地企业的出现与发展，因此主要以中心—卫星型产业集群为演化路径。

袁泽沛 (2006) 运用产业生命周期理论对中国民营科技产业集群演化趋势进行了研究。

2、演化经济学视角的产业集群演进

演化经济学的最突出特征就是研究经济体的动态演化过程。根据演化经济理论，产业集群的演化由两个基本要素决定。一是集群自身存在的演化变异因子，这些因子会产生从低向高的变革需求。二是环境中存在的变动因素，这种变动因素一方面来源于组织变革对环境施加的影响，另一方面则是环境自身各种因素相互作用的结果。产业集群的演化过程同自然界物种进化一样呈现出多样性、遗传性和自然选择性。多样性是指当产业集群进入演化创新过程时，特定产业集群至少会具备一个能够引发创新的特质，该特质将明显区别于其他产业集群。遗传性是指在产业集群内存在某种类似生物基因特征的组织复制机制，在复制过程中它会进行遗传的优化选择，以保证组织自低向高单向进化。自然选择性则强调产业集群在演化竞争中所具有的自适应系统的有效性。自然界的物种与生存环境之间是一个互动的又相互适应的选择过程。当其生存环境发生改变时，物种的内部组织细胞就会被充分动员起来，进入自适应系统的选择变异过程。产业集群亦是如此，环境对不同产业集群的自然选择，使得一些集群生存，而另一些集群消亡。自然选择导致了组织变异，组织变异的结果经过选择机制筛选产生演化变迁，并进一步遗传扩散。在此过程中，组织与环境之间建立起新的平衡。一旦这种平衡被打破，新的变异选择遗传过程就会重新开始。产业集群并不是局部组织适应性变化，而是一种组织形式对另一种组织形式的替代。这种替代过程有时表现为强制性的演化，有时则表现为逐渐的演化更替。但无论是采取哪一种

演化方式，都是一定制度环境对组织提出变迁要求的结果（曹阳，2006；陈建煊，2004；傅翼芳，2004；刘友金，2004；秦夏明，2004)。

郭立平（2007）在演化经济学理论框架下，从知识溢出、企业衍生、自我强化、网络成长四个维度探讨了产业群落的成长机制。产业集群是个开放的、远离平衡态的系统，由于自增强（正反馈）的作用，创新通过系统的涨落被放大，从而使之越过某个不稳定的阑值而进入一个新的组织结构，在这个突变过程中，大数定律失效，但当新结构形成后，自增强又会启动大数定律，新的惯例进入扩散阶段，知识溢出就此发生。产业集群在其成长过程中，远离无序的原子式的竞争状态，形成协作式的竞争，完成自催化和交叉催化的过程，进而形成自强化机制，不断强化自我聚集经济优势、品牌优势和网络创新优势。产业集群的路径依赖和制度变迁就是产业集群的自我强化机制不断演进的外在表现。

喻卫斌（2005）将产业集群的演进概括为一种正向的状态，其演化的路径是沿着由低级形式向高级形式（个体—产业种群—产业集群）而递进。如果产业种群内各要素的数量、分布密度和结构不合理，或者各要素之间互相排斥、关系紊乱，或是由于外部环境发生变化，内外条件不协调，这时的产业种群即为无效的。在这种情况下，产业种群“内聚力”消失，不能形成“场效应”，其进化呈反方向，即产业种群不仅不能壮大、发展，相反是趋向退化、衰落甚至消亡。其集聚功能不能发挥，这样即使形成了产业种群，也是无效的产业种群。

张伟（2008）运用自组织理论模拟了产业集群的演化过程，把产业集群的自组织演化过程分为两种情况自稳定过程和自重组过程。自稳定过程是指涨落低于“临界状态”的条件下，通过渐进性和连续性的自组织，经济活动的涨落向原有的产业集群均衡状态回归，增强了原产业集群模式自重组过程是指在产业集群系统内经济活动的涨落超过了临界状态，通过非线性产生放大作用，原有的产业集群系统失稳并出现分叉，一种新的产业集群出现并取代原有的产业集群系统，这个过程具有突变性和非连续性的特征。

3、网络结构视角的产业集群演进发展过程

夏兰（2006）指出，产业集群的发展过程实际是集群网络结构演变的过程。这种网络是一个巨型有机网络，包括分工网络、交易网络和社会关系网络三个层面。分工网络是产业集群网络的钢架，支撑起整个集群的运转，并且是集群网络的核心交易网络是经济网络的边缘层，为分工网络服务，实现分工网络中产品分工链的产品价值社会关系网络为经济网络的外层，包裹着交易网络，通过社会关系网络，交易网络的运行成本更低，网络规模更大，使得交易网络对分工网络的服务能力更加强大。产业集群网络的演变主要表现为内部网络演变和外部网络演变。其中内部网络演变主要表现为网络环节的延伸、细化，而外部网络演变主要表现为内部网络与集群外其他社会经济主体网络的对接。

4、其他视角的产业集群演进

王琦（2006）认为对无边界企业而言，企业是构成产业集群的基本单元，企业对无边界的不断追求是产业集群生命演化的动力。彭志群（2008）应用系统热力学熵权系数法基

本原理，把产业集群看作一个平衡系统。考虑资源、劳动力、资本、空间、知识、社会资本、政府干预七个关键要素对产业集群演化的影响，用系统熵值度量系统的集中趋势，评价产业集群演化的综合能力。

（三）产业集群演化模型研究

对产业集群演化的研究，不少学者在理论探讨的基础上进行了大量数理模型构建的研究。比利时学者 P.F.Verhulst 曾提出有名的 Logistic 模型，用于研究生物种群的演化，之后 R.Pearl 和 L.T.Reed 对 Logistic 模型的效用有了新的发现，使得该模型的应用领域拓展至经济现象演化过程的研究。目前 ,Logistic 模型已经成为产业集群演化研究中运用最为广泛的数理工具。Logistic 模型是针对二分类或多分类响应变量建立的回归模型，其自变量可为定性数据或定量数据。

周浩（2003）借用 Logistic 方程讨论企业集群现象中的两种集群模式及达到稳定共生的条件和经济解释。何继善（2005）利用种群生态学中研究物种个体间相互关系的理论建立的产业集群内企业间的竞争、互利和上、下游关系的 Logistic 模型表明产业集群内具有不同关系的成员之间达到均衡的条件是具有竞争关系的集群成员间必须保持一定的差异性，不能完全同质具有互利关系的成员间必须保持激烈的竞争，彼此之间的依赖程度不能太大。产业集群保持生态平衡的条件是集群内企业之间必须保持一定的差异性、形成功能完善的分工协作网络，保持与外界的物质交流和信息交流，形成开放型的生态系统。程胜（2007）认为推动产业集群演化的基本动力在于集群内部企业间合作稳定性及其共生性。产业集群演化的 Logistic 模型表明有序和无序是相对的，产业集群演化除了能够产生稳定平衡的、周期的动态行为外，还可能产生混沌现象。在集群演化混沌状态下，集群的演化发展方向与模式由集群内部企业间共生性和合作稳定性以及外部环境的影响共同决定。而王子龙（2006）则详细研究了企业集群的共生演化机制。他在方程基础上构建了企业集群共生演化模型，认为企业集群的演化实质是区域经济系统和区域生态系统耦合而成的复杂系统，其发展受利益驱动机制和生态平衡机制的双重制约。在复合机制的支配下，企业集群的演化态势呈现出复杂的行为和轨迹。他还利用模型的相关指标对中国部分制造类企业集群一年的整体演化轨迹进行了测定。

除 Logistic 模型外，陈莞（2007）建立元胞自动机模型研究产业集群规模演化问题，田银华（2006）构建进化博弈模型阐述在市场机制作用下企业的自主选择所导致的产业集群演化过程。

1.2.3 演化经济理论的研究思路

从上文的研究归纳可以看出，无论是产业集群生命周期理论，还是产业集群生态系统理论，或是产业集群的自组织演化理论，都体现出动态变化的研究思想，尤其产业集群生态系统理论以及产业集群的自组织演化理论，更是深入到产业集群内部来探究自身发展演变的根本原因。在数理模型研究方面,Logistic 模型及演化博弈分析也以动态演化为模型构建的思路。可见,将体现系统动态变化的演化经济理论运用于产业集群演化机理的研究,已成为产业集群研究的发展趋势。因此,我们将进一步探讨演化经济理论的基本研究思路。

演化经济理论在借鉴生物进化思想方法和自然科学多领域研究成果的基础上,以动态、演化的理念来理解和剖析经济系统的运行与发展规律。演化经济理论形成的标志是理查德·R. 纳尔逊(Richard R.Nelson)和悉尼·G. 温特(Sidney G.Winter)于 1982 年出版的经典著作《经济变迁的演化理论》。纳尔逊和温特的演化经济理论核心思想包括:第一,对新古典经济学理论的两大支柱——利润最大化和经济均衡进行了批判。新古典经济学认为企业的目标是利润最大化。纳尔逊和温特则认为,经济主体(特别是企业)的目标是追求利润,但不是利润最大化。他们接受西蒙等人的行为主义理论,认为人是有限理性的,这种特性使企业对已选定的方案感到满意即可,而该方案未必是最优方案。第二,基于有限理性和知识的分散性提出"惯例"概念,惯例是企业日常行为的基础,每个企业的惯例可以被看成是企业知识和经验的载体,不同企业的惯例差异导致企业之间的异质性。企业惯例在一段时间内保持稳定,根据市场变化做出相应调整。惯例可以遗传,在企业的扩张和成长过程中惯例会不断被修改又不断地遗传。第三,在惯例概念基础上提出了"搜寻"、"创新"、"选择环境"概念。企业按照惯例运转若能创造满意收益,这些惯例通常不会变化。但企业运转若出现问题,使收益低于某一个限度,企业则需要对管理进行调整。调整的方式包括"搜寻"和"创新"。搜寻是在已知的技术和惯例中寻找适合自己需要的。"创新"是通过研究和开发寻找原来没有的技术和惯例。当企业有几种方案可供选择时,企业的选择行为受选择环境的影响。选择环境分为外部环境和内部环境,外部环境即市场环境,如产品需求、要素供给、价格等因素内部环境指行业内和企业内的环境,如创新引起的变化等。纳尔逊和温特认为经济的演化过程是一个"惯例"的学习过程,"惯例"在很大程度上是一种默会知识,往往会自动进行选择、复制和模仿。20 世纪 90 年代以来,自组织理论、演化博弈论、实验经济学、混沌理论和非线性动力学等分析工具逐步引入演化经济模型中,大力提升了研究对象与分析工具之间的协调性。

演化经济理论的一般性研究思路为研究对象是随时间变化的某一变量或系统,理论探索是为了理解引起这些变化的动态过程,特别是解释为何变量或系统会到达目前的状态,它是如何到达的。这些变量或系统的变化既有一定的随机性,又有通过筛选机制呈现出的规律性。大部分演化经济理论的预测或解释能力在于其系统筛选过程,通常假设筛选过程具有一定惯性,同时这个过程也有潜伏的突变动力,从而使系统不断产生新的特征。

从理论分析要素看,一个明确的经济演化分析框架通常包括四个要素:第一,基因或选择单位。大多数演化经济学家认为制度或组织具备选择单位的条件,纳尔逊和温特提出惯例也具有选择单位的特征,更重要的是惯例具有基于学习效应的遗传性特征,选择单位具有有机连贯性和相对稳定性。第二,变异机制。变异是指系统内新奇事物的创造导致基因或选择单位发生改变。对于创造的原动力,不同的演化经济学家持不同的观点,凡勃伦

（Veblen）认为是随便的好奇心，威特（Witt）认为原动力来自两个方面：一是经历新奇的快乐和刺激，二是现实中经受挫败而激发对新奇或变异的搜寻。纳尔逊和温特基于人的行为是满意原则的观点，指出在某些情况下如果企业利润低得无法忍受时，企业被迫搜寻或创新新技术及新的组织形式，由此导致企业惯例发生变异。第三，选择机制。该过程的研究对象是经济社会系统，讨论重点是建立在个体差异和可变性的基础上，当个体发生新奇或变异后，如何在经济社会系统中导致创新扩散，从而使社会群体思维和行为模式发生变化。演化经济理论常采用生物学的“群体”观点进行解释。从群体水平看，任何个体的决策都会影响到群体行为的相对频率，这就是“频率依赖效应”。凡勃伦将选择过程描述为：一个个体对创新者是模仿还是反对取决于群体中有多少成员已做出这种选择。不管创新者主观偏好如何，市场过程将对其加以检验并进行选择。在创新阶段，如果大数定律发挥作用，创新很可能被扼杀，但如果系统是开放的并且远离均衡的，那么由于自增强（正反馈）作用，创新会通过系统的涨落被放大，从而使之越过某个不稳定的阀值进入一个新的组织结构，在这个突变过程中大数定律失效，新结构形成后，自增强又会启动大数定律，创新进入扩散阶段，逐渐成为社会流行的状态。第四，遗传机制。现代生物遗传学认为，生物种群内的个体存在差异，这种差异受遗传基因控制。遗传的基本规律包括分离规律和自由组合规律，其重要作用在于对优良基因的保留。生物基因库中的某些基因型能够使生物体得到更多食物，拥有这种基因型的生物个体可以繁殖更多的后代，并使基因型通过遗传在生物种群内扩散，从而提高整个生物种群对环境的适应能力。

从理论分析特征看，演化经济理论具有三个特征：第一，演化经济理论的研究主题是经济变迁，具体表述为一个动态的演化过程，强调时间、历史等在经济演化中的地位，认为经济演化是一个不可逆转的过程。第二，突出经济变迁的路径依赖规律，今天的状态是过去状态的沿革。第三，注重对经济变迁过程中偶然性和不确定性因素的研究，这些不确定因素包括系统内部成员之间的差异性和易变性，系统内部选择机制和外部环境变化等。

1.2.4 总体研究评述

目前国内对旅游城镇的研究缺乏系统性，尤其对旅游城镇经济发展的形态和内在机理的研究、经济发展效果的评估、旅游城镇社区参与等课题的研究涉及较少。而旅游城镇经济发展的逻辑可以简练概括为以城镇的特色旅游资源为基础，大力发展旅游业，使之成为城镇的主导产业，在旅游主导产业地位的辐射作用下，吸引各类旅游企业及其相关企业在旅游城镇出现聚集，形成旅游产业集群，以该产业集群为增长极，拉动旅游城镇的经济发展。这一思路对于中国城镇建设和发展转型具有重大意义。所以，结合现实需要和目前研究现状，笔者认为十分有必要从产业集群视角研究旅游城镇的旅游产业集群如何形成，集群的发展演化呈现出哪些特征，遵循怎样的规律。

研究以上问题，需要运用产业集群基本理论，并且采用演化经济理论动态研究的方法和思路。产业集群演化研究主要包括对产业集群形成机理的研究和产业集群演进过程的研究。制度经济学在解释产业集群形成机理方面已经形成完善的理论体系，相关理论均已经成为产业集群研究的基础性理论，但在产业集群演进过程研究方面，制度经济学的优势并不显著。演化经济理论以经济系统的动态变化过程作为研究对象，无论产业集群生命周期理论、产业集群生态系统理论，还是产业集群自组织理论，或是产业集群演化博弈分析，都体现出动态变化的研究思想，深入到产业集群内部来探究自身发展演变的根本内因。因此在研究产业集群演进过程方面演化经济理论具有较强的解释能力。近年来相关研究越来越受到学术界关注，研究成果不断丰富。可见，将制度经济学与演化经济理论相互结合，注重动态变化思路的进一步挖掘，能够对产业集群形成的根本性原因与演化发展的路径选择做出系统而深刻的研究，这也是本研究的理论依据所在。

因此，笔者将立足于产业集群基本理论，将演化经济理论的动态研究思路和方法运用于旅游城镇产业集群演化过程和机理的研究中。

1.3 本研究的主要工作

1.3.1 本研究拟解决的关键问题

本研究以业已形成产业集群的旅游城镇为研究对象，探讨旅游城镇产业集群动态演化的一系列核心问题，包括：

第一，旅游城镇产业集群如何界定，其基本特征是什么？

第二，旅游城镇产业集群的形成机制是什么？

第三，旅游城镇产业集群的内部基本构造是什么，在集群发展过程中，基本构造是如何演化的，朝什么方向演化，推动集群构造演化的机制是什么？

第四，旅游城镇产业集群在内部构造演化的基础上，是否存在向外部拓展的空间演化其空间演化是如何实现的？

第五，对以上问题进行研究而形成的旅游城镇产业集群动态演化基本理论对现实中旅游城镇产业集群的动态演化是否具有解释力？运用这一理论对现实案例进行研究，是否能够得出有意义的结论？

1.3.2 研究框架与内容

本研究将紧密围绕以上五个核心问题，从理论研究和案例研究两个维度进行详细论述。理论研究部分主要解决上述核心问题中的前四个问题。基础性理论探讨部分，笔者在充分探讨旅游产业及其旅游产业链基本形态特殊性的基础上，对旅游城镇产业集群的概念、基本特征及其与一般性旅游产业集群的差异进行全面的分析。在此前提下，遵循旅游城镇产业集群形成—内部构造演化—外部空间演化的顺序，对核心问题逐一展开论述，最终形成系统的旅游城镇产业集群动态演化基本理论。案例研究部分主要解决上述核心问题的第五个问题。在对云南旅游城镇产业集群的现实存在性进行分析的基础上，重点对云南旅游城镇中发展最为成熟的丽江大研旅游城镇产业集群进行个案分析，通过案例分析来检验理论研究的适用性。

1.3.3 研究方法

本研究以理论研究与案例研究相结合。为基本研究方法，在系统理论研究的基础上，通过案例研究来检验理论研究的适用性。在具体分析中，根据需要，综合运用多种研究方法。这些方法包括：

理论阐述与数理模型推导相结合在理论研究部分，将理论阐述与数理模型推导相结合，从定性和定量两个角度，对问题进行充分论述，既注重论述逻辑的严密性，又注重论述深度的逐步推进。

文献研究与实地调研、访谈、数据分析相结合。在对相关理论的现有研究成果进行总结评述的基础上，将其中有意义的研究成果运用于本研究，并根据本研究需要，进行理论创新。案例研究中，笔者对云南省旅游城镇建设的资料进行了综合收集与整理，对云南八个具有代表性的旅游城镇进行了实地调研。通过对相关政府部门、社会机构、企业和专家的访谈，收集了大量第一手素材，丰富了案例研究的内容，有助于得出贴近现实的研究结论。案例中的数据分析更增强了研究的科学性。在实地调研、访谈和数据分析过程中，笔者对理论架构和现实问题的思考得到进一步深化，开拓了研究思路，有助于提升理论研究的运用价值，也拓展了案例研究的深度和广度。

多学科理论交叉研究。研究以产业集群理论和演化经济理论为理论基础，综合运用旅游学、产业经济学、区域经济学、管理学、社会学等学科理论。笔者对研究理论的运用不拘泥于某一特定学科，而是根据具体问题的研究需要，选择最具有解释力的理论和模型，进行多维度交叉研究。

1.3.4 研究创新之处

第一，研究选题的创新：目前对旅游城镇的研究大多停留在现象描述与政策指导层面，鲜有系统的理论研究；对旅游城镇产业集聚现象的关注和研究更显得稀少。本研究首次对旅游城镇产业集群动态演化的基本理论研究，研究选题上体现出显著的突破创新性。

第二，研究思路的创新：①提出以旅游需求变化为原动力，引发旅游城镇产业集群由核心层向紧密关联层和外围松散层逐步变化的构造演化方式。②以核心层旅游产品变化作为集群构造演化的标志，设计出多种构造演化路径。③提出资源导向型、功能导向型和综合导向型三种构造演化模式，并运用云南的现实案例对每一种模式进行佐证。④基于演化分析框架，提出将旅游者需求转化为旅游城镇产业集群构造演化的动力机制是旅游城镇企业创新—市场选择—创新扩散机制。⑤提出旅游城镇产业集群空间演化渐进性发展的三种模式：聚集模式、衍生模式和扩散模式。

第三，数理研究的创新：①首次将 Logistic 演化模型运用于旅游企业创新的研究中，以旅游城镇产业集群内两家餐厅的创新竞争与扩散为例，运用 Logistic 模型对旅游企业创新策略接受市场竞争选择以及创新策略在集群内部扩散的过程进行深入论证。②构建旅游城镇产业集群空间衍生模型来阐释空间衍生的原因和实现过程。

第四，案例研究的创新：①通过丽江大研镇的个案研究论证了以人文景观为核心的旅游城镇产业集群的构造演化模式为功能导向型模式，演化路径倾向于集群核心层旅游产品变化以及单核心向多核心演化的研究结论。②第一次深入到企业层面，探讨大研镇的旅游企业创新对推进大研旅游城镇产业集群构造演化的作用。③证明大研旅游城镇产业集群的空间演化由围绕大研镇形成旅游产业集群的聚集模式、大研古镇向束河古镇扩充的衍生模式、形成丽江旅游目的地系统的扩散模式三个阶段构成，从而对丽江的旅游产业发展历程进行了全新视角的诠释。

第2章 旅游产业集群的一般理论及必要性分析

旅游产业集群的一般理论源自于工业和制造业的产业集群理论。为了能更好地把握旅游产业集群的一般理论，本章从产业集群的内涵界定入手，引入旅游产业集群的一般理论。

2.1 旅游产业集群的一般理论

2.1.1 产业集群内涵的界定

产业集群作为一种企业的空间集聚现象，国内外学者从不同的特征和角度对产业集群的内涵进行了界定，基本上是围绕着地理特性和产业特征（或内部要素联结）两个方面展开。

早期对集群内涵的界定，较为关注与产业相关的生产联系，而忽视了地理接近性。如创新理论鼻祖熊彼特（1934）在其《经济发展理论》一书中正式提出了“创新集群”概念，他在解释经济周期或经济波动时，认为除了战争、革命以及气候等外部因素外，创新集群和增长非周期性要素也是经济波动的主要原因。他指出：“创新不是孤立事件，且不在时间上均匀地分布，相反，它们趋于集群。或者说，成群地发生，这仅仅是因为，一些企业在成功的创新之后，大多灵敏性的企业会步其后尘。其次，创新甚至不是随机地均匀分布于整个经济系统，而是倾向集中于某些部门及其临近部门。”由于熊彼特的创新集群概念是在研究经济周期性波动的背景下提出来的，因而对创新集群的界定与后来学者所关注的地理集群和产业集群的概念存在着一定的差异，他很宽泛地把从事同一或相似创新活动的所有主体都归结在创新集群内，而不考虑其他地理特性。

（一）从产业特征方面进行的界定

所谓的产业特征是指地域集聚的成员企业只从事某一产业或相关产业的生产和服务，成员之间有广泛的劳动分工和紧密的、基于长远关系的合作，并由此构成了产业生态系统。

产业特性作为反映集群内部企业和各要素之间的联结模式，其表征并不统一，由此带来了对产业特性描述的差异性。有的从产业链来界定产业集群，如波特（Porter，1998）

认为产业集群包括一系列相关联的产业和其他一些与竞争有关的实体，比如零部件、机器设备和服务的供应商，专用性基础设施的供应商等。集群也往往向下游拓展到销售渠道和客户，横向扩展到互补产品的制造商和在技术、技能上相关或者有着共同投入品的企业。除此以外许多集群还包括政府和其他机构，比如大学、标准化机构、智库、职业培训机构和商会等等，这些机构提供专门化的培训、教育、信息、研究和技术支持。再如，莱德曼（Redman，1994）将集群定义为围绕一种和一系列相似产品生产链的地理集中，同时还有影响这些聚集地竞争力的机构（如教育机构、基础结构和研究组织）。

有的以集群内部企业之间的技术联系来界定产业集群。譬如，菲赛和伯格曼（Feser,Bergman，2000）在对美国个集群的研究中所运用的产业集群概念更倾向于注重其技术联系。

（二）从地理特性方面进行的界定

当集群演化到呈现出高度地理集中性时，就会与地理特性结合到一起，于是，地理接近性成为界定集群的根本特征之一。所谓的地理特性指所有成员企业和相关成员要素（包括集群代理机构、公共服务机构）在地域上相互邻近，而且共同“锁定”于一个区域，具有显著的地域相关特征。

波特（Porter，1998）对产业集群的研究就较为关注集群的空间本地化特征，他认为产业集群是某一特定领域内相互联系的企业及机构在地理上的聚集体。其他集群的研究文献也大多把地理特性作为产业集群的界定特性。如斯旺（Swann，1996）等指出产业集群是同一产业中的大量企业位于同一地理区域；巴普提斯塔和斯旺（Baptista,Swann，1998）则将集群定义为坐落于一个较小的区域（常常围绕一个国家的科学基地作为中心），在地理上高度密集的关联企业。

此外，国内外许多学者还从其他角度对产业集群的内涵进行了界定。

希尔和波任南（Hill,Brennan，2000）将竞争性集群定义为竞争性企业地理集中的现象，或者在同一产业内可以与区域中的其他产业之间建立频繁交易关系的企业，他们可以运用相同的技术或者分享专业化的劳动力储备，从而为这些企业带来超越其他地方同一产业的竞争优势。

纳什本尼（Nassimbeni，1998）在界定区域产业系统时，认为区域产业系统是在技术 / 生产层次上彼此联系的众多企业位于某一个有限地理区域内而形成的一个网络（系统），在该网络的内部，企业、公共机构和当地行业协会之间存在着广泛的互动和协同。

帕得莫和吉勃森（Padmore,Gibson，1998）认为，集群是一些企业由于互动形成的一种繁荣兴旺的聚集，这种互动可能通过竞争也可能是通过合作，或者是通过充当价值链中的供应者或顾客来实现。

罗森菲尔德（Rosenfeld，1997）则将集群定义为“相同或者相关企业松散的地理集聚，并能够产生协同效应，则企业基于他们的相互依赖进行‘自我选择’进入集群来增加经济活动和促进商业交易的进行”。

王缉慈（2001）也指出，集群是企业的空间集聚的现象，它既有本地社区的历史根源，又经常取决于本地企业之间既竞争又合作的关系集合。

由以上产业集群内涵的界定不难看出，国内外学者并没有形成关于产业集群内涵的统一认识，在界定过程中都是各有偏重。所以，本书在定义旅游产业集群的概念时，更偏向于从地理特性方面对旅游产业集群进行界定，因为旅游产业具有不同于其他产业的特征，首要的特征就是具有明显的地域性。

2.1.2 旅游产业集群的概念和特征

（一）旅游产业集群的概念

就目前所收集到的文献来看，关于旅游产业集群的概念，大致有以下几种观点：

湖南吉首大学商学院的麻学锋借用产业集群概念结合旅游产品的特性，将旅游产业集群定义为：旅游产业集群是以旅游核心吸引物为基础，围绕旅游 6 大要素，同时具有竞争与合作关系，且在旅游目的地区域范围内相对集中，有交互关联性的旅游企业和部门，为了共同的目标而形成的旅游经济集聚现象。

唐晓宏在《提升长三角旅游产业集群竞争优势》一文中，将旅游产业集群定义为：在一定地域空间范围内，旅游核心吸引物、旅游企业及与旅游相关的支持企业和机构（如大学、制订标准的机构、产业公会等），彼此存在密切的经济联系，在一定地域空间内集中并协同发展。

武汉科技大学的庄军则认为区域旅游产业集群是一种现象，是旅游产业集聚到一定程度的结果，是大量与旅游者的旅游行为联系密切的行业或企业以及相关的支撑机构在空间上的集聚，并由此形成旅游产业核心竞争力和持续优势的一种现象。同时，旅游产业集群更是一种区域旅游发展战略，能够促进区域旅游内聚力的提升和区际旅游产业的和谐共生。

国内学者对旅游产业集群概念的定义有以下共同之处：一是倾向于将旅游产业集群定义为旅游相关企业围绕旅游核心吸引物集聚的一种现象，二是强调旅游相关企业之间的经济联系。本书没有采用以上学者有关旅游产业集群的定义出于以下原因：一是旅游产业集群不仅仅是一种现象，而且是一种新型的企业组合形式或旅游产业的发展模式；二是旅游产业集群概念中在强调旅游相关企业之间的经济联系的同时，还应该强调旅游相关企业之间的非正式联系。要定义旅游产业集群的概念就不得不分析旅游产业的特点。特点如下：

一是地理集聚性。旅游产业作为一个综合性的产业，它涉及众多的行业和部门，这些相关联的行业、部门的共性是它们在同一地理区域范围内集聚。包含旅游景区、景点，住、食、行、游、购、娱等直接为旅游者提供产品和服务的行业、部门以及营造良好的旅游目的地社会、自然环境的关联产业。它们因彼此间的横向、纵向联系围绕旅游资源形成聚群。旅游资源是旅游业赖以发展的物质基础，正因为有了旅游资源的存在，才使旅游产业有了旅游客体、有了旅游对象、有了旅游吸引物，才使一些区域成了旅游目的地。在旅游资源的外围聚集着旅行社、饭店、餐馆、旅游区域交通、商品零售、娱乐设施等服务性行业，它们服务于相似的顾客群体，是旅游者在异地空间聚集，实现旅游体验的必要条件。在这些服务性行业的外围，形成第三层次的补充性辅助产业，如银行、邮电通讯、海关、公安、卫生保健、保险、建筑、房地产、媒体、园林、绿化、环保等。在此基础上，还会形成新的集聚。

二是部门专业化。旅游产业各构成部门、行业是一个统一的整合体，在空间地域上表现为各部门、各行业的分工与协作，任何一个构成部门、行业的运转出现问题，势必阻碍旅游活动的顺利进行，影响旅游产业的正常发展。

三是外部性。即指一个生产者的产出或投入对另一个生产者不付任何代价的“副”作用。旅游产业各构成行业、部门相互依赖，某个企业的优质服务将促进其他企业的成功。比如，一个旅游者的满意度不仅取决于景观的引人入胜，还有赖于互补性的服务，即旅馆、饭店、商店和交通设施的质量和效率。这些企业不仅在地理上靠近，而且集体协作，旅游产业集群内企业个体的利益紧密地联系在一起。

结合现代旅游产业的发展特点，参考国内外学者有关产业集群内涵的界定、分析以及国内学者对旅游产业集群概念的定义，本文明确提出旅游产业集群概念，认为：旅游产业集群是以旅游吸引物为核心，旅游相关企业在某一特定区域内聚集，为获得规模经济与聚集效应，依据专业化分工和协作需求建立起正式与非正式的关系而形成的一种更具活力的新型企业组合形式。

旅游产业集群的概念经常与旅游产业集聚相混淆。因而有必要对二者进行一个简单的区分：旅游产业集聚强调旅游相关企业在特定地理区域内“扎堆”，不强调有序性，是旅游相关企业在某一特定地理空间的集中情况；而旅游产业集群则强调旅游相关企业之间的有序性，是一种柔性的集聚，对市场需求的反应更为灵活。旅游产业集聚是旅游产业发展的初级阶段，旅游产业集群的萌芽和起步阶段；而旅游产业集群则是旅游产业发展的高级阶段，旅游产业集聚发展的高级阶段。

本书中所出现的“旅游相关企业”主要是指广义上的旅游企业，既包括了直接为旅游者提供服务的酒店、旅行社、运输公司，也包括了间接为旅游者提供服务的金融公司、地产公司、邮电通讯公司等等。“旅游企业”则指直接为旅游者提供服务的酒店、旅行社、运输公司等。

（二）旅游产业集群的特征

（1）相似性

旅游产业集群的相似性主要在于：第一，旅游相关企业之间存在一种互动与学习机制，知识流动和转移的渠道在旅游产业集群内部得以建立；第二，价值链上的竞争与合作共同推动旅游产业集群相似性的形成；第三，旅游产业集群中旅游相关企业往往围绕旅游核心吸引物集聚在某个城市或地区。

（2）外部效应性

首先，旅游产业集群带来了外部规模经济。集群内旅游相关企业间的地理位置相对集中，分布的密度高，可充分利用基础设施等公共产品的规模经济优势，实现在相对供给水平下公共基础设施和服务平均使用成本的降低，使旅游相关企业能够以较低的价格从其他公共机构获得公共物品和服务。其次，旅游产业集群可促进知识的外溢：第一，知识本身具有外部性，易被他人学习和复制。第二，旅游产业各构成部门和行业在一个区域的集中促进了知识外溢。

（3）创新性

旅游产业集群创新性表现为：以专业化分工和协作为基础的旅游相关企业通过地理位置上的集中和靠近，产生创新聚集。从需求角度而言，强大的市场需求使旅游相关企业更容易发现旅游产品及服务的市场缺口，进行创新，而创新所需要的人、财、物都能在区域内解决。从供给方面而言，随着区域内旅游产业的发展，大量相关的原材料和服务提供商在此聚集，便于旅游相关企业取得创新所需要的原料及服务。另外，旅游产业集群也吸引了一系列具有相关专业技术的工人，无形中形成了一个专业化的人才市场，旅游相关企业能够很容易找到所需要的人才，减少搜索的成本。此外，旅游产业集群内由于空间接近性，不仅加强了显性知识的传播和扩散，还加强了默会知识的传播和扩散。而旅游行业是一个十分重视从业经验和实际操作的行业，默会知识的交流和传播更能够激发对新方法和新思想的应用，促进旅游相关企业的创新。

2.1.3 旅游产业集群的构成

旅游产业群类似于一个地区性市场。在这个市场上，聚集了众多不同行业和部门的中小公司，或少数几个大型公司，群内各企业之间存在着纵横交错的联系，处于整个旅游系统过程的不同环节，共同完成旅游产品从开发到销售的全过程。在纵向上旅游者要完成旅游的全过程，食、住、行、游、购、娱是缺一不可的组成部分，正是通过这些部门的服务，使位于异地的旅游者聚集于某一旅游目的地，形成这一区域的旅游客源市场。在横向上以旅游产业为主体，道路交通、邮电通信、银行保险、海关、建筑、媒体、园林、环保、教育等各行业紧密结合，彼此之间就生产或服务频繁的发生合作、交易。因此，尽管在个体企业之间存在着专业化分工和生产环节的分离，但所有的生产、服务环节都集中在同一区域内完成，强化了集群内企业之间多方面的互动联系，在区域内形成了旅游产业网络结构。旅游产业这种网络结构的形成是基于专业分工协作的需求，而它的形成又进一步促进了旅游相关企业之间的相互协作，达到通过网络整合旅游相关企业之外的生产要素，实现了旅游相关企业的外部规模经济和交易成本的降低。旅游产业集群还与食品加工、机械设备制造、房地产、体育、文化、媒体等其他产业集群有联系。

核心吸引物是旅游产业赖以存在的基础，区域旅游产业集群的核心产品由吸引游客的目的地景观和事件组成，提供或经营旅游吸引物的企业构成了旅游产业集群的核心。如果目的地的主要吸引物是一系列旅游活动，如主题公园（迪士尼乐园）或事件（贸易展览或商务会议），那么旅游产业集群的“核心”是最清楚的；如果是体验性的活动，比如徒步穿越沙漠或热带雨林、沿着海岸线骑自行车和城镇漫游、驾快速游艇或滑雪、打高尔夫球、尝试家庭烹饪等等，则这种层面就不那么清晰了。终端产品（旅游体验）和获得这些终端产品的投入之间存在着很多相互联系。与传统产业不同，这些终端产品是有形的旅游地和无形的旅游者体验相互依存形成的混合体。例如，城市旅游强调一系列目的地——历史和自然景点、博物馆、餐馆、文化事件、酒店宾馆和他们的周边环境——这些是一个整体的组成部分。而且，这每一个组成部分都从旅游者身上获得收益，它们是“旅游”的一个组成部分。

旅游供给是产生经济价值的核心，其中为旅游者提供行、住、食、购、娱等需要的旅游企业，其供给物，是旅游者在整个旅游活动过程中所直接消费的。这些企业包括旅行社、饭店、餐馆、交通供应者、旅游商店、休闲娱乐设施等。建立旅游产业集群中间层供应价值链的关键在于获得土地、建筑、相关设施和设备，并对其进行成功的经营和管理。如果旅游目的地提供的行、住、食、购、娱等专业服务充足、品质优良，则本地价值链就可能是成功的，对国内和国际旅游经营者也具有吸引力。

旅游产业集群内相关辅助层包括对目的地基础设施和前两个层次起支持作用的供应者和有关组织、团体、机构，包括建筑、房地产、媒体、园林、绿化、培训机构、银行、邮电通讯、海关、公安、卫生保健、保险、环保、管理和财务、设备设施维护、装饰品、食品服务和娱乐服务等等。这些组织机构为旅游者顺利完成旅游体验和旅游产业集群的稳定发展提供了保障，是旅游产业集群中重要的参与者，在促进区域旅游产业发展方面具有巨大的潜力。相关辅助层产业的发展依赖于旅游者和旅游产业集群内核心层、中间层需求的增长。

2.1.4 旅游产业集群的形成方式

（一）旅游资源

自然优势的聚集力是产业地理集中的基本作用力之一，早期的旅游产业集聚也不例外。由于大多数旅游资源是不可移动的，自然、文化资源禀赋的差异造成了区域旅游产业不同的吸引力，拥有全国甚至世界吸引力的核心旅游资源就会吸引相关的旅游产业围绕建设，形成旅游产业集群发展的现象。比如我国的黄山、张家界、九寨沟这类世界闻名的旅游资源四周所形成的旅游产业集群萌芽也正是资源区位集群现象的最好表现。

（二）客源市场

早在 1948 年，联合国发表的世界人权宣言（*Universal Declaration of Human Rights*）中就指出：“每个人都拥有休息和闲暇的权利，包括享受定期带薪假日。”随着人们经济收入的不断提高，支付能力趋强，自由支配的时间增多，旅游需求也在不断增长。但是旅游消费需求的空间分布并不是均衡发展的，主要集中在经济发达、人口密度高的地区。为了满足这些地区的旅游消费需求，数量众多的提供和经营旅游吸引物的企业、旅行社、旅游酒店、旅游商店等在此集聚，发展为旅游产业集群。因而，旅游相关企业依托重要的客源市场地集聚发展成为了旅游产业集群的形成方式之一。比如，以大型主题公园的区位选择为例，根据国外学者的研究表明，大型主题公园的区位选择需要依托经济发达、流动人口多的大城市和特大城市，对一级客源市场（80 公里 1 小时车程内）要求至少需要 200 万人口，二级客源市场（240 公里或 3 小时车程内）也要有 200 万人口以上。

（三）交通区位

交通区位是指从客源地到达旅游目的地的空间距离及其可达程度。旅游产品不能迁移，旅游者必须亲自抵达旅游目的地才能实现旅游产品的价值，因此，旅游目的地的可进入性至关重要，成了影响旅游产业集群形成的重要因素之一。比如，随着自驾车旅游的兴起，道路畅通的景区迅速成为旅游产业集群的首选之地，在杭州市通往黄山的交通干道上，沿途的富阳、桐庐、建德、淳安各县域的旅游产业得到了快速发展。然而，敦煌景区虽然拥有世界遗产莫高窟等景物，旅游和文化价值都很高，但是每年抵达的游客只有 60 万人次，旅游服务设施也不够完善，旅游经济发展不景气，难以形成旅游产业集群发展的现象，很大一部分原因乃交通区位闭塞所致。

（四）政府政策

围绕政府政策的变化形成的旅游相关企业在某一特定区域内集聚发展成为了旅游产业集群的形成方式之一。如近年来，随着景区特许经营的引入，在我国许多地方进行了所有权和经营权分离的实践探索，政府强力推进旅游开发中的“两权”分离，拓宽引资渠道，以经营权的出让最大限度地吸引和整合外部资金、人才、管理理念和市场需求等，以此形成了区域旅游产业大发展的浓厚氛围，吸引了更多的社会资本和人力资源向区域旅游产业集聚。

2.1.5 旅游产业集群的优势分析

结合产业集群的优势与旅游产业发展的特点，可将旅游产业集群的优势概括为以下五点。

（一）促进区域旅游产业创新

尽管旅游产业的创新不像制造业那样频繁地发生，并且有时候因为呈现不同的特征而难以识别，但是旅游产业的竞争力与旅游产业的创新程度密切相关。旅游产业集群内旅游相关企业彼此接近，相互比较，就有了业绩评价的标尺。通过不断地比较，不断地产生激励和压力，从而迫使旅游产业集群内的旅游相关企业不断地进行产品、服务和组织创新，以适应迅速变化的市场需要，形成了良好的创新氛围，从而具有较高的创新效率和动力。

首先，因为地域的接近和管理阶层间的密切联系，形成共同的正式或非正式的行为规范和惯例，容易建立密切的合作；其次，地域的接近，公共部门与旅游相关企业之间的联系更为紧密，公共部门能及时把握旅游产业集群内旅游相关企业的需要，从而进行有针对性地开发、研究和人才培养。而旅游产业集群内的旅游相关企业也必然会不断加强与公共部门的合作，向公共部门投入更多的资源；第三，旅游产业集群把旅游专门人才吸引到旅游目的地，使旅游企业较容易获得所需要的人才，由此提高了旅游相关企业对新的经验、知识的反应能力。

创新活动的发生和积累除了空间的临近性外，另一重要路径是知识的外溢。知识按其跨越时空在组织和个人之间转移的难易程度分为两大类：一类是显性知识，即那些可编码的知识，也就是我们在书本上可以学到的知识。另一类则是默会知识，这类知识存在于组织内个人的专业技能、团体的特殊关系中，也存在于特别的规范、经验、文化、氛围中。区域内聚集的与旅游产业相关的企业越多，有关旅游的信息在旅游目的地内传播就越快，传播的程度就越彻底。尤其区域内大学、研究机构与旅游相关企业之间的学习互动，增强和积累了该区域旅游产业持续创新的能力和容量。

（二）促进旅游产业的内部合作

旅游产业集群使得处于同一部门或同一区域的旅游相关企业和实体能够进行竞争性的合作。本区域的旅游相关企业为了获得并保持市场份额和利益，相互之间进行激烈的竞争，但同时又与同行业的竞争者进行合作来增强整个区域旅游产业和相关部门的实力。

首先，随着旅游产业的不断发展，大量相关原材料及服务的供应商在区域内集聚，使集群内的旅游相关企业能够更加稳定而高效地从旅游产业集群内部获取资源，降低了交易成本，同时有助于降低供应商抬高价格或违约的风险。地理位置的临近性有利于改善旅游相关企业之间的通信联络，有利于供应商提供辅助性服务，有利于获取政府和其他公共机构的投资，能提高旅游相关企业的生产效率。

其次，旅游产业集群内旅游相关企业之间拥有共同的产业文化和价值观，这成了企业与企业、人与人之间频繁交往、密切合作和良好信任的基础，有利于旅游相关企业节省搜索市场信息的时间和成本，大大减少了信息的非对称性，促进信息的流动，大量市场、技术和竞争信息的积累，都能提高旅游相关企业的生产效率。旅游相关企业之间的互动合作不但可以分担某些领域内巨额的开发费用，还可以达到知识共享、人力资源和技术优势互补的协同效应，对合作双方以及整个旅游产业集群的创新能力都是一个极大的促进。

再次，旅游相关企业在一定地域范围内集聚有助于完善服务和业务范围，有益于旅游目的地对旅游者的吸引力的最大化。旅游产业的产业链较长，而且旅游产业关联度较大，某一功能的实现，必须有相关辅助产业的强力支撑。旅游者的经历不仅取决于基本吸引物的吸引力，还取决于互补性企业的质量和效率。因此有学者认为，“旅游开发依赖于集聚而不是分散，依赖于功能的组合而不是隔离，依赖于多种功能环境而不是单一功能。成功取决于多目标集群中的设施的功能组合，因此关注旅游的综合的本质至关重要”。

（三）产生巨大的产业资本吸引力

旅游产业集群能够提高旅游目的地的产业资本吸引力，包括对旅游者、旅游开发投资商、旅游供应商、旅游专门人才等的吸引力。

首先，旅游活动在时间上具有连续性，在空间上具有间隔性，旅游相关企业的空间布局是根据旅游吸引物的区域分布和旅游者的位移路线而设计的。每个单独的要素都能影响游客逗留时间的长短，以及游客向其他人建议来此地旅游的可能性。旅游产业集群能够放大这种影响。

其次，旅游相关企业集群主要建立在本地和社区层次上，在这一层次上，社会、家庭、种族、宗教、学校和其他专业机构能够帮助建立社会资本，包括诚信、对话、正式和非正式的联系。这些社会资本反过来又有助于旅游产业集群为本地创造财富，同时也对旅游经营者、潜在的投资者选择区位产生重大的影响。

再次，旅游产品和服务的开发、生产通常需要使用专门的设备和配套服务（如环保、信息、运输）。单个旅游相关企业不能产生如此大的需求，只有大量旅游相关企业集中在一起，才可以提供一个大的市场。旅游产业集群能够吸引大量的旅游相关企业、旅游专门设施落户旅游目的地。随着资本流入的增加，原先基于地理位置的区位优势将转向产业优势，并随着旅游产业集群的发展而不断增强。

最后，在有活力的旅游产业集群内，各个旅游相关企业云集了众多专业化的、有经验的人才，营造了一种特别的规范、经验和文化氛围。因此在这里，人们较容易通过边干边学，提高个人的技能和素质，从而有利于吸引人才和新技术。

（四）有利于形成区域旅游品牌

旅游产品兼具了公共产品的一般特征，即非排他性与非竞争性。当单个旅游相关企业进行市场营销时，会出现个别旅游目的地搭便车的现象。旅游产业发达的国家开发旅游的成功经验是塑造整体旅游形象。而实施旅游产业集群战略，易于塑造区域旅游产业的整体形象，形成区域营销优势。由于旅游者消费的是旅游产品和服务组合成的整体产品，区域旅游产业集群中相互依赖的企业的最终目标是使旅游者满意，集群中一个旅游相关企业的良好绩效能促使和推动其他旅游相关企业的成功。旅游相关企业、产品向一定区域集中，可以很快扩大区域旅游产品的影响，形成区域旅游品牌。一旦本地整体性旅游品牌得以形成，又可以使本地所有生产或提供旅游产品和服务的区域旅游相关企业受益。比如“非常新加坡”的区域旅游形象已经逐渐为游客所认同，从而使得新加坡旅游产业显示出了更高层次更强的竞争优势。在广大的旅游消费者心目中，去新加坡旅游，不但产品质量信得过，而且有热带城市岛国特色，相关的旅游配套服务齐全，性价比高，比起单个旅游相关企业的品牌来讲，“非常新加坡”更进一步提升了新加坡旅游产业的整体形象，在市场营销中更占优势。事实上，许多国家和地区都努力地塑造区域旅游产业形象，并不断地更新，成功地打造出了许多区域旅游品牌，如“水城”威尼斯、“世界艺术之都”巴黎以及“购物天堂”香港等。

（五）有利于加强旅游目的地环境的治理

旅游产业集群内的旅游相关企业以整体、系统的思想来开发旅游资源和建设旅游基础设施，保持了整个区域的协调性和旅游产品的完整性，并对旅游目的地总体环境承载力进行评估，确定合理的环境容量。同时，在开展旅游活动的过程中，通过设计旅游线路和进行宣传促销，引导游客流向，充分发挥温、冷旅游点分流的作用，降低旅游活动对环境的破坏程度。同时还可以通过设立专门的研究机构，随时评估旅游活动对旅游环境产生的影响，采取实时的措施保护旅游环境，对既成事实的破坏进行合作研究和治理。

2.2 旅游产业集群的必要性分析

2.2.1 规模定位不当，旅游企业间无序竞争现象突出

旅游企业普遍属于劳动密集型企业。由于进入退出壁垒较低，往往造成产业内企业数量过多，企业规模普遍偏小，产生“原子状”的市场结构，市场集中度偏低，即产业由众多的小企业构成。旅游企业过度进入会把市场上可能存在的用于产生和维持“信誉”的经济租金降为零，因缺乏足够的经济租金，企业将会倾向于追求短期生产目标，这样市场在资源配置方面就会被“逆淘汰”所困扰，引发企业间的无序竞争，并可能产生市场的无序运行。这种现象产生的主要原因是我国旅游企业无视企业发展的客观规律，规模不是偏小，就是偏大，规模经济不显著。集中体现在“三多三少”的问题上，即上规模的星级酒店多，经济型的中小规模酒店少，与发达国家的高档（四、五星级）酒店：中档酒店（三星级）：低档酒店（一、二星级）1：4：5的比例有较大的差距；旅行社多，但大型旅行社少，各自为战，经济效益不明显，总体竞争力不强；旅行景点多，但规模化的景点少。

2.2.2 企业相互依存、相互支援的专业化分工协作产业网络尚未形成

旅游产业具有关联性强，就业容量大的特点。但由于历史原因，加上我国旅游产业发展还处在市场经济体制转轨时期，旅游产业的综合性与部门分割的矛盾还十分突出，特别是旅游产业内部各子系统之间的人为障碍，割裂了旅游经济的内在联系，企业间难以相互依存、相互支援，尚未形成专业化分工协作产业网络。旅游企业间的相互脱节，影响和制约了旅游业系统的健康发展。如旅行社组织的旅游者的数量，难以同饭店所提供的床位数量相适应。尚不完善的旅游交通也在一定程度上制约着旅行社的业务开展。

2.2.3 难以应付未来国际旅游市场的挑战

世界旅游产业蓬勃发展的同时，逐渐呈现出了集中的趋势。目前，少数跨国旅游集团通过横向联合、垂直联合或是旅游的全球化策略不断地发展和壮大，将旅行社、旅游交通、饭店、海上旅游等即吃、住、行、游、购、娱等旅游项目集于一身，提供“一条龙”服务，不断提升垄断世界旅游市场的能力。市场竞争的“三四原则”表明：行业竞争的最终结果，通常将只剩下三到四家占据市场主导地位的企业。也就是说，在未来的旅游市场上，将会是少量规模大的、全球化的旅行商和众多的规模较小的特定市场旅行商（他们只做特殊市场，一般只经营一个国家或地区）并存的局面。以二战后的美国为例，20 世纪 50 年代，美国有各类旅行社 1949 家，到 1973 年，美国已有逾万家旅行社，之后以每年 10% ~ 11% 的速度递增，到 1989 年，这个数目变成 30000 家，之后基本维持在这个水平上。目前，美国平均 10000 人一家旅行社。但美国旅游行业的半壁河山被数百家年营业收入在 500 万美元的大社所统治，这些大旅行社占据了全美 60% 左右的市场份额，其余的份额被几万家旅行社瓜分。美国和欧洲的旅行社行业都基本符合这个规律。相比之下，我国旅游产业规模尚未形成合理布局。加入 WTO 后，我国旅游企业需要进入国际旅游市场参与竞争与合作，面临的将是严峻的挑战。无论是走跨国旅游集团或是专营性特定市场旅行商的发展道路，对于我国的旅游企业来讲都是一个重新整合的过程。而产业集群在优化旅游产业内部结构、提升旅游企业的国际竞争力将发挥重要作用。

2.3 旅游产业集群的特征

旅游产业集群既具有旅游产业的特征又具有产业集群的特征，除此之外还具有自身的特征。

2.3.1 旅游产业的特征

（一）地理靠近性

旅游产业作为一个连接旅游主体旅游者和旅游客体旅游对象的产业，它涉及众多的行业和部门，这些相关联的行业、部门围绕旅游资源在同一的地理区域范围内聚集。

（二）环境密集性

旅游资源是旅游产业赖以生存与发展的前提条件，而无论是自然旅游资源还是人文旅游资源，其本身就是旅游目的地环境的组成部分。

（三）较强的依托性和关联性

旅游产业在国民经济产业链条中处于下游产业的位置，其本身是以第一、第二产业的一定发展为基础的。具体来看，旅游产业的发展不仅要凭借旅游资源，更重要的是要依托工业、农业、邮电通讯业以及水、电、气等基础设施的发展，是个综合性很强的产业。旅游产业关联性较强还体现在旅游产业内部，即旅游产业链的一荣俱荣、一损俱损。旅游产业的产业链实际上就是一条产出链、利益链。经营同一条旅游线路的各旅游区或景点、各企业就是一个利益共同体，它们通过分工协作共同打造同一旅游产品，形成一条旅游产出链。以滇西北旅游线路为例，经营这条线路的各景点、企业，其生存和发展都离不开这条线路的销路和声誉，在利益上互相关联、互相依存。旅行社生意好，饭店、车船交通、餐饮、景点的销售也就好，反过来也是如此。即使是同一类企业，或者同是景点，这种利益关系也同样存在，线路销路好，旅行社生意都火爆，各景点的销售也都会被带动起来。反过来，一条线路名声很糟，大家的生意都会很萧条，这就是旅游产业链的一损俱损、一荣俱荣，这反映出旅游产业内部较高的关联性。

（四）部门专业化

旅游产业各构成部门、行业是一个统一的整体，在空间地域上表现为各部门、各行业的分工与协作。但需要注意的是，为旅游者提供各自不同服务的同时，彼此之间又要紧密合作。否则，旅游产品会因该地缺少某类企业而丧失某种功能。

（五）竞争与合作并存

旅游产业的竞争主要是由于某些旅游资源的独占性所赋予的旅游企业经营上的垄断性在同一条产业链上的景点、企业之间利益的依存性并不能掩盖其利益的矛盾性，也就是企业之间还存在激烈的业内竞争旅游资源的多样性，也使得任何一个旅游企业不可能全面地占领整个旅游市场，每个企业都必然用自己独特的旅游产品去吸引和争取更多的旅游者，因而在旅游市场里必然存在着争夺旅游者的激烈竞争。但旅游产业的合作比竞争更为重要，因为不管是散客还是团队旅游者，如果他们对旅游活动中的某个环节感到不满意，就会对整个旅游过程不满意。旅游者把旅游活动全程看作是一个完整的消费过程，这就要求旅游产业链上的每个节点的企业彼此协调发展、互相合作，这样才能为旅游者提供完整的旅游过程，否则，一个环节出现问题，就可能给旅游者带来不良印象，使旅游客源减少，影响旅游产业的发展。

2.3.2 产业集群的特征

（一）弹性精专

集群内单个企业的生产总是集中于有限的产品和过程，形成专业化的特点，专业化的分工是与生产的技术可分性以及垂直分离的生产组织方式是相关的集群内的中小企业在相互的竞争中相互联系，互相协作和补充，区域作为一个集体，其生产是相当灵活和多样化的。

（二）地理集中性

企业在地理上的集中是产生外部规模经济的基础，是集群作为一种地域经济现象存在的基础，也正是地理上的集中性使得人们观察到了集群现象。地理集中性是一个相对的尺度。一个产业集群可以局限在一个县里，也可以涉及一个省，一个国家或跨越国家的范围。

（三）根植性

强调经济主体的地方联系，是指经济行为深深地嵌入到区域的社会、文化和政治等关系中。根植性是产业地方化的重要标志，也是形成产业竞争优势的力量源泉。事实上，一个区域内各种传统、宗教、历史习惯，及在此基础上形成的价值观和人与人之间的关系，本身就是一种社会资本。这种社会资本既是联系各种生产要素的纽带，也是组合这些生产要素过程中降低交易费用的重要途径。因此，根植性从根本上强化了集群的竞争优势，显现了生产活动的独特性及随之产生的产品和服务的特色性。更为重要的是，根植性与地方社会资本的积累有一种互动关系，强化了产业集群的路径依赖，使得产业集群之后的发展与本地经济、社会乃至政治、文化密切地联系在一起，在全球化的“疾风”中，地方产业像植物一样根植在本地化的土壤中而不游移。

（四）拥有相关的支撑机构

指区域内有各种各样的机构，包括企业、金融机构、行业协会、培训机构、贸易协会、创新中心、政府部门、商业服务组织，等等，这些机构之间建立了有机的网络，并存在密切的联系，是一个利益共同体，它们都有强烈的提高本区域产业竞争力的集体意识，共同投入到提高区域竞争力的行动中去。

（五）创新性

马歇尔在关于产业区的分析中，强调“相互了解与信任”和“产业氛围”两方面是集聚经济的重要特点，这两者对产业区内的小企业创新具有积极的作用。产业氛围推进了小企业的创新，而相互信任促进了创新在相互之间的模仿、消化与扩散，形成了一个学习型区域。波特的分析中更加注重了创新性，创新的对象不仅是产品自身，还衍生到销售服务、贸易方式等多方面。目前，在欧洲，产业集群已经被看作是国家创新系统相关的重要政策工具。一般而言，创新性经常会被技术密集型的产业集群所强化。但是对于传统产业，特别是家具等一些传统的设计型产业，也是经常为了寻求柔性和创新能力而集聚在一起的。

2.3.3 旅游产业集群的特征

（一）空间集聚性

空间集聚性是任何产业集群的空间特征，诸如我国的浙江义乌、广东的东莞、山东的寿光等地的专业镇等，都表现为相关企业和支撑机构的集群现象。而旅游产业集群作为一个主要连接旅游主体旅游者和旅游客体旅游对象的产业群体，它涉及众多的行业和部门，这些相关联的行业、部门的共性是它们在同一的地理区域范围内集聚。这些企业或部门包括旅游资源的开发产业旅游构成要素产业，即住、食、行、游、购、娱等直接为旅游者提供产品和服务的行业、部门营造良好的旅游社会、自然环境的相关产业。因彼此间的横向、纵向联系而围绕旅游资源形成集聚。

（二）部门专业性

旅游业各构成部门、行业是一个统一的整合体，在地域上表现为各部门、各行业的分工与协作。旅游产业集群中，每个企业只从事生产过程中的一个环节的专业化生产，或只提供产品或服务的一部分。旅游产业集群产业链的各环节具有技术可分性，并且各部门进行高度专业化分工。作为旅游要素供应层的六大行业各自为旅游者提供住、食、行、游、购、娱等方面的产品与服务，并从履行各自的分工中受益。部门专业化程度的高低对旅游产业集群的发展有着重要的影响。

（三）功能互补性

一个集群的成员之间广泛联结而产生的总体力量大于其各部分之和。旅游产业集群的各构成部门、行业是一个统一的整合体，在空间地域上表现为各部门、各行业的分工与协作，彼此之间具有较强的关联性。如果相关联的企业配套率低，旅游产品就会因该地区缺少某类企业而丧失某种功能。例如，一个旅游者的满意度不仅取决于景观的引人入胜，还有赖于互补性的服务，即旅馆、酒店、交通设施以及旅游商店等的质量和效率。

（四）环境共享性

在旅游产业集群中，旅游产业的各企业共同生存于相同的经济环境、社会环境和文化环境当中。旅游产业或企业在一定地域内的高度集中，吸引了大量服务供应商和专业人才的存在，降低了使用专业性辅助性服务和信用机制的交易成本，而且专业人才的流动和知识外溢效应可以促进旅游产业集群的生存环境的创新。同时，由于大量旅游产品的区域整合集中，可以迅速扩大旅游目的地的影响，有利于营造出适合旅游产业集群发展的优良环境，促进旅游目的地提升区域竞争力，形成区域品牌。

（五）产业链完整性

在特定区域内旅游者要完成旅游的全过程，食、住、行、游、购、娱是缺一不可的组成部分。正因为需求的存在，旅游产业集群的产业链都比较完整，并且从任何一个起点都可以构成一条产业链，组合多变，也为旅游者提供便利。同时也正是通过这些链条上各企业、部门的服务，才使得位于异地的旅游者聚集于某一旅游地，形成这一地域的旅游客源市场。除此之外，为共同开发相邻国界处的旅游资源，旅游产业集群可以跨越地理和行政界线,但这依赖于产业链的延伸,依赖于产业链上所有参与者的共同努力,这样才能形成"一揽子旅游产品"。通过联合向旅游者提供高质量的旅游经历,提高旅游效率,从而增强整个旅游地的竞争力。此外,还可以通过旅游产业集群的网络式发展整合区域合作。

2.4 旅游产业集群形成的因素

不同产业、行业的产业集群或不同类型的产业集群,它们的形成因素是不一样的,即使同一产业集群因所处地理位置或面临的机遇和挑战不同,也有不同的形成因素。因此,旅游产业集群因旅游产业自身存在不同的影响因素因而有不同于其他产业的形成因素。

2.4.1 旅游资源要密集

旅游产业集群是围绕旅游核心吸引物形成的,没有旅游核心产品或旅游核心产品少,不具有吸引力,就无法吸引旅游主体,就得不到利益,没有利益驱动,旅游要素供应层及相关辅助层就不会聚集到一定的地域空间,也就无法形成旅游产业集群。因此,丰富独特且具优势的旅游资源是旅游产业集群赖以生存与发展的物质基础,也是形成旅游产业集群的前提条件。

2.4.2 需求市场要广泛

国内市场的需求,尤其是国外市场的需求,是任何类型、任何产业或行业的产业集群形成发展不可缺少的重要条件。

产业集群是相关产业在特定区域内高密度的集聚,它所产生的供给必然会远大于当地的需求,这自然要求其产品销往其他地区。对于旅游产业集群来说,就是要有更多的区外的,甚至是国外的旅游者到该旅游目的地观光旅游。因此,国内外市场的需求程度决定了旅游产业集群成长和发展的空间,决定了旅游产业集群成长的寿命,是旅游产业集群成长的动力。即使某一地区有优势的旅游资源,但由于种种原因而没被国内外市场需求,也同样无法形成旅游产业集群。

2.4.3 旅游相关支撑产业的配套率要高

相关支撑产业指产业集群的前项联系产业和后项联系产业,前后项联系的广泛性是产业集群成熟度的反映。要形成旅游产业集群就必须有比较完善的基础设施作保障及各种公共服务机构作扶持,这就要求旅游产业集群的供应层企业与依托辅助层企业和谐全面发展,不能出现断层或断流。

2.4.4 政府要积极扶持

政府在产业集群形成过程中是有所为与有所不为相结合的。自发形成的集群在刚开始时并不需要政府的介入,但其发展却需要政府政策的扶持,不断地引进新的技术,促使原有集群进一步发展在集群发展到一定的阶段后，政府通过各种辅助性政策措施带来集群的知识更新，使得集群升级，同时还在外在动力的共同作用下衍生出新的集群来。对于那些缺乏集群自发形成的地区，在刚开始政府就必须通过一定的政策措施引领集群的形成，并在引入推动性产业后，在集群的自增强机制下进一步发展，最后政府要鼓励集群成员的知识整合，促使集群升级，同时还要抓住外来机会，在原有集群基础上衍生出新的集群。政府在产业集群形成与完善阶段要协调多方因素，与多方因素保持关系。

旅游产业是个综合性、关联性很强的产业，涉及的领域比较广泛，要靠旅游产业自身发育形成集群需要相当漫长的时间，根据政府在产业集群形成中的作用及有所为与有所不为可知，旅游产业集群的形成和完善离不开政府的大力支持。此外，旅游产业集群的形成发展离不开当地制度的配合与支持，离不开各种公共信息的对外宣传、政策扶持、融资扶持及竞争者的价值观念、竞争观念、创新观念等。只有存在这种制度支持，才可能使大量企业愿意及能够快速地集聚在区域中，形成旅游产业集群。

2.4.5 面临的机遇及历史偶然因素

美国经济学家在研究区位集聚现象时指出，历史偶然因素对产业集群的形成起着十分重要的作用。一旦某个区域率先进入某个新兴产业，收益递增将使该产业在那里生根开花，这是因为，率先生产者所取得某种先行者效益会带来实践的样板作用和诱导作用，由此促使最初的优势不断地自我累积和强化，从而形成该产业在该区域内的集群。分析旅游产业集群的产生和发展时也同样要注意机遇和历史偶然因素的影响。随着世界经济的飞速发展，人们工作的日益繁忙和紧张，旅游已经成为人们放松身心，缓解紧张心情的活动。旅游业就是在这样的历史条件下飞速发展起来的。而最初开始投资旅游业的人获得较大收益之后，促使了更多的人开始对旅游产业进行投资，形成旅游企业的聚集。

2.5 旅游产业集群的竞争优势

2.5.1 有利于树立旅游产业集群品牌提升旅游整体竞争力

旅游产业集群品牌，是指“某个旅游集群内各成员品牌的集体行为和综合表现，并形成了该集群所提供产品和服务的知名度和美誉度”。旅游产业集群品牌为集群内的旅游企业及相关企业和部门建立了一个形象平台，使集群内产品和服务的品牌形象价值也得到相应的提升，大大增强了集群内企业的比较竞争优势旅游集群品牌比单个旅游企业品牌具有更持续更强大的品牌效应。旅游集群中的各成员从集群品牌中获益，反过来也愿意出资出力积极建设集群品牌，提高集群品牌的知名度和吸引力。旅游集群使成员们形成一个有机的整体，这不仅有利于消除体制性障碍及区域壁垒，还有利于各成员整合资源，共同拓展客源市场，同时借助政府宣传的权威性和说服力等，形成强大的联合营销优势。

2.5.2 有利于旅游产业创新

实施旅游产业集群战略，不仅有利于提高生产率，也有利于促进产业的创新。首先，旅游产业集群为企业创新提供了良好的氛围。集群方便了企业进行业绩比较，这就迫使业绩较差的企业不断进行产品创新、服务创新和组织管理创新以获得群内竞争优势，形成你追我赶的良好局面。其次，旅游产业集群容易产生知识的“溢出效应”。由于地域上接近，合作密切，面对面交流的机会增多，使得信息的流动加快、透明度增加。一个企业获得的新思想、新观念、新技术和新知识，很大一部分会外溢到区内的其他企业，成为群内企业的公共知识，亦称不可跨地区传递的“缄默性知识”或“组织知识”，知识在集群内大量的流动和积累，尤其群内大学、研究机构与企业之间的学习互动，增大了该集群持续创新的能力和容量。

2.5.3 有利于实现旅游业的转型升级和提质增效

旅游集群能使群内企业通过合作实现资源的整合，使群内企业获得集聚经济优势、交易成本优势和创新成本优势，从而提高企业乃至整个产业的生产效率，实现旅游业转型升级和提质增效。首先，集聚经济优势。大量相关企业和部门在特定的地域范围内相当集中能够产生广泛的集聚经济效益。它们可以共同分享各种基础设施、服务设施、公共信息资源和市场网络减少由于分散布局所需的额外投资，并利用地理邻接而节省相互间物流和信息流的转移费用，从而降低生产成本。其次，交易成本优势。从旅游企业的角度来看，集群内信息较全面集中，便于企业及时准确地获得所需的各种信息。此外，根植于地方社会网络的企业具有共同的社会文化背景和价值观，易于建立相互信任和合作，节省了企业搜索市场信息和寻求可信赖合作伙伴的时间和费用，有效地降低了企业的交易成本从旅游者的角度来看，旅游是非生活必需品，其需求价格弹性较大，如果购买成本和风险太高的话，会丧失很多潜在旅游者，而旅游集群提供大量、全面、集中的信息，方便旅游者“货比三家”，有效降低其购买成本，集群建立的诚信机制也降低了旅游者的购买风险，有利于刺激旅游消费。最后，创新成本优势。地理上的靠近性使企业相互之间进行频繁的交流成为可能，这为企业进行创新提供了较多的学习机会。由于存在着“学习曲线”，使集群内专业化小企业学习新技术变得容易并且成本低。同时，建立在相互信任基础上的竞争合作机制，也有助于企业进行技术创新的合作，从而降低新产品开发和技术创新的成本。

2.5.4 有利于加强旅游行业管理，构建诚信和谐的旅游环境

旅游集群使各旅游企业和部门形成一个有机的整体，而不是一盘散沙，这有利于政府和行业管理部门加强管理和监督。首先，地理上的邻近性方便了群内企业间的交流，在交流与合作中逐步建立信任，此时企业间不再是单纯的竞争关系，理性的企业会加强合作，寻求共同的最大化利益，实现共赢。这能有效缓解企业间的恶性削价和无序竞争。而且，

通过政府和行业协会等对群内企业进行说服教育，也可以使企业跳出当前利益和个人利益，更多地注重长远利益和集群利益，从而自觉积极地维护诚信和谐的旅游环境。其次，集群内的信息相对透明和公开，企业和部门能很好地相互监督、相互制约。集群赋予了监督机构权威和权力，一旦某个企业或个人违规并损害了集群利益将受到处罚，并在集群内公示，该企业或个人的信誉度将大大降低，失去在群内立足和发展的基础，从而失去很多机会和竞争优势。

2.5.5 有利于旅游人才培养，提高旅游服务质量和水平

首先，业务熟练、适应力强、创新力强的人力资源已成为旅游业成功发展的一个最重要因素。集群为企业、学校和科研机构的交流和合作创造了更好的条件。一方面，在校学生有更多机会到各种企业和部门实习，积累实践经验，学用相结合，学校培养出的人才就更符合企业的实际需要；另一方面，企业的员工也有更多机会接受学校提供的培训和再教育。此外，学校和科研机构能为集群的培育和发展提供理论指导，并针对一些实际问题进行研究，由于更容易获取第一手资料，增强了科研的实用性和可信度。企业从中受益后，也会更积极地与学校和科研机构合作，为人才培养、学科建设和科研项目等提供资金支持。其次，旅游集群的发展提供了较多就业机会和较大发展空间，会吸引各类旅游人才向本地集中，形成劳动力供给充足的市场，一方面为企业提供所需的优秀人才，促进企业发展；另一方面各类旅游人才在集群内富集，会加剧人才的竞争，从而促使员工努力工作并不断提高自身素质，提高专业化水平，从而使整个集群的服务质量和水平得以提升。

2.5.6 有利于吸引旅游产业资本到集群内投资

良好的创新氛围、外部经济效应等给区内企业带来的低成本高生产率优势会不断吸引区外新的投资进入。同时，集群内大量集中的市场需求和完善的地方配套体系，降低了建立新企业的投资风险，也能够吸引大量的旅游资本进入到集群区域内。不仅如此，往往还会引发相关配套资本的集体跟进，从而实现旅游产业的迅速崛起和竞争力的提升。与此同时，随着资本流入的增加，原先基于地理位置的区位优势将转向产业优势，并随着产业集群的发展不断得以增强。集群还有益于空间对旅游者吸引力的最大化，由此扩大旅游需求，形成大的市场，从而吸引大量资本的进入。

2.6 国内旅游产业集群的发展（可能性）分析

2.6.1 旅游产业本身的强关联是形成产业集群的内在动力

根据联合国《国际产业划分标准》，结合旅游产业的实际情况和旅游活动的内容，旅游产业主要包括旅行社，以旅游饭店为代表的住宿业、餐饮业，交通运输业，游览娱乐业，旅游用品和纪念品销售行业，它们构成了旅游产业中的基本行业，这些行业间的互补性和

竞争性造成了它们之间不仅关联性强，而且互动性也很强。也就是说，旅游产业内部的诸多行业只有共同协作才能为旅游者提供一次完整的旅游消费过程，其中的任何一个环节出现问题都会导致旅游者对于整个旅游过程的否定，各个旅游企业被旅游者这一共同的服务对象和旅游资源紧密地联系在一起，从这个意义上讲，旅游产业内部相对于其他产业本身就是休戚相关的一个整体，因此建立旅游产业集群具有天然的优势和可能性。

2.6.2 丰富的旅游资源是我国发展旅游产业集群的重要保证

旅游资源作为旅游活动的主要对象，是旅游产业集群的前提和基础。旅游资源的规模、数量、品位及特色，在一定程度上决定着一个国家或地区旅游发展的规模和水平。我国历史悠久，地域广阔，丰富的文物古迹、风景名胜、风俗风情已为旅游业集群的发展提供了广阔空间。从自然资源看，我国拥有众多的国家级自然保护区、国家级风景名胜区、国家级森林公园，不仅规模宏大、数量较多、种类齐全、品位较高，而且，其中许多景区、景点在国内外享有较高的知名度，如泰山、青藏高原、长江三峡、云南西双版纳、贵州黄果树瀑布等。从人文资源看，我国拥有数量相当多的历史文化名城和国家级重点文物保护单位，如北京故宫、西安兵马俑、大理三塔、遵义会议会址等。同时，我国又是一个多民族的国家，不同民族具有不同的民族风情。虽然这些具有特色的旅游资源分布在不同的区域内，但我国幅员广阔，南北跨越的纬度近 50 度，分布有热带、亚热带、暖温带、中温带、寒温带以及垂直温度带，区域间因气候的因素形成的不同自然景观和人们在适应和改造自然过程中创造的灿烂的文化以及人文景观的地带差异，恰恰形成了旅游资源的吸引力，成为旅游者空间移动的推动力量。因此无论是自然旅游资源还是人文旅游资源，在其形成和开发过程中，都被深深地打上了地域的烙印，在分布上呈现明显的区域特色。这为旅游产业集群的发展提供了广阔空间和可能性。

2.6.3 旅游目的地发展的客观需要是旅游产业集群发展的推动力量

目前，我国各地都已看到旅游产业对于当地经济产生的巨大作用，都不约而同地制定了加快旅游产业发展的决策，并将其发展置于战略的高度予以关注。如部分省市将旅游产业列为新的支柱产业、第三产业的龙头产业、优先发展的产业和新的经济增长点。为了获得长久的竞争优势，各地的旅游产业加快了从传统的资源竞争向结构优势竞争的转变。同时伴随着长三角、珠三角和环渤海旅游协作区的建立和运作，区域协同与跨区域竞争已日益成为影响旅游产业发展的重大事件。而产业集群正是迎合了这两种趋势，为当地的旅游产业的发展提供有效的动力机制。旅游产业集群会成为当地经济持续增长的源泉，实现本地区旅游相关企业的良性竞争和发展，形成 1+1>2 的集聚效应，为推进旅游产业向更高的层次发展注入动力；同时，集群本身就是基于地理集中性之上的竞争力的塑造，既符合旅游资源的地域分布，又为区域内部协作以及与外部的联系创造了条件。

综合以上分析，我国旅游产业已经具备了旅游产业集群建立的条件，同时，面对旅游产业发展的迫切要求，培育和发展旅游产业集群势在必行。旅游产业集群一方面是诸多的因素协同发挥作用的结果，另一方面，产业集群的良性发展也会提升旅游产业整体的竞争力，从而使得当地的旅游产业获得持久发展的动力，进而推动整个地区乃至整个国家旅游产业的竞争力，进一步加强区域合作实践与旅游产业内部的协调发展。

本章小结

旅游产业集群的一般理论源自于工业和制造业的产业集群理论。为了能更好地把握旅游产业集群的一般理论，本章从产业集群的内涵界定入手，引入旅游产业集群的一般理论。

第3章
旅游城镇产业集群的形成机制

3.1 城镇与旅游城镇

3.1.1 城镇的基本概念

我国著名社会学家费孝通先生于20世纪30年代开始对中国乡村经济进行大量实地考察与研究，探索城市化的道路与方向。在其80年代的论著《论城镇及其他》中，费孝通指出有一种社会实体是以一批不从事农业生产劳动的人为主体组成的，比农村社区高一层次，无论从地域、人口、经济、环境等因素看，它们都既具有与农村社区相异的特点，又都与周围的农村保持着不可缺少的联系。费孝通将这样的社会实体概括为“城镇”。

城镇概念并非中国独有，国际上也有大量相类似的概念，但并未形成统一观点。许多国家以人口数量的多少确定城镇的标准，城镇属于城镇序列的最低层次。在部分国家，并无城镇这样一个专有名词，它一般泛指小城市，其经济内涵与我国的城镇也不相同（蔡秀玲,2012）。

我国虽然已形成“城镇”的专有名词，但不同学科对“城镇”的理解存在一定的差异性。第一，《中华人民共和国城市规划法》所指的城镇是建制镇。行政管理部门对城镇的理解是只包括建制镇的地域范畴。第二，社会学者则侧重于从社区生活方式的角度理解城镇，认为城镇的经济结构和社区生活与城市差异较大，更接近于农村社区。第三，地理学界将城镇作为一个区域城镇体系的基础层次而聚落地理研究的学者则将城镇作为农村聚落中最高级别的聚落类型，认为我国大量的建制镇是从农村自然集镇发展演化而来，具有相当的农村聚落特征（乔忠，2005）。

综观不同学科、不同学者对城镇的理解，其共性在于对城镇的概念界定，普遍认为城镇是指区别于大、中城市和乡村，具有一定经济和建筑规模，主要由从事非农业生产活动的人口所聚居的社区，是一定区域的政治、经济和文化中心。城镇是城镇体系的基本单位，一方面，其与城市之间存在着物流、人流、信息流、资本流等方面的紧密联系；另一方面，它是周边乡村的中心，既受制于乡村经济发展和社会结构沿革，又发挥着对乡村经济社会演变的引导示范作用，是城市到乡村的过渡性区域。

对城镇的范围界定是对城镇理解的主要差异，需根据各自研究的需要进行调整，如蔡秀玲（2002）认为城镇包括县城镇、县城以外建制镇和集镇傅崇兰（2003）将城镇就界定为建制镇叶堂林（2004）将城镇划分为广义和狭义概念，广义城镇包括 20 万人口以下的小城市、国家批准的建制镇、尚未建制的乡政府所在地的集镇乡集镇和纯属集市贸易的集镇，狭义城镇包括县城以下建制镇和集镇。

本研究对城镇的概念界定采用上述研究的普遍性观点，对其范围将结合旅游城镇的特征来界定。

就城镇的分类而言，陈仲伯（1999）指出，城镇建设和发展的类型分为贸易主导型、乡镇工业主导型、城郊型和风景旅游型。成义军等（1995）将城镇划分为工业开发型、商贸旅游型、传统集镇型和城郊型。可见，旅游城镇是城镇分类中的一种类型。

3.1.2 旅游城镇的概念与特征

（一）旅游城镇的概念界定

乔忠（2005）界定了旅游城镇的概念，提出旅游城镇是指具有美丽的自然景观和丰富的人文景观，吸引大量游客前来旅游或承担一定量的旅游接待与服务，旅游收入在其 GDP 中占主导地位的城镇。笔者认为此概念明确突出了旅游城镇的最显著的两大特征，一是具有丰富旅游资源，二是旅游业在产业结构中成为主导产业。

因此本研究在此概念基础上进一步提炼，将旅游城镇界定为旅游城镇是指具有丰富旅游资源，并且旅游产业在当地产业结构中居于主导产业地位的城镇。旅游城镇是诸多城镇类型中的一种类型。

为统一研究口径，根据城镇的范围界定，笔者将本研究中旅游城镇的范围划定为县城镇、建制镇、集镇，以及部分以主力村落联动发展旅游的村镇区域。

（二）旅游城镇的基本特征

第一，旅游城镇具有丰富的旅游资源，具备旅游开发的基本条件。对旅游资源的概念界定学术界存在多种观点。具代表性的观点有郭来喜（1982）指出凡能为旅游者提供游览观赏、知识乐趣、度假疗养、娱乐休息、探险猎奇、考察研究以及友好往来和消磨闲暇时间的客体和劳务，均可称之为旅游资源。李天元等（1991）认为凡是能够造就对旅游者具有吸引力环境的自然事物、文化事物社会事物或其他任何客观事物，都可构成旅游资源。吴必虎（2001）认为，旅游资源是一个开放系统，核心是旅游产品，只要具有开发为旅游产品的潜力的事项，无论有形或无形，都可视为旅游资源。笔者持有与吴必虎相似的观点，认为旅游资源就是指一切可以开发为旅游产品，产生经济、社会、环境效益的事物，可以是业已存在的事物，也可是人为创造的事物。从资源属性上看，分为自然旅游资源和人文旅游资源。旅游城镇在旅游资源方面具有显著优势，资源享赋好，特色突出，能够为旅游开发所利用。

第二，旅游产业是旅游城镇经济发展的主导产业。所谓主导产业是指在一国经济发展的某阶段，若干产业部门对产业结构和经济发展起主导作用的产业。主导产业在产业结构系统中占有一定比重、技术先进、增长率高、关联强，能够最迅速、最有效地吸收创新成果，满足不断增长的市场需求，并获得较高和持续的发展速度（芮明杰，2005）。旅游城镇的旅游产业主导地位体现在旅游产业是当地经济发展的原动力，对GDP贡献显著且增长率高旅游产业具有突出的乘数效应，能够有效带动当地相关产业发展旅游产业强调创意与产品创新，能够不断满足并创造市场需求，扩大当地市场规模旅游产业是第三产业的重要组成部分，对于推动城镇产业结构转型具有突出作用旅游产业是低碳、绿色的环境友好型产业，能够促进城镇的生态环境保护，具有可持续发展性。

第三，旅游城镇的分布呈现出规律突出的特征。根据吴必虎等学者（1997）的研究，中国一个城市的出游市场37%分布在距离城市15千米的范围内，24%的市场分布在15km ~ 50km范围内，21%分布在50km ~ 500km内。500km以外的广大空间，仅分割了城市出游市场的18%。这也意味着中国61%的旅游目的地分布在距离城市的50km范围内。旅游城镇的分布也必须符合这个基本特征。《云南省旅游城镇调整准入标准》中规定“旅游城镇必须在省内及周边市县知名，具有一定的市场辐射力、区位优势好且离国道省道沿线不超过50公里或者有较好的公路、铁路可以抵达”。这个规定与国内出游市场特征是高度吻合的。通常旅游城镇的分布呈现三个规律一是地处大城市周边的旅游卫星城，如昆明野鸭湖小镇、官渡古镇。二是地处重要旅游线路或旅游区内的城镇，如地处滇西北黄金旅游线上的鹤庆县草海镇新华村和丽江束河古镇。这两类旅游城镇的分布都是依托中心城市及周边县城等经济较为发达的人口聚集地，形成稳定客源。三是虽不临近城市或旅游区域，但具有鲜明的旅游资源特色，临近交通干线的城镇，如云南通海秀山镇和丘北县双龙营镇普者黑村。这类旅游城镇依靠资源特色和交通便利性，吸引旅游者进入。

（三）建设旅游城镇的目的

从旅游城镇建设的开发建设实践看，建设旅游城镇的目的大致有三个：

第一，通过旅游城镇建设，实现促进当地旅游业为主导的服务产业快速发展，推进当地产业结构调整和社会经济发展，拉动当地就业的直接目的。例如通过旅游业的发展，促进当地餐饮、住宿、交通运输、商业、娱乐业，以及金融、保险、咨询、医疗卫生等相关服务产业的发展，创造就业岗位，解决农村劳动力流失严重的问题。

第二，通过旅游城镇建设，实现推动当地基础建设进程，改善生产生活条件，维护生态环境的间接目的。例如由于旅游业发展的需要，城镇必须大力投资建设交通、水利、能源、通信等基础设施，同时必须加强对生态环境的保护，发展绿色旅游，才能创造良好的旅游产业环境。

第三，通过以上软硬环境的共同改善，吸引投资，有力拉动当地具有资源优势的特色产业开发，实现以旅游业带动特色产业发展，打造产业集群体系的最终目的。例如云南耿马县引进北京投资商进行旅游城镇建设的同时，大力发展以香蕉种植为主体的特色农业和食品加工业，开发出香蕉干、香蕉脯、香蕉粉等香蕉系列特产，形成了特色农业与旅游业相互支撑的局面，为产业进一步集聚创造了条件。

综上所述，旅游城镇是城镇的一种类型。与其他类型的城镇相比，旅游城镇最显著的优势在于低碳节能、环境友好，这一优势恰好符合我国经济发展的战略方针。因此，旅游城镇是我国城镇建设的必然发展趋势。

3.2 产业链与产业集群

3.2.1 产业集群的概念、构造与特征

（一）产业集群的基本概念

对产业集群(与之含义相似的概念还有产业簇群、企业集群、区域集群、产业群、产业区等)的研究迄今已有100多年历史。其中最早的经典研究是19世纪末英国新古典经济学家阿尔弗雷德马歇尔(A.Marshall)提出的产业区理论。他通过研究设菲尔德和兰开夏郡，发现大量相互之间具有密切联系的手工业类小公司在此地集聚，且区内生产活动具有明显专业化特征，他将这样的区域称为产业区(Industrial District)。而“产业集群”(Industrial Cluster)概念是由波特于年在《国家竞争优势》一书中提出的。波特为产业集群是一组在地理上靠近的相互联系的公司和关联的机构，它们同处或相关于一个特定的产业领域，由于具有共性和互补性而联系在一起。我国学者仇保兴(1999)在其论著《小企业集群研究》中，对国际主流经济学派对小企业集群的概念进行了梳理和归纳：

①亚当·斯密所谓小企业集群是由一群具有“外部分工”性质的小企业为了完成某类产品的生产联合而成的群体；

②马歇尔认为是专门人才、专门机械、原材料提供、运输便利及技术扩散等“一般发达的经济”所造就的“外部经济”促使小企业的集聚从而形成小企业集群；

③埃德加·M·胡佛将小企业集群看作是具有“聚集体”规模效益的企业群体；

④德布瑞森和哥特勒等人“排他陛”定义，即所谓小企业集群是除了等级形式之外的企业联合形式；

⑤中国台湾学者们认为小企业集群是一群独立自主而又依据专业分工和资源互补彼此依赖的企业群。

仇保兴在以上概念基础上，借用威廉姆森“中间规制结构”概念将小企业集群定义为一群独立自主又相互联系的小企业基于专业化分工和合作建立起来的组织，这种组织的结构介于纯市场和层级两种组织之间，比市场稳定，比层级灵活。借助这种组织结构，小企业之间建立长久的交易关系不一定以契约来维持，主要通过信任和承诺来进行协作，获得

集群外企业不具备的优势。曾忠禄（1997）认为，产业集群是指同一产业的企业以及该产业的相关产业和支持产业的企业在地理上的集中。王缉慈（2001）指出产业集聚是一组在地理上靠近的相互联系的公司和关联的机构，它们同处在一个特定产业领域，由于具有共通性和互补性而联系在一起，具有专业化的特征。

基于以上概念界定，笔者认为在产业集群的概念中应该强调两方面内容。一方面，产业集群的专业化分工与协作基础可以从产业链的角度来理解，因为进入集群的企业通常是该区域内产业链各环节的成员以及大量为产业链成员提供服务的机构。集群内的企业具有产业链纵向延伸与横向扩展的关系。另一方面，产业集群是围绕某一特定产业形成的，但在集聚效应作用下，该产业的相关产业也会在该地理空间内集聚，与原有产业形成协作及补充关系，形成更大规模和更广范围的产业集群。因此，对产业集群的描述应该突出产业集群中的核心产业与相关产业关系，而不是仅仅描述为一个产业。基于此观点，笔者对产业集群的界定是在特定地理空间内，以某一产业为核心，围绕该产业链聚集起来的由具有产业链纵向和横向分工协作关系的企业和服务性机构，以及与该产业密切联系的相关产业共同构成的集合体。

（二）产业集群的基本构造

根据对产业集群基本概念的界定，可以描绘出产业集群的基本构造。波特（Porter,1998）认为产业集群包括一连串上、中、下游产业以及其他企业或机构，他们包括了零件、设备、服务等特殊原材料品的供应商以及特殊基础建设的提供者。集群通常会向下延伸到下游客户，也会延伸到互补品的制造商以及和本产业有关的技能、科技或是共同原料等方面的企业。产业集群还包括政府和其他机构—如大学、制定标准的机构、职业训练中心以及贸易组织，从而提供专业的训练、教育、资讯、研究以及技术支持等。

（三）产业集群的基本特征

1、产业链分工与协作

产业集群内的企业围绕产业链，从原材料生产到最终产品各环节进行分工与协作，呈现纵向延伸特征或群内企业集中于产业链某些环节，呈现出横向扩展特征。企业之间具有共性或互补性，是一种既竞争又合作的关系。

2、网络状结构

产业集群是产业链各环节企业的集聚，这些企业组织之间纵向存在市场交易关系，横向存在市场竞争关系。因此，产业集群内存在以各个市场主体，包括供应商、生产商、销售商、中介机构为节点，以它们之间的市场交易关系和市场竞争关系为连线的纵横交错的市场关系网络。由于地域临近，集群内的个人在地缘关系、血缘关系、亲缘关系等社会关系上存在着众多联系。因此产业集群还存在由个人为节点，以他们之间的社会交往关系为连线的社会关系网络。产业集群网络是由市场关系网络和社会关系网络叠加而成的复合网络（黄中伟，2007）。

3、空间聚集

产业集群之所以称之为集群，就是因为其呈现出地理空间上的聚集特征。具有共性或互补性的企业在一定区域内集聚，为彼此之间技术、信息、物流、人员及其他产业要素资源的共享提供了有利外部环境，同时也为区域政策的制定和实施提供了可能。

4、规模优势

产业集群内大量企业集聚，充分共享各种产业要素资源，产生溢出效应，从而使企业享受到规模经济收益。这也是产业集群的显著优势。

5、嵌入性

产业集群的嵌入性是指集群的经济行为深深地嵌入于当地社会文化结构、社会关系和制度体系中。一方面，产业集群经济活动的逐步深化促使当地社会关系网络和制度体系相应发生变化，甚至对当地社会文化产生影响。另一方面，产业集群的经济活动受到当地历史文化传统、制度体系等外部环境的深刻影响，通过潜移默化地"嵌入"，使产业集群的经济活动沿着某一种路径演进，而不是其他路径。

6、根植性

王缉慈（1999）认为：企业根植性，指企业需要植根在本地的性质。企业为什么要扎根在本地呢？这是因为，企业的国际竞争力不仅取决于国家环境，更重要的是取决于它所在的区域和地方环境。公司—供应—客商三位一体，在地理上尽可能接近，有利于使研究与开发、生产、销售的信息及时反馈，减少交易费用。为了加快新产品开发的速度和减少成本，生产者需要靠近用户。丘海雄（2007）指出，根植性主要指外来企业与本地企业在价值链各环节的关联程度或本地化程度。提高外来企业的根植性有利于信息的流通、知识的外溢、减少交易成本、形成良好的区域创新环境，从而提高集群的竞争力。

7、创新性

产业集群是一个区域性创新系统。产业集群内企业之间存在竞争关系，为保持竞争优势，企业必然需要创新，为降低创新成本，集群内企业会选择合作创新。由于集群是网络状结构，一个企业进行创新产生知识外溢，通过网络进行传导，创新效应在网络的横向和纵向扩散，使整个产业集群产生比集群外企业更为显著的创新优势。

3.2.2 产业集群与产业链的相互关系

哈里森（Harrison）将产业链定义为从采购原材料，将它们转换为中间产品和成品，并且将成品销售到用户的功能网链。芮明杰（2006）指出，产业链不仅是产品链、信息链，其本质上是以知识分工协作为基础的功能网链。产业链反映了从上游生产到下游消费的物质和信息投入产出关系。产业集群与产业链的相互关系表现为：

首先，产业集群是建立在产业链基础上的大量企业的集聚系统。根据产业集群与产业链的不同关系，可将产业集群划分为两种类型：一是围绕产业链上某一环节横向进行大量企业集聚所形成的专业性产业集群；二是在特定空间内围绕某一产业的纵向投入产出关系进行大量企业集聚所形成的综合性产业集群。产业集群内部的物质、信息、知识传输以产业链的纵向和横向关系为传输路径，从而围绕产业链形成一个纵横交织的网络系统。

其次，产业集群在产业链价值活动基础上，还包含促进企业联系的各种组织和机构。例如商会、行会、企业协会等组织，广告、营销、电子商务、培训和教育机构、银行等机构，以及会展、研讨会等等各种公共活动，甚至还包括当地政府，这些组织和机构促进企业之间的各种非正式的相互交流，进行区域治理，把本区域孤立和分散的企业组织起来（王缉慈，2004）。

再次，产业集群包含地理接近性的含义，产业链则不一定有这个含义。产业链各环节的活动是否地理靠近，要根据产业的特性而定（王缉慈，2004）。

3.3 旅游产业、产业链与旅游产业集群

3.3.1 旅游产业的界定与特殊性

（一）旅游产业的界定

旅游产业与其他制造业产业不同，不是严格意义上的“生产相同产品的单个企业的集合”，而是各个其他产业中某一部分产品和劳务的多重“集合”（张凌云，2007）。因此，如何界定旅游产业的含义与范围，一直是国内外旅游学者不断争论的核心课题。

联合国《国际产业划分标准》中定义“旅游业是由那些与旅游者直接发生联系并为之服务，且来源于旅游者的收入在总收入中占相对显著比例的行业组成旅游业的构成应该包括旅行社业、以宾馆为代表的住宿业、交通运输业、餐饮业、游览娱乐业、旅游用品和纪念品销售业、各级旅游管理机构及行业组织等 7 个部门 35 个项目，这些行业结合了旅游业的实际情况和旅游活动的内容，是旅游企业的总体集合，构成了旅游业中的基本行业”。世界旅游组织（WTO）对旅游行业的界定是“旅游行业是指随着旅行行为存在而存在的行业”，旅游行为涉及食、住、行、游、购、娱六大要素，旅游行业涉及多个行业，主要包括住宿业、餐饮业、交通运输业、商业、娱乐业等。从产业供给角度出发，旅游产业的内涵应该是以旅游业生产力六要素食（旅游餐饮业）、住（旅游宾馆业）、行（旅游交通业）、游（旅游景观业）、购（旅游商品业）、娱（旅游娱乐业）为核心，以旅行社为产业龙头，由一系列行业部门组成的社会、经济、文化、环境的整合产业，是一个开放的复杂系统（戴斌，束菊萍，2005）。

罗明义（2007）指出，旅游产业范围可以划分为旅游核心部门、旅游依托部门、旅游

相关部门三个层次，并把他们分别明确界定为旅游业和旅游产业。旅游核心部门是指完全向旅游者提供旅游产品和服务的行业和部门，即旅游产业的第一层次或基本层次，主要包括旅游住宿业、旅游景观业、旅游运输业、旅行社业和旅游服务机构五个部分。它们构成了旅游产业的主体部分，也就是旅游业。旅游依托部门是指向旅游者提供部分产品和服务的行业和部门，是旅游产业的第二层次，主要有餐饮服务业、文化娱乐业、康乐业、零售业和公共交通运输业等。旅游相关部门是指为旅游产业发展提供支持和旅游带动的行业和部门，属于旅游产业的第三层次。第三层次的旅游相关部门，虽然不一定依赖旅游产业而发展，但其发展的规模和水平对旅游产业的持续健康发展也具有重要的意义和作用，因此从“大旅游”发展的角度仍然离不开这些行业和部门的发展，并且也有必要在计算旅游产业收入时，剥离出直接和间接为旅游产业提供支持和服务的收入。

笔者认为，运用“大旅游”的观点对旅游产业进行分层次的界定，注重区分旅游核心产业部门和旅游相关产业部门，能够较为清晰地勾勒出旅游产业体系及其内在的层次关联，为研究旅游产业链和旅游产业集群的概念和形态奠定了重要的理论基础。

（二）旅游产业的特殊性

与旅游产业是第三产业的重要组成部分，具有显著的产业特殊性。笔者认为，与传统制造业相比，这种特殊性主要表现在：

①旅游产业生产部门之间的关系不同于传统制造业。旅游产业生产的最终产品是组合性产品，而传统制造业生产的最终产品是完整的单一产品。由于这一特征，决定了旅游产品生产部门之间是建立在旅游者需求基础上的并列合作关系，而传统制造业生产部门之间是建立在物质投入产出和技术性分工基础上的分工合作关系。

②旅游产业是典型的资源依赖型产业，而传统制造业大多为技术依赖型产业。旅游产业必须以旅游资源为发展基础，旅游资源享赋直接决定着旅游产品的质量，并且旅游产业对资源的依赖很难由技术来替代。尽管就目前旅游发展的实践看，旅游资源可以是当地固有的，也可以是人为创造的，甚至网络技术的运用在一定程度上降低了旅游产业对资源的依赖程度，但总体而言，旅游产业的发展无法脱离旅游资源基础。而传统制造业虽然也对资源有一定的要求，但就整体生产过程而言，更突出地表现为对生产技术的依赖，资源禀赋的不足可以通过生产技术的革新来弥补。

③旅游产业强调以区域旅游资源特色为基础的差异化发展，而传统制造业强调无区域差异的标准化生产。不同区域的旅游资源特征各不相同，不同区域所生产的旅游产品不会完全同质，各地具有差异化的旅游吸引物满足了旅游者的多样化旅游需求，因此旅游产业强调区域之间的差异化发展。而传统制造业不论所处区域有何不同，同一产业部门的企业所生产的产品具有高度的同质性，强调产品的标准化。

④旅游产业的关联性产业部门数量众多并具有区域差异，而传统制造业的关联产业较少，并且相对固定。旅游产业是各个其他产业中某一部分产品和劳务的多重“集合”，所

涉及的产业部门众多。戴斌（2005）的研究表明，受旅游直接影响的行业有 14 个，间接影响的行业有 54 个，引致影响的行业有 20 个。具体到不同区域的旅游产业体系，由于不同区域的旅游资源不同，旅游产业的发展逻辑就不同，加之各地的产业体系构成有差异，旅游产业所能依托和关联的其他产业不尽相同。因此，对旅游产业体系的探讨不能一概而论，需根据各区域的情况来具体问题具体分析。而传统制造业是“生产相同产品的单个企业的集合”，其产业边界较为清晰，所涉及的产业部门数量有限。并且制造业以标准化生产为原则，不论哪个区域的同一产品制造业，所涉及的产业部门是相对固定的，产业体系的区域差异比较小。

⑤旅游产业生产的产品是无形的体验性产品，不可贮存，不可移动，而传统制造业生产的产品是有形产品，可以贮存，可以移动。这使旅游者无法在决定购买和消费前检验和验证旅游产品的质量（陶汉军，1995）。这一特征决定了旅游营销部门在旅游产业中占有十分重要的地位，否则难以保证旅游产品生产能创造显著的市场收益并且旅游产品营销必须由具有公信力的机构来主导，否则难以对消费者构成具有说服力的营销效果。这个具有公信力的主导机构就是政府。因此，与传统制造业需要高度市场化运作不同的是，旅游产业的发展需要政府在产业支持、产品营销方面进行有效的主导。

3.3.2 旅游产业链的基本形态刻画

旅游产业的特殊性导致其产业链的形态与传统制造业相比，具有独特性。笔者将在归纳现有研究的代表性观点的基础上，运用传统制造业产业链从上游投入到下游产出的方式来全面刻画旅游产业链的基本形态，从而突显出旅游产业链的独特性。

（一）现有研究的代表性观点

目前学者们大多围绕旅游业的六大要素所涉及的产业部门为核心来界定旅游产业链，认为旅游产业链是指为满足旅游者的旅游需求，以产业中具有竞争力或竞争潜力的企业为链核，与相关产业的企业以产品、技术、资本等为纽带结合起来，通过包价或零售方式将旅游产品间接或直接销售给旅游者，以助其完成客源地与目的地之间的旅行和游览，从而在旅行社、饭店、餐饮、旅游景区、旅游交通、旅游商店等行业之间形成的链条关系（王起静，2005，杨丽娥，2008），此种界定突出了旅游六大要素在产业链中的核心地位。也有学者的界定参照传统制造业的产业链概念，更为强调产业链从供给到需求的垂直关系，认为旅游产业链是旅游产业上下游多个企业共同向最终消费者提供服务（产品）时形成的分工合作关系，由旅游供给、旅游中间商和消费者三个环节组成（黄继元，2006）。

目前对旅游产业链的研究，集中于价值链视角。价值链是产业链的价值形态。马梅（2004）的研究是旅游产业价值链研究的代表。她在旅游需求产生的产品链基础上提出了一个旅游产业价值链模型。她认为旅游者在行程中对吃、住、行、游、购、娱的需求决定产品链的长短和组合方式。旅游产业价值链是对产品链进行投入产出的价值描述，由基本价值链、可变价值链和延伸价值链构成。基本价值链是从旅游实体到旅游中介的价值链环节可变价值链是旅游实体之间的价值链连接，其上下游的区分主要取决于旅游行程中的主导企业，长度取决于旅游者的需求延伸价值链包括旅游金融、保险、旅游商品等。在网际时代，旅游价值链的模式开始由“一对一”的模式向网状的模式转变，价值链开始演变为价值网。透过价值网，可以看到价值链的成员之间实行的是“多对多模式”（巫宁，2003），即通过互联网和电子商务媒介将众多的旅游供应商、旅游中间商、客源地旅游者纵横交错地联系起来（李延松，2007）。

只有少数学者对旅游产业链的基本形态进行了研究。黄继元（2006）基于传统制造业产业链的研究，认为旅游产业链由旅游教育与研究、旅游开发设计公司、旅游设备供应商、宾馆饭店、景区景点、旅游商品销售商、旅游餐饮食品服务商、旅游交通经营商、旅游娱乐产品经营商、旅行社、旅游者和政府等上中下游多个部分共同组成。由于网络技术大量运用到旅游产业中，部分学者指出网络改变了传统的旅游产业链形态。传统旅游产业链的旅游信息方向和支付是一种复杂的层级型模式，信息共享较为困难在网络环境下，互联网使得所有的传统经营者都成了信息中介。生产商、中介以及信息中介的差别逐渐消失（吴恒，2005）。

综观学者们对旅游产业链概念和基本形态的研究，可以发现三个不足之处：第一，没有明确旅游产业链与制造业产业链的本质区别。第二，对旅游产业链价值形态的研究固然有助于把握旅游产业链的关键环节，但对旅游产业链基本形态研究的缺乏导致我们难以明确区分旅游产业链上物质和信息投入产出的顺序关系以及投入产出行为的实施主体，即物质和信息的投入者是谁，产出者又是谁，它们之间的顺序关系是什么。第三，对旅游产业链的研究均以旅游六大要素吃、住、行、游、购、娱为产业链构成的核心，对旅游相关产业部门在旅游产业链中的位置缺乏探讨。基于此，笔者认为对旅游产业链基本形态的研究可以采用传统制造业产业链从上游投入到下游产出的方式，因为这种方式能够最为直观地反映物质和信息投入产出的主体及其顺序关系，并且在研究中应该详细考察旅游相关产业部门在旅游产业链上的位置，以体现出旅游产业体系的层次性。

（二）旅游产业链与传统制造业产业链的区别

采用传统制造业产业链从上游投入到下游产出的方式来刻画旅游产业链，必须明确旅游产业链与传统制造业产业链的区别。笔者认为这种区别主要在于：

第一，制造业产业链上的生产部门仅具有生产属性，而旅游产业链上的生产部门同时具有生产属性和消费属性。制造业的生产部门生产的产品包括中间产品和最终产品，中间产品不断地投入到下游生产环节，直至生产出最终产品而旅游产业链的生产部门是提供旅游六大要素产品的部门，包括吃、住、行、游、购、娱。这六个产业部门生产的产品一经生产出来就立刻消费了，具有生产和消费的同时性。

第二，由于以上属性差异的存在，使得制造业产业链上的生产部门不能独立存在，彼此之间以不断的投入产出关系来联系，而旅游产业链上的生产部门可以独立存在，彼此之间表现为最终产品的并列存在关系，依据消费者需求进行排列组合。

第三，传统制造业和旅游产业链的上游虽然都可以表述为有形资源开发，但具体而言，传统制造业的上游表现为原材料生产环节，而旅游产业链的上游环节以向旅游生产部门提供可开发的旅游资源、建设旅游设施并营造良好的旅游环境为主要功能。

第四，传统制造业的中游是有形产品生产，下游消费也是建立在有形产品基础上而旅游产业链的中游生产的是无形旅游产品，下游则表现为旅游者对无形旅游产品的体验式消费。

（三）旅游产业链的基本形态上下游投入产出视角的刻画

笔者认为，旅游产业链是从上游产业资源开发到下游旅游产品消费全过程的物质和信息投入产出关系，以及这种投入产出过程中涉及的相关产业部门所共同构成的链条体系。基于此，研究旅游产业链的基本形态应重点考虑两方面内容：一是旅游产业链从上游到下游的构成环节划分，以明确旅游产业链的投入产出关系所涉及的主体。二是梳理旅游产业链从上游到下游所涉及的相关产业部门。

根据以上思路，笔者对旅游产业链的刻画分两步进行：第一步，根据产业链的基本定义，从上游原材料、中游产品生产、下游销售到最终消费者的动态联系，刻画出旅游核心产业链；第二步，由于旅游产品从生产到消费的过程中涉及诸多产业部门，这些产业与旅游核心产业链密切关联，因此根据核心产业链各环节所涉及的产业部门，刻画出旅游相关产业链。

旅游核心产业链包括四个环节：资源规划开发、旅游产品生产、旅游产品销售和旅游产品消费。其中资源规划开发环节打造旅游产业的上游资源基础，由于旅游景区、基础设施、城镇环境都是提供给旅游产品生产的重要资源，因而从事这些资源规划与开发的企业和机构都包括在资源规划开发的范畴内旅游产品生产环节根据当地资源特征和环境进行旅游产品设计和生产，包括直接提供吃、住、行、游、购、娱产品与服务的企业，它们之间是建立在旅游产品组合基础上的并列关系，可根据旅游者需求进行任意组合旅游产品销售环节连接旅游产品生产企业和旅游者，根据旅游者需求对旅游产品进行组合设计，并销售给旅游者，包括传统旅游中介，即旅游批发商、零售商、代理商，也包括网络旅游销售商经过销售环节，旅游产品最终提供给各类旅游者进行消费。一次旅游消费过程的实现，首先是旅游者向旅游中介提出旅游需求，旅游中介依据旅游者需求对旅游产品进行排列组合，形成综合性服务产品预售给旅游者，并组织旅游者进行消费，旅游者消费各种旅游产品的过程也就是旅游生产企业进行生产的过程。旅游产品生产企业和旅游者之间也可以越过销售中介而进行产品直接供给与购买。旅游核心产业链从上游到下游实现了有形资源开发—无形产品生产—体验式消费的过渡，这三个环节正是旅游产业链独特性的体现。

从旅游核心产业链的上游到下游的生产过程与多个产业产生联系，涉及第一、第二和第三产业的诸多产业部门，这是由旅游业的综合性和关联性特征决定的。这些相关产业部门构成了旅游相关产业链。核心产业链的产业部门与相关产业链的产业部门之间长期存在物质和信息的供需传递关系，并进行相对稳定的合作和交易，从而通过核心产业链的连接，使旅游产业链整体呈现出网络状结构。

3.3.2 旅游产业集群的界定

最早提出旅游产业集群（Tourism Cluster）概念的是迈克尔·波特（Michael.Porter）。他在分析加州葡萄酒业的集群时指出旅游集群是其重要的组成部分，同时他认为在美国的拉斯维加斯和洛杉矶等地都有旅游集群的存在。之后，国际集群协会（The Cluster Consortium）1999 年在研究南非的旅游产业集群时对旅游产业集群进行了明确界定，指出旅游产业集群是旅游企业和相关组织机构在地理上的集中，它们为了共同的目标而合作，建立起紧密的联系，使得区域获取了整体的竞争优势。袁莉（2003）认为，旅游产业群以旅游资源为基础组建。这个产业群以区域内某一大型旅游资源企业为核心，在其外部形成多层次的产业群，并与其他产业群，如农业、食品加工、专用设备制造、文化、体育、旅游出版物相联系。尹贻梅、陆玉麒、刘志高（2004）将旅游企业集群定义为聚集在一定地域空间的旅游核心吸引物、旅游企业及旅游相关企业和部门，为了共同的目标，建立起紧密的联系，协同工作，提高其竞争力。旅游企业集群包括旅游吸引物、提供完成旅游活动必不可少的服务的部门以及为旅游活动提供支持辅助的企业与部门。陈秀琼（2007）将旅游产业集群概念界定为围绕旅游活动，相关企业及其机构在某一特定区域内聚集，为获得规模经济与聚集效应，依据专业化分工和协作建立起正式与非正式的关系而形成的一种更具活力的新型产业组合形式。冯卫红（2008）认为旅游产业集群应该定义为在一定的地理空间上形成的，具有一定产业规模和较长旅游产业链条，并拥有较强创新能力的旅游产业集聚体，集聚体内企业合作性竞争明显，并形成了有利于提高整体竞争力的企业共享行为规范和目标。学者们从不同视角对旅游产业集群的界定都突出了旅游产业集群的三个特征:一是旅游产业集群具有地理空间特征；二是不同旅游企业因共同的目标而聚集在一起；三是集群内除旅游企业外，还包括辅助性企业与部门，以及部分相关机构。

如前文所述，产业集群是建立在产业链基础上的大量企业的集聚系统。笔者认为，从旅游产业链出发，对旅游产业集群进行界定，能够更加明确旅游产业集群的基本形态和内部层次关系。据此，笔者以旅游产业链的概念为基础，将旅游产业集群界定为在一定地理空间内大量旅游企业围绕旅游核心产业链进行集聚，并带动旅游相关产业链上部分产业部门集聚而形成的产业集聚系统。该集群内部的企业基于旅游产业链进行分工协作，具有较强的创新能力。集群整体呈现出网络状结构，具有规模优势与集聚效应。

3.4 旅游城镇产业集群

3.4.1 旅游城镇产业集群的概念界定

旅游城镇产业集群实质上就是在旅游城镇范围内形成的旅游产业集群。由于旅游城镇本身就以旅游产业为主导产业，且在城镇狭小的地理空间内除主导产业形成的产业集群外，难以再形成其他非主导产业的产业集群，因此笔者以旅游城镇产业集群的名称来概括旅游城镇的旅游产业集群。与一般性旅游产业集群相比，旅游城镇产业集群具有特殊性。

旅游城镇的地理空间狭小，传统产业数量少（大多以农业或手工业为主），基础薄弱，产业结构单一。在其范围内形成的旅游产业集群，无法具备完善的、结构庞大的旅游相关产业链，甚至无法囊括旅游核心产业链的所有环节和部门。旅游城镇产业集群以当地特色旅游资源为重要依托，所表现出来的企业集聚主要集中于旅游核心产业链的生产部门。围绕具有资源基础的某一个旅游生产部门形成企业集聚，并逐步带动其他旅游生产部门和部分相关部门集聚。而集群内部的旅游相关产业链上，主要表现为传统农业或手工业对旅游产业构成的支撑。

在对旅游城镇、旅游产业、旅游产业链、旅游产业集群等一系列相关基础概念进行系统分析的基础上，结合旅游城镇的特殊情况，笔者将旅游城镇产业集群的概念界定为在以旅游产业为主导产业的城镇地理空间内形成的以特色旅游生产部门为核心，其他旅游产业部门根据旅游者需求，围绕核心生产部门形成集聚，并由当地传统产业对旅游产业构成外围支撑的网络状产业集群系统。

笔者将旅游城镇产业集群的边界界定为旅游城镇的地理边界。尽管旅游城镇产业集群在很大程度上受到来自旅游城镇地理空间之外的产业支撑，就其产业边界而言远远突破了旅游城镇的范围，但是由于旅游业具有广泛的关联性，如果采用产业边界来界定旅游城镇产业集群的边界，则难以体现出旅游城镇与城市和县级区域的地域差异性一。为明确本研究的对象是旅游城镇范围内形成的产业集群，笔者认为采用地理边界来界定旅游城镇产业集群更为合适。

3.4.2 旅游城镇产业集群与城市旅游产业集群的区别

旅游城镇产业集群与城市一般性旅游产业集群的区别主要在于：

第一，旅游资源的特征区别。城市的旅游资源规模较大、类型丰富、开放程度较高、接待能力相对充足。而旅游城镇因地理位置、资源条件、经济状况的特殊性，其旅游资源呈现出不同于城市的特征，表现为旅游资源规模小、类型少、开放程度不高、接待能力相对有限等特征（乔忠，2005）。

第二，在功能定位方面，城市既是旅游目的地，又是旅游客源地，也就是说城市是旅游集散地，而旅游城镇则以旅游目的地为主要功能。因此城市旅游产业集群的组织机构包括旅游接待设施、旅游策划组织机构和旅游集散设施旅游城镇产业集群的组织机构主要突出旅游接待设施的地接功能。

第三，在集群构成、规模和市场成熟度方面，城市旅游产业集群的构成部门多，集群规模大，市场成熟度高，而旅游城镇产业集群的构成部门少，集群规模小，市场成熟度低。因为城市是综合经济体，产业体系较为完整，一、二、三次产业综合协调发展，旅游产业集群是众多产业组成中的一个部分，其发展所需要的产业支持可在城市自身经济体内实现而旅游城镇的产业体系是以旅游产业为主导，带动当地具有资源基础的旅游相关产业发展，旅游城镇的发展受当地资源因素影响和制约显著，产业体系较为简单，产业结构呈现出三产为主、一产为辅、二产不突出的特征，旅游产业发展所需的产业支持很多来源于外部区域。所以城市旅游产业集群包含更多旅游相关产业链上的产业，集群规模较大，并且集群的市场成熟度较高而旅游城镇产业集群涉及的产业部门主要集中于旅游核心产业链上的生产部门，产业集群的规模较小，市场成熟度较低。

第四，在旅游产品方面，城市旅游产品突出综合性，而城镇旅游产品突出特色性。这决定了城市旅游产业集群的各组成部分要围绕打造综合性产品而服务，而旅游城镇产业集群的组织结构则以特色产品的生产为中心，强调结构简化和功能明确。

3.4.3 旅游城镇产业集群的基本特征

（一）以当地旅游资源为内核的网络状结构

旅游城镇产业集群的发展依托于当地可供开发利用的旅游资源。集群的构成以自然景观或人文景观为内核，在此基础上，逐步向必要产业部门延伸再进一步拓展出必要产业部门发展所需要的外围产业支撑，从而形成一个由内核逐步向外扩展的网络状结构。在这个网络结构中，内各节点之间存在市场交易关系及竞争合作关系，形成一个市场关系网络。同时网络内还存在基于地缘、血缘、亲缘的，以个人为节点的社会关系网络。

（二）显著的空间集聚效应与规模优势

形成产业集群的旅游城镇以自然景观或人文景观为核引力，吸引诸多旅游企业及相关企业在旅游城镇范围内集聚，产生空间集聚效应，丰富旅游城镇的旅游资源类型，提高接待能力，扩大产业规模。旅游产业规模的扩大，使集群内各种旅游企业的生产成本得以降低，但同时同类型旅游企业之间的竞争关系增强，竞争为产业集群的成长注入了活力。旅游城镇产业集群呈现出显著的空间集聚效应与规模优势。

（三）以需求为导向的创新性

一方面，旅游产业是典型的需求导向型产业，旅游者的需求处于不断的变化过程中，如何满足并进一步引导旅游消费需求是旅游产业必须重点考虑的问题。旅游城镇产业集群针对旅游者需求提供旅游供给，这种供给要能够满足需求，甚至引导需求趋势，就必须依靠集群创新。从另一方面看，旅游城镇产业集群内聚集了具有一定数量的各类型旅游企业，企业为保持竞争优势，必然要选择创新。而集群通过网络状结构对创新行为进行扩散传导，更增强了集群创新的频率和强度。因此，旅游城镇产业集群呈现出以需求为导向的较强创新性。

要强调的是，并非所有旅游城镇都形成了产业集群。因为只有当旅游企业的集聚达到一定的数量和密度，并具备一般性产业集群的内在特征时才能称之为产业集群。而部分旅游城镇，虽然也以旅游业为主导产业，但旅游企业的聚集规模不大，并且企业之间的联系不够紧密，能够称其出现了旅游产业集聚现象，但并未形成产业集群的形态。因此本研究以旅游城镇为基础，将研究对象进一步聚焦到业已形成产业集群的旅游城镇。

3.5 城镇旅游产业集群的形成机制

3.5.1 市场机制

市场机制是指旅游小城镇产业集群的形成是由市场机制自然发挥作用的结果。具体而言，市场机制对推动旅游小城镇产业集群形成的作用表现在

（一）旅游市场供需关系催生旅游小城镇

旅游产业是典型的需求导向型产业。目前中国旅游需求与旅游供给之间的相互矛盾日益突显出来。在旅游需求方面，按照国际经验，人均 GDP 达 1000 美元以上，消费结构将快速升级，产生强烈的旅游消费欲望，该阶段旅游消费呈现观光旅游特征；人均 GDP 达 2000 美元以上，旅游消费呈现出休闲旅游特征；人均 GDP 达 3000 美元以上时，将呈现度假旅游消费特征。2001 年以来我国人均 GDP 增速显著，2001 年首次突破 1000 美元，2006 年突破 2000 美元，2008 年突破 3000 美元，逐步呈现出观光旅游向休闲度假旅游过渡的特征。在人均 GDP 增长的拉动下，旅游人次也快速增长，从 2001 年的 8.73 亿人次快速增长到 2006 年的 15.19 亿人次，2008 年更达到 18.42 亿人次。

而在旅游供给方面，截至 2007 年，我国共有 A 级景区 2492 个，国家重点风景名胜区 187 个，国家自然保护区 2395 个，国家森林公园 627 个，国家地质公园 138 个，工农业旅游示范点 500 多家，列入《世界遗产名录》的文化遗产 35 个。而另有统计数据表明，目前全国县级以上的自然、人文和人造景区约 20000 万家，星级饭店 12751 家、各类旅行社 17957 家、优秀旅游城市 247 个。一方面，旅游景区是旅游供给的主体构成；另一方面，由于我国幅员辽阔，人口规模庞大，优质景区资源仍然显得非常稀少，平均每百万人仅拥有 1.8 个 1A 级景区和 0.6 个 4A 级景区。

由此可见，我国旅游需求呈现出快速增长的趋势，并且在观光旅游基础上进一步增加了休闲度假需求，需求的总量和类型都不断丰富。相比较旺盛的旅游需求，我国旅游供给显得极为短缺。我国旅游资源大多分布于城市以外的乡村或民族地区，开发这些地区的旅游资源，建设乡镇一级的旅游目的地成为中国旅游产业发展的后劲所在。因此目前的市场供需关系为旅游小城镇的形成创造了市场先决条件。

（二）基于旅游小城镇资源特色的企业一致性选择是同类企业聚集的动力

旅游小城镇具有特色的旅游资源是其旅游产业发展的基础，通常特色旅游资源符合旅游者求新求异的旅游需求特征。将旅游资源开发为旅游产品，进行生产与经营，是最初企业进入旅游小城镇的最直接原因。特色旅游资源的类型虽然单一，但所能形成的旅游产品

形式却多种多样，因此，对同种游资源进行不同方式的开发设计，成为诸多企业的一致性选择。这种一致性选择既能使企业之间呈现出基于同种资源的竞争关系，又能够推进企业各自的创新行为，丰富旅游资源的基础产品类型，为旅游产业的发展提供动力。经过一段时间的发展，这种一致性选择将促使旅游小城镇内出现具有一定数量规模的同类型旅游企业集聚，并产生集聚效应，促进产业集群的形成。

更进一步分析企业一致性选择的原因，霍奇逊 (2007) 指出，文化对偏好和观念的影响可能会把行为人结合在一起，在一定程度上形成一个共同的选择群体。旅游小城镇不同企业共同存在于一个狭小的地域空间内，在长期历史文化的发展影响下，这个地域空间内逐步形成一种偏好和观念趋同的潜在文化。而旅游小城镇不同企业的成员在血缘、亲缘方面有着千丝万缕的联系，进一步放大了这种潜在文化对企业的影响，导致不同企业会做出一致性的选择。也就是说，偏好和观念趋同的潜在文化为旅游小城镇不同企业做出一致性选择创造了社会环境。

（三）旅游产品综合性是不同类型企业聚集的原因

旅游产品是综合性产品，涉及多个企业和部门，一个企业无法独立完成产品的生产。这种产品的综合性是建立在旅游者需求基础上的。旅游小城镇以自然或人文景观为旅游产品的核心构成，旅游者在旅游过程中除游览这些景观外，必然会产生吃、行、购物、娱乐、住宿甚至信息、金融服务等其他需求，于是能够满足这些需求的企业也会出现在小城镇范围内，并根据旅游者各种需求的强弱程度，不同产业部门的企业数量、规模和市场地位有所差异，最终逐步形成建立在旅游者需求基础上、由多个产业部门组成的旅游产业集群。

（四）外部经济性和降低交易成本进一步推动产业集群的形成

Julie Jackson 和 Peter Murphy(2002) 探讨了外部经济对旅游企业集聚的影响，认为旅游企业集聚是为了获得企业之间重要的联系和互补关系，以及技术、技能、信息、市场和跨企业的顾客需求的外溢。

一方面，提供不同旅游产品的企业面对的是共同的旅游需求市场，选择进入旅游小城镇的企业越多，因产品相互补充而扩大需求市场的外部经济性就越显著，这种外部经济性成为大量企业选择进入旅游小城镇的重要原因。另一方面，旅游产业的逐步发展，使旅游小城镇成为区域产业发展活力较为充足的地区，促使区域内各类产业资源，包括物质、信息、人才、资金等逐步向旅游小城镇集中，于是大量企业选择进入旅游小城镇，以更低成本来获取这些资源；同时，这些企业之间的地理位置越靠近，越能掌握充分的旅游市场信息，得到政府和其他公共机构支持，提升联合创新的可能性，大幅降低企业的交易成本。因此，获取外部经济性和降低交易成本推动了旅游核心产业链上生产部门的大量企业围绕核心景观进入旅游小城镇，并带动其他部门的企业大量进入，从而形成旅游产业集群。单纯依靠市场机制形成的旅游小城镇产业集群很少，云南安宁温泉小镇的休闲度假产业集群是其中的代表。

3.5.2 行政机制

行政机制是指旅游小城镇产业集群的形成是政府行政指导的结果。行政机制对推动旅游小城镇产业集群形成的作用表现在：

（一）旅游产业的显著效应是政府培育旅游小城镇产业集群的动因

在我国推进城市化的过程中，各地都在探索既能有效推动地区经济发展，又具有资源集约、环境友好特征，能促进和谐社会构建的产业发展途径。旅游产业恰好符合这种产业选择标准。因为旅游产业具有如下经济、社会和环境效应：

1、增加地方税收和货币收入

地区旅游产业收入依靠旅游者进行旅游消费，带来大量现金收入，从而起到回笼资金、加快周转、平衡财政收支的作用；同时地区旅游产业发展依靠大量旅游企业创造营业收入、缴纳税费，为地方创造税收(王大悟、魏小安，2000)。旅游产业规模越大，市场需求越旺盛，能够实现的税收和货币收入就越多。

2、对关联产业带动效应明显

根据世界旅游组织(WTO,2008)的旅游卫星账户探究，旅游产业涉及12个特征产业，18个细分特征子行业。根据前文对旅游产业链的研究，旅游产业的核心产业链包括吃、住、行、游、购、娱、规划、信息咨询等行业，旅游相关产业链涉及29个产业部门。旅游产业通过对关联产业的直接影响、间接影响和引致影响，促进产业的共同发展。

3、优化地区产业结构

旅游产业是服务业的核心构成。而旅游产业针对旅游者需求提供服务，有显著的服务提升动力，因此旅游产业的发展能够有效带动相关服务业发展，从而扩大第三产业在产业机构中的比例，实现优化地区产业结构的目的。

4、就业乘数效应显著

根据世界旅游组织专家的测算，旅游资源丰富的第三世界国家，如增加的旅游收入同为3万美元，将增加2个直接就业机会和5个间接就业机会(王大悟、魏小安，2000)。因此发展旅游产业能够有效创造就业机会，特别对转移我国农村地区剩余劳动力具有突出的作用。

5、促进绿色生态环境建设

旅游产业发展与生态环境保护之间具有天然的祸合关系。一方面旅游目的地需要有高品质、高质量的生态环境为支撑，才能吸引旅游者进入；另一方面，旅游产业素有“无烟工业”的美誉，在同等产业情况下，旅游产业比多数传统产业所消耗的资源更少，环境代价更小。发展旅游产业能够为旅游生态环境建设提供最直接有效的动力。

6、提升旅游目的地居民生活水平和质量

旅游产业的发展能够为目的地居民创造更多收入，改善居民生活。基础设施和服务设施的完善使居民生活质量得到提高。旅游者的大量注入，将现代文明带入乡镇旅游目的地，能够提升目的地的文明进步程度，提高居民的生活水平。旅游产业的这些效应能够为乡村地区开创一条可持续的产业发展路径，因此成为许多具有一定旅游资源基础的小城镇经济发展的较优产业选择，大量小城镇将旅游产业作为主导产业进行培育。

（二）政府通过行政机制培育旅游小城镇产业集群的主要途径

政府以自我意愿，选择旅游产业为小城镇经济发展的突破口，使之发展成为主导产业，这个过程需要投入大量的资金和相关资源，配套建设一系列支撑产业。对于政府而言，高投入需要体现出显著的经济回报和广泛的区域影响力，因此对旅游小城镇旅游产业的发展朝着具有规模效应和辐射效应的产业集群方向进行培育，成为旅游小城镇政府的较优路径选择。在培育产业集群的过程中政府的行政机制主要通过以下途径发挥作用：

1、政府主导，对旅游小城镇的开发及其产业集群的培育进行总体规划

政府在对小城镇旅游资源进行综合考察基础上，明确旅游业开发的方向和思路，对当地具有特色的旅游资源进行开发利用。对于部分缺乏旅游资源的小城镇而言，也并非不能发展旅游业，而是更需要通过政府的考察和深入研究，探讨人造旅游资源的可行性，并找到好的创意与切入点。无论是对已有旅游资源进行开发，还是人工建造旅游资源，都需要政府主导，贯彻“规划先行”的原则，从城镇规划和产业集群发展层面对旅游小城镇的开发建设进行总体规划，根据旅游小城镇发展的需要，在资源保护与利用、产业发展体系、市政基础设施、服务功能配套等方面进行规划与调整，体现旅游小城镇建设的特色和个性，提高旅游小城镇开发建设的科学性和可行性，从旅游产业发展的开始就有意识地朝着产业集群的方向进行引导。

《云南省人民政府关于加快旅游城镇开发建设的指导意见》中提出了以规划带动旅游城镇建设的原则，指出在充分考虑当地经济社会发展水平和旅游资源特点的基础上，以科学发展观为指导，因地制宜，高标准、高起点编制保护与开发利用规划，用规划指导旅游城镇建设。规划编制要结合当地实际，突出地方特色和民族风格，张扬个性，确保旅游城镇原有风貌的真实性和完整性。

云南丽江束河古镇在旅游开发规划中明确将旅游配套服务区与古镇核心区分离。在保护古镇原貌的基础上，为大量旅游企业的集聚开辟了具有较大拓展空间的地理区域，有效促进了当地旅游产业集群的形成。

2、政府招商引资，引入旅游开发企业，鼓励民营企业投资

在规划先行的基础上，政府通过招商引资，对投标企业进行筛选比较，引入资质较高、实力较强、对规划方案具有较强执行力的旅游开发企业，能够在很大程度上提高旅游开发效率，缩短旅游小城镇建设周期。这是政府行政机制的优势所在。优质旅游开发企业的引入，能够带动一大批供应商和服务提供商的出现，促进产业集群的形成。

《云南省人民政府关于加快旅游城镇开发建设的指导意见》中提出要改变城镇建设由政府包揽的做法，树立“谁投资、谁所有、谁管理、谁收益”的理念，进一步创新投资体制和机制，消除城镇建设发展中的体制障碍，构建以政府为导向，企业为主体，广泛吸收社会资金参与旅游城镇建设的多元化投融资体制，多渠道筹集建设资金。要放宽市场准入，改善招商引资环境，吸引省内外投资者参与旅游城镇开发建设，以缓解旅游城镇开发建设资金短缺的矛盾。要大力引进经济实力强、发展前景广的企业到旅游城镇兴办产业，实现产业聚集，增强旅游城镇的活力。

3、政府制订有利于旅游产业发展的优惠政策

产业发展政策对于加快产业发展，促进产业集群形成至关重要。政府通过制订土地使用和流转政策、税收减免政策、资金投入政策、信贷支持政策和其他有利于吸引企业聚集的政策，如户籍制度、经营奖励制度等，大力引进经济实力强、发展前景广的企业到旅游小城镇投资置业，让利于企业，从而实现产业聚集，增强旅游小城镇的活力。产业政策制订是政府推动旅游小城镇形成产业集群的主要途径。

《云南省人民政府关于加快旅游城镇开发建设的指导意见》中就在土地政策、户籍政策、税收政策、行政管理体制、资金支持、服务方式改革、旅游形象策划等方面出台了详细政策，有力推动了云南旅游小城镇向产业集群方向发展。

4、政府加强基础设施和旅游产业配套服务设施建设

旅游小城镇原有基础设施普遍不足以支撑旅游产业发展，设施陈旧，功能单一，数量较少。政府要发展小城镇旅游产业，尤其要形成具有一定产业规模和产业发展水平的产业集群，必须在道路、建筑、通信、环境美化等基础设施和为旅游产业提供配套服务的金融、卫生、信息咨询等设施建设方面加大投入力度，加快建设速度，否则将影响各项旅游活动的开展，制约产业拓展，降低产业吸引力，从而难以产生集群效应。

《云南省人民政府关于加快旅游城镇开发建设的指导意见》中提出要从公用基础配套设施建设和旅游服务设施建设两方面来提升旅游城镇发展能力和综合服务能力，为满足旅游者需求，吸引旅游企业进入创造良好环境。

政府通过以上行政机制的落实，从外力促成了旅游小城镇产业集群的形成。这类小城镇的典型代表是云南楚雄彝人古镇的休闲旅游产业集群。

3.5.3 市场与行政相结合机制

市场机制和行政机制各有利弊。市场机制能够强化旅游小城镇产业集群的内在生命力，形成一种自我演化，良性循环的内生机制，但市场规律是自发产生作用，若在产业集群形成之后的发展过程中出现问题，则集群自我恢复需要较长的时间，易造成较多资源浪费，或者直接导致集群消亡。行政机制对旅游小城镇的产业集群形成及发展施以外力扶持，有利于加快集群形成和发展的进程，在出现问题时，能够及时纠正，减少资源浪费，但外力的作用难以形成旅游小城镇产业集群的内在生命力。政府行为只有符合市场规律，才能促进产业发展，违背市场规律的政府行为反而会造成更大的资源浪费。因此，就目前中国旅游小城镇建设的实践看，大多数存在产业集群的旅游小城镇的形成机制都是市场与行政机制相结合的结果。

最初，通过市场供需关系作用，在具有特色资源基础的小城镇，旅游产业逐步发展起来，成为当地主导产业，形成了旅游小城镇。这时，旅游产业的主导产业地位引起政府的高度重视，政府深刻认识到旅游产业的产业功能，希望把旅游产业做大做强，于是在倡导市场机制的基础上，加强政府主导，朝着产业集群的发展方向进行引导。这种引导作用主要通过进行旅游业总体发展战略规划、制定产业发展政策、探索和创新资金筹集的方式和途径、加强基础设施建设、维护市场秩序等途径实现，吸引更多旅游企业进入旅游小城镇，形成产业集群。Julie Jackson（2006）认为中国地方政府在推动地方旅游产业集群的形成方面发挥了关键作用，政府为旅游产业集群的形成创造合作、交通、信息、通信、法律、教育平台和基础设施，并且通过制度化来确保集群长期存在所必需的旅游企业间的关系和联系得以维持。这种形成机制有利于发挥市场机制和行政机制相互结合的优势，克服各自单独作用的弊端，形成富有长久生命力的旅游小城镇产业集群。如云南丽江的大研镇旅游商业产业集群，鹤庆新华村旅游商品加工制造产业集群都是市场与行政机制相结合所形成的。

本章小结

旅游小城镇产业集群的形成机制是指推动旅游小城镇范围内形成旅游产业集群的动力和作用方式。综观中国旅游小城镇的建设实践，这种产业集群的形成机制可以划分为：市场机制、行政机制、市场与行政相结合机制。

第4章

旅游城镇产业集群内部构造的转变

对集群构造演化的系统研究是旅游城镇产业集群动态演化研究的核心内容。本章将对旅游城镇产业集群的内部基本构造进行分类剖析，在此基础上，对其构造动态演化的方式、路径进行探讨，进一步归纳出构造演化的模式，并以云南的实践案例对每一种演化模式进行佐证。

4.1 旅游城镇产业集群的基本构造

根据对旅游城镇产业集群基本概念的界定，可以将旅游城镇产业集群的基本构造描述为以依托特色旅游资源的产品部门为核心，其他旅游产品部门围绕核心产品部门聚集，呈现出由核心向外围逐层扩散的网络状结构特征。构造分为核心层、紧密关联层和外围松散层三部分。核心层是将特色旅游资源开发为核心旅游产品并负责经营的旅游生产部门。紧密关联层是满足旅游者在消费核心旅游产品过程中产生的必要旅游需求的产业部门集合。外围松散层由满足旅游者非必要旅游需求的产业部门、为旅游企业提供产品的产业部门和提供基础性服务的机构共同构成。当地传统产业对旅游产业的支撑体现在外围松散层中传统产业部门为旅游企业提供产品。作为重要的旅游销售商，旅行社在集群构造中的功能是导入旅游者。下文根据集群核心层的差异，将旅游城镇的产业集群划分为三种类型，并分析每一种产业集群的基本构造。

4.1.1 以自然景观为核心的旅游城镇产业集群

此类旅游城镇具有特色的旅游资源是自然景观。这里所指的自然景观包括：①地文景观，如山脉、峡谷、洞穴、火山等；②水文景观，如海滩、湖泊、河流，瀑布、湿地等；③气候、生物景观，如冰雪、日照景观，原始植物群落、森林、草原、野生动物、渔猎景观等。此类旅游城镇产业集群的核心是自然景点或景区，这种景点或景区包含的自然景观可能是以上罗列的景观中的一种，也可能是多种。

旅游者在此类城镇旅游的目的是欣赏大自然的独特景观，放松心情。此类自然旅游景

点 / 景区存在于特定的地理区域，交通便利程度不高，需要消耗的旅游时间较多，因此旅游者在游览景区过程中产生的必要旅游需求主要集中于最基本的吃、住、行。由此紧密关联层的构成包括餐饮、酒店客栈和旅游交通形成的企业集合。

外围松散层中，满足旅游者非必要旅游需求的产业部门有特产和纪念品购物、导游服务。购物需求与自然景区的游览并不构成必然联系，其存在是引导旅游者的消费需求，提供更多消费选择内容。导游服务公司主要对散客服务，为旅游者提供可选择的旅游服务项目，对于团队客而言，导游服务已由旅行社承担，因此导游服务公司是满足旅游者非必要旅游需求的部门。

外围松散层中，为旅游企业提供产品的产业部门有为特产和纪念品销售企业提供产品的特产和纪念品生产企业，为餐饮、酒店客栈和特产销售企业提供产品的传统农业。特产和纪念品生产以及传统农业均以当地传统产业为依托。

外围松散层中，提供基础性服务的机构有银行、邮政、园林绿化、清洁、加油站等服务。

外围松散层中还有很重要的一个组成部分，就是政府机构。政府的职能一方面是为本地所有企业创造公平的市场竞争环境，另一方面是为集群内的产业部门提供行政服务。

旅行社组织客源，向旅游城镇输入旅游者。

4.1.2 以人文景观为核心的旅游城镇产业集群

此类旅游城镇具有特色的旅游资源是人文景观。这里所指的人文景观包括：①历史文化遗产景观，如人类文化遗址、社会经济活动旧址、各类传统建筑、古典园林、历史纪念地等。②现代人文吸引物景观，如农业或工业产业旅游地、各类现代建筑、主题公园、购物旅游地、人造景区等。③抽象人文吸引物景观，如少数民族文化风情、历史人物与故事、地方民俗传统、市井生活风情等。此类旅游城镇产业集群的核心是人文景点或景区。景点或景区内所包含的人文景观可能是单一景观，也可能是多样化景观。

旅游者在此类城镇旅游的目的是了解历史，或了解当地的民族文化传统，或感受当地的市井生活气息。人文感受是需要从多方面来获取的，旅游者在旅游过程中产生的必要旅游需求与获得人文感知密切相关，包括吃、行、购物。因此紧密关联层的构成以餐饮、旅游交通、特产、纪念品和手工艺品销售企业为主。与自然景观为核心的旅游城镇产业集群相比，人文景观为核心的旅游城镇产业集群除销售特产、纪念品外，还有大量手工艺品销售。因为手工艺品是展示人文风俗和民间传统的重要载体，通常也是人文旅游目的地吸引旅游者的重要旅游吸引物。

外围松散层中，满足旅游者的非必要需求的产业部门有酒店客栈、旅游娱乐和导游服务，其中娱乐产品依托当地传统文化娱乐活动。与自然景观为核心的旅游城镇相比，人文景观为核心的旅游城镇一般临近中心城市或者是一定区域内的人口聚集地，交通比较便利，旅游所需时间相对较短，住宿就成为旅游者可选择的消费项目，而不是必要的旅游需求。当地传统文化娱乐是旅游者感受当地文化的重要渠道，但文化娱乐消费通常与旅游者的审美观有密切联系并需要一定的消费能力支撑，因此是可选择的旅游项目，而非必要旅游需求。导游服务同样也是旅游者可以选择的非必要旅游服务。

外围松散层中，为旅游企业提供产品的产业部门有传统手工艺品制造和传统农业。人文景观为核心的旅游城镇具有丰富的历史或民族文化传统，形成了当地特有的民间手工艺制品，丰富了旅游商品内容。传统农业和传统手工艺品制造两个产业部门都是当地传统产业。

外围松散层中，提供基础性服务的机构有银行、邮政、园林绿化、清洁、加油站等服务。政府机构同样对旅游城镇市场环境进行监管，为企业提供服务。旅行社的功能依然是组织客源，向旅游城镇输入旅游者。

4.1.2 以自然和人文景观为核心的旅游城镇产业集群

一些旅游城镇的核心旅游吸引物不是单一的自然景观或人文景观，而是自然与人文景观的叠加，具有景观复合性与综合性特征。景观的相互叠加，增强了旅游吸引物的吸引力，旅游者的逗留时间延长，旅游过程中的必要旅游需求增加。在此类旅游城镇范围内形成的产业集群以自然景点（景区）和人文景点（景区）为核心紧密关联层包括餐饮、酒店客栈、旅游交通、特产、纪念品和手工艺品销售、旅游娱乐等满足旅游者必要旅游需求的部门，因为旅游者的逗留时间长，需要更加丰富的旅游活动，所以旅游娱乐也成为旅游者必要的旅游需求。

外围松散层中的非必要旅游需求部门是导游服务。为旅游企业提供产品的产业部门有特产和纪念品生产、传统手工艺品制造、传统农业部门。提供基础性服务的机构有银行、邮政、园林绿化、清洁、加油站等服务。政府机构同样对旅游城镇市场环境进行监管，为企业提供服务。旅行社同样以组织客源，输入旅游者为主要职能。

旅游城镇产业集群的地理范围极为有限，产业结构突出表现为三产为主、一产为辅、二产不突出的特征，所以一般旅游产业集群中的建筑业、设施设备供应商等与第二产业密切相关的部门。大多存在于旅游城镇以外的区域，而不包含在旅游城镇内部的产业集群系统内。旅游城镇产业集群的发展离不开周边区域相关产业部门的支持。

4.2 旅游城镇产业集群构造转变的方式

旅游城镇产业集群动态演化的显著体现的是内部构造的变化。旅游城镇产业集群的基本构造发生了变化，说明集群内部出现了演变，集群构造的连续性变化构成了集群内部动态演化的过程。旅游城镇产业集群构造演化的方式可以具体刻画为：

旅行社是向旅游城镇产业集群系统导入旅游需求，使产业集群动起来，进行动态演化的原动力。旅游城镇产业集群由旅行社组织客源，为集群系统导入旅游者。旅游产业是需求导向型产业，旅游者的需求信息由旅行社收集并输入旅游城镇，企业根据旅游者的需求进行产品和服务创新，整个旅游城镇产业集群系统的结构也随旅游者需求变化而不断改变。

虽然也有大量散客自行前往旅游城镇旅游，不通过旅行社购买旅游产品，但旅行社也可以通过其开设的散客接待中心或旅游咨询中心来获取散客旅游者的需求信息。

旅游者需求的变化引发旅游城镇产业集群的动态演化，首先是从集群核心层构造的变化开始的。由于旅游者对旅游产品的功能和类型的需求不断变化，旅游城镇对旅游者最具吸引力的旅游吸引物会发生变化，或者在旅游产业发展过程中不断有新的旅游吸引物被创造出来对原有吸引物构成替代效应，那么旅游城镇产业集群核心层的产品也就发生了变化。

在集群核心构造发生变化的基础上，紧密关联层的旅游产品随之变化，由此核心层与紧密关联层的关联方式也会发生变化。紧密关联层的变化，进一步带动外围松散层的变化，紧密关联层与外围松散层的关联方式也发生变化。

简而言之，旅游城镇产业集群的动态演化方式为以旅行社向旅游城镇导入的旅游者需求为原动力，引发产业集群构造的核心层产生变化，带动关联产品和外围产品的进一步改变，使集群的核心层、紧密关联层、外围松散层的构造和不同层次之间的关联方式也随之变化，从而实现产业集群的动态演化。

4.3 旅游城镇产业集群构造演化的路径

4.3.1 演化路径以需求为导向

系统演化取决于系统的初始状态，按照一定的路径，由低级向高级演变。旅游城镇产业集群的动态演化以最初形成的系统构造为基础，以旅游者需求变化为导向，沿着一定的路径，由低级向高级演化。

既然旅游城镇产业集群的动态演化路径以旅游者需求为导向，那么我们需要明确旅游者需求的变化趋势。如第三章所述，目前中国旅游需求在总量上呈现出快速增长的趋势。

从需求结构看，呈现出日益多样化特征。2008 年，我国人均 GDP 达到 3313 美元，在观光游览的旅游需求基础上，旅游者更倾向于选择温泉、SPA、会议等休闲旅游产品。如分时度假等度假旅游产品业逐步成为新的市场热点（如表 4-1 所示）。根据中国旅游研究院和清华大学媒介调查实验室联合在 2008 年 11 月进行的旅游消费者调查结果显示，79.8% 的消费者认为出游的主要目的是休闲、度假、排解工作压力，而选择观光、增长见识、获取知识的消费者比例为 75.4%（戴斌，2009）。选择休闲旅游的旅游者比例已超越了选择观光旅游的旅游者。滕丽（2004）的研究发现，由于地区居民收入、旅游消费偏好、旅游供给强度、交通条件等方面的差异，我国不同城市的居民旅游需求存在一定差异，部分城市居民偏向于观光游，而部分城市的居民热衷于休闲游。由此可见，目前我国旅游需求在结构上呈现出观光游览与休闲度假并存的多样化特征。

表 4-1 旅游业的需求结构变化

经济发展水平	主要需求方式	主要产品
≦ 1000 美元	旅游需求较小	少且单一
1000 ~ 2000 美元	观光性的需求剧增	风景名胜游览
2000 ~ 3000 美元	休闲需求剧增	温泉、SPA、会议等
≧ 3000 美元	度假需求普遍产生	分时度假产品

从旅游方式看，目前的主流方式仍然是团队观光旅游；但从趋势看，旅游正逐步发展成为一种生活方式，人们希望兼顾休闲与观光多种旅游目的，所以自助游将成为时尚旅游方式。中国行业信息网调查显示，旅行社传统的团队旅游已逐渐减少，散客旅游的比例明显增大。近年来增速最快的旅游方式是短途自助游，其次是自驾游。短途自助游受推崇的原因主要有：一，城市周边具有浓厚地方民族特色的旅游项目越来越多。如游园、采摘、登山、民族风情等，吸引了大量旅游者；二，近距离旅游的时间短、开销不大，大多数旅游者都能接受；三，平日快节奏的工作使很多旅游者希望身心与大自然结合，以达到修身养性的目的，这种体验经济为基础的个性化旅游需求逐渐成为时尚。此外，由于私人购车的急速增长，自驾游也成为新兴的旅游方式。目前自驾游保持持续升温的趋势。

在需求层次上，我国国内旅游人均花费呈现明显的上升趋势。1996 年 ~ 2009 年我国国内游人均支出复合增速约在 6.8%。1994 年 ~ 2001 年，我国国内旅游人均支出呈现出较快增长,2002 年之后，尽管增速有所放缓，但总体上仍呈上升趋势。另外，我们还注意到，目前我国国内旅游人均花费占人均可支配收入比重已处于历史低位，甚至仅为 2000 年历史最高值的 45%。这说明目前的旅游供给未能很好地吸引旅游者进行消费，未来国内旅游人均消费能力的提升空间和潜力巨大。国内旅游者对旅游产品的需求将随消费能力的提升而逐步从满足基本需求向追求旅游产品的品质和档次转变。

4.3.2 集群核心层旅游产品数量变化产生的演化路径

（一）单核心向多核心变化，集群核心层产品类型不变化

（1）路径特征与动因分析

这种演化路径是指旅游城镇产业集群在保持原有的核心旅游产品，即自然或人文景点（景区）的基础上，进一步在原有景点（景区）周边拓展出新的景点（景区），增加景点（景区）数量，核心旅游产品的总体规模得以扩大，但集群核心层的产品类型未发生变化，仍然以自然或人文景点（景区）为主体，为旅游者提供观光游览的旅游产品。在集群构造核心层规模扩大的带动下，旅游城镇产业集群整体规模得以扩大。

出现这种演化路径的根本原因是旅游城镇的景观资源独特性和品质十分突出，具有不可替代性，对旅游者具有长久吸引力。其直接原因是单一景点（景区）已难以满足旅游者求新

求变的旅游需求。于是旅游城镇产业集群在原有供给的基础上，建造新的景点（景区），使城镇整体的景观特色增强，在保持核心产品类型不变的前提下，景观资源的表现形式不断创新，以实现维持原有旅游市场的基础上进一步引导潜在旅游需求者，拓展旅游市场的目的。

（2）紧密关联层和外围松散层构造的变化

由于核心层的产品功能不发生变化，因此紧密关联层产品的类型也不发生变化。但集群核心层产品的规模扩大，对旅游者的吸引力增强，旅行社组织导入的旅游者数量增加，旅游者的必要旅游需求量增加，满足旅游者需求的产业部门的规模扩大。所以紧密关联层的构造变化表现为产品类型保持不变，但企业数量增加或者单个企业的规模扩大。

同理，外围松散层生产部门的产品构成也不发生变化，伴随紧密关联层规模的扩张，外围松散层相应地表现出企业数量增加或单个企业生产规模扩大服务机构的服务规模扩大，服务能力进一步提升，以满足更多企业的服务需求。

（3）构造各层次关联方式的变化

由于集群各层次的企业数量增加，规模扩张，为满足不断增加的旅游需求，不同层次之间的联系更加紧密，同层次企业之间为获得市场开拓方面 1+1 ＞ 2 的协同效应进行战略合作的概率大为提升。而越来越多的企业在旅游城镇集聚，需要集群具有愈发强大的向心力，才能将这些企业吸附起来，维持集群整体构造的稳定。因此基于旅游吸引物关联，增强核心景点景区的市场吸引力和凝聚力是关联方式中最核心的内容。

（二）单核心向多核心变化，集群核心层产品类型逐步丰富

（1）路径特征与动因分析

这种演化路径是指旅游城镇产业集群核心层在保持原有的核心产品，即自然或人文景点（景区）的基础上，增加了具有其他功能的旅游产品部门，集群核心层产品的类型由单一的观光游览产品向综合性旅游产品发展，集群核心由单核心发展为多核心。

出现这种演化路径的根本原因是城镇旅游产品的结构比较单一，可供旅游者消费的旅游活动有限，但旅游者到城镇旅游的目的在观光游览基础上有潜在的休闲度假目的，从而挖掘旅游者的潜在需求，丰富旅游活动内容，提高旅游消费成为构造演化的根本动因。直接原因是原来紧密关联层中某个产业部门由于利用了当地的某些特色资源或是沿袭了当地传统，具有一定的独特性，在需求变化的推动下，该旅游产业部门迅速扩张，规模不断扩大，其他部门与之相比已处于不平衡的规模状态，于是该旅游产业部门的重要性不断提升，成为吸引旅游者的新的旅游吸引物，从而进入到旅游城镇产业集群的核心层，与原有自然或人文景点（景区）共同构成集群的综合性多核心。

（2）紧密关联层和外围松散层的构造变化

由于紧密关联层中的某个产业部门进入了集群的核心层，因此原来为该产业部门提供产

品和服务的企业就从外围松散层进入紧密关联层。同时，集群的核心产品功能增加，旅游者在旅游过程中会派生出新的可选择性的旅游需求，在外围松散层中可能出现新的产业部门。

举例来说明。某旅游城镇以自然景区为核心的产业集群向以自然景区和餐饮业共同为核心的产业集群演化。最初旅游城镇以某一自然景区为核心旅游吸引物，景区产品结构较为单一，可消费的旅游活动内容较少，旅游者的停留时间较短。但另一方面，当地的饮食比较具有特色，并且“吃”是旅游者到此地旅游的必要需求，于是在可供选择的较少消费活动中，餐饮成为旅游者比较热衷的选择。在消费者的需求推动下，当地餐饮业迅速崛起，各种餐厅数量不断增加。通过“一传十，十传百”的旅游者口碑效应，前来进行餐饮消费的旅游者数量不断增加，餐饮逐步成为当地吸引旅游者的新的旅游吸引物，与原有自然景区共同构成了新的集群核心旅游产品。在此基础上，为餐饮业提供产品的当地传统农业进入到紧密关联层。由于自然景区和餐饮业的功能相互补充和融合，派生出新的休闲旅游需求项目，如以蔬果采摘、垂钓等为主的农家乐，成为外围松散层中可供旅游者选择的新产品。

（3）构造各层次关联方式的变化

由于构造各层次的具体构成发生了变化，各层次内部原有产业部门与新产业部门之间就需要一定的磨合期来相互适应。在核心层，原有景区与新产品部门之间的相互融合成为新的趋势。在紧密关联层和外围松散层，由于进入核心层的产业部门能够吸引更多为之提供产品的企业进入城镇，使之获得更多产业资源，因此激励了紧密关联层其他产业部门的创新发展，增强了集群整体竞争力。新的产业部门提升进入核心层而引起的产业部门连锁反应将使旅游城镇产业集群不同层次之间形成新的投入产出关系，对旅游需求市场的拓展成为各层次共同关注的焦点。

（三）多核心向单核心变化，集群核心层产品个性和服务品质提升

（1）路径特征与动因分析

这种演化路径是指旅游城镇产业集群原来是多核心构造，但核心产品中的一种产品更符合市场需求特征，这种产品的供给规模扩大，将其他核心产品挤出核心层，集群逐步由多核心向单核心转变，核心层产品在单核化带动下，产品个性和服务品质得到提升。

出现这种演化路径的根本原因是旅游者的需求朝着高品质、个性化方向发展，最初的多核心产品中有一种产品符合这种需求特征，而其他产品已无法满足旅游者的需求，则不符合市场需求的核心产品的产业规模萎缩，逐步被挤出核心层。直接原因是符合市场需求又具有更突出资源特色的核心产品的产业规模扩大，产品的个性和服务品质得到大幅度提升，成为旅游城镇产业集群真正吸引旅游者的核心旅游吸引物。

（2）紧密关联层和外围松散层的构造变化

在这种演化路径中，被排挤出核心层的产业部门将重新进入紧密关联层，甚至是外围松散层，原来为该产业部门提供产品和服务的产业部门所处的构造层次随之逐级下降。紧

密关联层和外围松散层的构造因此发生改变。

（3）构造各层次关联方式的变化

集群构造中新的单核心确立以后，各层次在重新调整投入产出关系的基础上，不同产业部门的企业都在产品个性和服务品质提升方面努力与新核心产品的个性与品质提升保持同步，从而确保产业部门之间的联系能够稳固。由此将从整体上推进旅游城镇产业集群的产业水平和效率。而被挤出核心层的产业部门在新的结构层次中与其他产业部门形成新的关联，并在集群整体水平提升的环境中加强创新。

要指出的是，这种演化路径是理论上旅游城镇产业集群较优的演化路径选择，也是旅游城镇产业集群演化的高级状态。它符合旅游者对旅游品质和个性的需求特征，顺应旅游产业发展的精品化趋势。从目前中国旅游城镇建设的实践看，这种演化路径还未出现，但我们可以预期这是今后旅游城镇产业集群演化的趋势所在。

4.3.3 集群核心层旅游产品改变与否产生的演化路径

（一）集群核心层产品改变，紧密关联层产品和外围松散层产品随之变化

（1）路径特征与动因分析

这种演化路径是指旅游城镇产业集群核心层产品在旅游市场需求变化的推动下发生改变，新的核心产品替代了原来的核心产品，导致紧密关联层和外围松散层的产品也发生变化，使产业集群系统的整体构造发生改变。

出现这种演化路径的根本原因是原有核心层产品不足以对旅游者形成长久的吸引力，不能满足旅游者追求新奇和变化的旅游需求。直接原因是提供新的核心产品的产业部门在创新过程中已将原有核心产品的特色资源融合在自身产品中，对原有核心产品产生了替代效应，于是在旅游者需求变化的推动下，新的核心产品获得了更大的需求市场基础，成为城镇吸引旅游者的新旅游吸引物，从而替代了原有的核心层产品。

（2）紧密关联层和外围松散层的构造变化

由于集群的核心层产品发生了改变，那么旅游者在旅游过程中的必要旅游需求和非必要旅游需求，以及为旅游企业提供产品的部门也会随之变化。例如原来核心层产品是人文景点（景区），现在转变成以特产和手工艺品为主体的旅游购物，旅游者的必要旅游需求将由原来的餐饮、交通、特产和手工艺品销售转变为餐饮和交通，非必要旅游需求由原来的住宿、娱乐转变为娱乐、住宿和景点（景区）游览。同时特产和手工艺品制造企业因直接为销售商提供产品，而进入紧密关联层，在外围松散层将进一步集聚市场服务部门。

（3）构造各层次关联方式的变化

集群新核心的确立，意味着集群构造各层次之间的关联方式将依托于新的旅游需求结

构和投入产出关系而发生改变。如上述案例中，原来以人文景点（景区）为核心的集群构造中，各层次之间的关联方式以旅游者对景观游览的需求为基础，旅游产业的特征体现较为突出。在以旅游购物为核心的集群构造中，各层次之间的关联方式是建立在商品市场需求和消费导向基础上的，更倾向于传统制造产业的关联特征。

（二）集群核心层产品不改变，集群各层面的产品和服务品质提升

（1）路径特征与动因分析

这种演化路径是指旅游城镇产业集群的核心产品不发生变化，集群总体规模不变，集群构造比较稳定，但集群各层面在产品和服务品质方面加大提升力度，使集群各构成部分都成为吸引旅游者的要素，从而提升集群的整体集聚能力和产业水平。例如酒店在满足旅游者基本住宿需求的基础上，将城镇传统建筑样式引入酒店的建筑风格中，在建筑外观中突出地方传统特色，内部设施和服务则以星级酒店品质为标准，提高住宿的舒适程度，较好地实现酒店个性与品质的融合。集群的其他产业部门也如此改善产品和服务的品质，旅游城镇产业集群的整体市场吸引力将大幅增强，旅游产业整体水平将显著提升。

出现这种演化路径的根本原因是旅游城镇业已形成比较成熟的市场形象，其核心旅游产品对旅游者的吸民力可以维持较长时间，旅游者对旅游产品的需求类型未发生显著变化，但对旅游产品和服务的品质要求则越来越高，因此在维持原有集群构造的基础上，注重产品和服务品质提升成为集群各构成主体关注的焦点。

（2）紧密关联层和外围松散层的构造变化

由于集群的核心层产品不发生变化，因此紧密关联层和外围松散层的基本构造并不发生改变。但两个层面的企业都在寻找能够更好地满足旅游者需求、为旅游企业提供更优质的产品和基础服务的方式。

（3）构造各层次关联方式的变化

集群构造各层面的关联方式依然建立在旅游者在景观游览过程中所产生的需求基础之上。在维持原有关联的前提下，各层次建立在合作创新、效率提升和品质改善基础上的关联逐步增强。旅游城镇产业集群系统的产业水平得以提升。

要指出的是，旅游城镇产业集群的核心层产品长期保持不变，在理论上能够成立，在实践中难以实现。但在发展较为成熟的旅游城镇产业集群中，各层面主体在努力维持系统稳定性的基础上不断进行产品和服务品质提升，是十分现实的演化路径优化选择，也是旅游城镇产业集群动态演化的现实趋势。

以上这些演化路径之间不存在时间先后顺序，而是并列组合关系。不同的旅游城镇产业集群，在演化的不同阶段会呈现出不同的演化路径，这些演化路径依据具体的旅游城镇产业集群的阶段性演化特征进行排列组合，构成一条完整的构造演化路径。如旅游城镇产业集群先由单核心向多核心转变，在需求推动下，再进入回归单核化，提升产品和服务品

质的演化阶段。再如在旅游城镇产业集群构造演化的开始阶段，集群核心层产品发生更替，更替完成后进入稳定发展期，逐步沿着核心旅游产品不变化、集群各层面产品和服务提升的路径演化。

旅游城镇产业集群构造演化路径一览见表4-2。

表4-2 旅游城镇产业集群构造演化路径一览见表

演化路径	特征	动因	紧密关联层和外围松散层构造变化	关联方式的变化	
集群核心层旅游产品数量变化与否	单核心向多核心变化，集群核心层产品的类型不变化	核心层产品类型不变，但企业数量增多	景观资源独特，不可替代，通过规模扩大满足量的需求	各层次产品部门类型不变，但企业规模扩大或企业数量增加	各层次基于景观进行关联，协同效应增强，核心层的集聚力增强
	单核心向多核心变化，集群核心层产品类型逐渐丰富	核心层产品类型由单一向综合发展	核心产品结构单一，市场吸引力不足，紧密层中某产业部门在需求推动下迅速崛起	伴随紧密层某产品进入核心层，与之关联的各层次产业部门呈现逐级递进式演化	核心层产业部门之间出现相互融合，其他层次各产业部门之间的竞争激化
	多核心向单核心变化，集群核心层产品个性和服务品质提升	核心层产品往高品质、个性化集中演化	产品丰富但不能满足旅游者对品质和个性的需求，通过市场自然选择，突显核心产品的品质	伴随核心层某产品被挤出核心层，与之关联的各层次产业部门逐级下降式演化	各层次与核心产品的品质和个性提升保持一致，自我更新能力增强
集群核心层旅游产品改变与否	集群核心层产品改变，紧密关联层产品和外围松散层产品随之变化	核心层产品类型发生变化	原有核心层产品不具备长期市场吸引力，需要新的产品替代	伴随核心层产品的更替，各层次产业部门呈现重新排列整理关系	各层次基于新的核心产品特征进行关联方式重构
	集群核心层产品不改变，集群各层面的产品和服务品质提升	核心产品不变，规模不变；注重各层次产品和服务品质的提升	核心产品市场形象成熟、具备长期吸引力，需提升品质和服务	各层次产品类型不变，注重质的提升	各层次建立在合作创新、效率提升和品质改善基础上的关联逐步增强

4.4 不同类型旅游城镇产业集群构造转变模式

在分析了旅游城镇产业集群基本构造演化方式和路径的基础上，笔者进一步根据不同类型的旅游城镇产业集群构造演化的特征，归纳出旅游城镇产业集群构造演化的基本模式。要说明的是，具体到每一个旅游城镇产业集群，其构造演化受到多种因素影响，并且演化过程是动态变化的，因此没有“放之四海而皆准”的演化模式可循。我们所探寻的基本演化模式，是对不同类型旅游城镇产业集群（包括自然景观为核心的旅游城镇产业集群、人文景观为核心的旅游城镇产业集群、自然和人文景观为核心的旅游城镇产业集群）的特征导致其比较容易出现的构造演化规律的大致概括，目的是区分并预测不同类型旅游城镇产业集群的演化路径和趋势。

4.4.1 资源导向型演化模式

（一）资源导向型演化模式的特征

资源导向型演化模式是指旅游城镇产业集群的基本构造演化以不断突显旅游资源的独特性为主线，集群朝着旅游资源规模扩大、品质提升的方向进行演化，逐步实现旅游资源优势向旅游经济优势的转化。这种模式的构造演化特征表现为：

第一，集群构造演化的原动力是旅游者对旅游城镇的资源型景观始终持有旅游需求，而这种旅游需求取决于资源型景观优质的资源享赋，即具有充分的独特性与不可替代性。

第二，集群的构造演化始终坚持并不断巩固资源型景观的核心地位。

第三，集群的其他旅游产业部门以及外围支撑企业和机构的规模和地位由核心旅游产品的发展需要来决定。

第四，资源导向型并不意味着集群核心产品的观光游览功能始终不变，集群核心产品也可能向休闲度假功能或专向旅游功能拓展，但无论核心产品的功能如何变化，始终以旅游资源规模扩大、品质提升为集群构造演化的内在主线。

（二）资源导向型演化模式的环境条件

资源导向型演化模式通常出现在以自然景观为核心，且自然景观的独特性十分突出、可替代性较弱的旅游城镇产业集群。因为这类旅游城镇产业集群的自然景点（景区）是当地最重要的旅游吸引物，旅游者到当地的旅游目的是欣赏、游览这些独特的自然景观，由此产生大量的旅游需求，吸引诸多旅游企业在当地形成集聚，旅游企业之间相互联系、合作，共同为自然景点景区的发展提供配套产品和服务，当地旅游产业紧密围绕自然旅游资源进行规模扩张和品质提升。

而对于自然景观为核心，但资源享赋相对普通的旅游城镇产业集群选择资源导向型演化模式的概率较低。人文景观为核心的旅游城镇产业集群中，人文景观虽然也需要依托人文旅游资源，但人文景观的展示渠道和方式比较丰富，对资源的依赖程度低于自然景观对资源的依赖程度，因此人文景观为核心的旅游城镇产业集群不易出现纯粹资源导向型的演化模式。

（三）资源导向型演化模式的路径与趋势

如上文所述，资源导向型演化模式中集群构造演化的主线是旅游资源规模扩大、数量增加、品质提升。因此，其产业集群构造的演化易倾向于由单核心向多核心转变的演化路径，并且可进一步细分为两种情况：

①单核心向多核心演化，集群核心层产品类型不变化。这种路径意味着为维持并不断强化当地自然景点景区的市场吸引力，具有突出自然资源独特性的旅游城镇产业集群在演化过程中必然要不断扩大原有自然景点景区的规模，或是在周边开发出更多特色鲜明的景点景区，不断丰富自然景观的内容，并通过导入先进的规划理念、拓展旅游景观的展示方式、运用高新技术提升景观质量等途径，打造高品质的自然旅游景观。

②单核心向多核心演化，集群核心层产品类型不断丰富。这种路径意味着具有突出自然资源独特性的旅游城镇产业集群在维持其原有自然景观核心地位的基础上，拓展新的休闲度假旅游产品，并且这些休闲度假产品也是以当地自然资源为依托发展起来的。观光旅游产品与休闲度假旅游产品相互结合，共同构成功能丰富的核心层旅游产品，能够满足旅游者个性化、多样化的旅游需求，并通过创新旅游资源的产品表现形式来巩固自然旅游资源的核心地位，形成提供完善旅游服务的自然景观旅游目的地。

资源导向型演化模式的最终目的就是打造独一无二的高品质自然旅游景观，并通过集群核心层的带动，使产业集群整体的产品和服务品质得到最大限度的提升，实现旅游资源优势向旅游经济优势的转化。所以伴随集群的不断成长，两种演化路径的共同演化趋势都是朝着集群各层面产品和服务品质提升且集群之间差异化逐步扩大的趋势演化。其中品质提升的趋势表现在：第一，自然景点景区的环境质量改善、注重保持自然景观的原有风貌。第二，景区开发注重“体验”特征，以参与性、挑战性、多样性、深度性为开发原则，在坚持人与自然和谐共生的前提下，增加攀岩、漂流、徒步旅行、露营、野外探险等旅游项目，让旅游者在体验活动中获得难以忘怀的经历和回忆。第三，其他旅游产业部门提供的餐饮、住宿、交通、购物、导游服务等产品的质量不断提升并充分融入当地的自然景观环境中。不同集群之间差异化的趋势体现在：第一，由资源享赋所决定的自然景观的差异性；第二，不同集群在依托核心自然景观，开发综合性旅游服务产品的过程中，服务性产品的特色打造。

（四）资源导向型演化模式的影响因素

（1）自然旅游资源的独特性

决定自然景观为核心的旅游城镇产业集群出现资源导向型构造演化模式的关键因素就是自然旅游资源的独特性。在我国旅游者的消费需求对旅游资源的依赖性逐步减弱（杨勇,2008）的趋势下，只有自然旅游资源的独特性足够突出，资源品质高，可替代性弱，集群核心层产品才可能对旅游者产生长期的吸引力，集群构造演化才会坚持扩大旅游资源规模、提升产品和服务品质的主线。如果自然资源的独特性不够突出，则资源导向型演化模式将不具备演化环境和条件。

（2）自然旅游资源的类型

在自然旅游资源独特性足够突出的前提下，自然旅游资源的类型将决定集群核心层产品向同类型产品数量增加的方向演化还是向产品类型不断丰富的方向演化。例如云南石林镇石林旅游风景区的喀斯特地貌景观的旅游价值主要在于其高度的观赏性，因此，其旅游城镇产业集群的演化路径也主要以扩大石林景区的规模和提升景区环境品质及接待服务质量为方向。而云南澄江县禄充村旅游产业集群的核心旅游资源是抚仙湖水域风光，可开发利用程度较高，因此在抚仙湖游览区周边出现了星罗棋布的度假酒店、农家乐等旅游产品，在原有观光游览产品的基础上，以抚仙湖自然景观为依托，开发出休闲度假类产品，成为集群核心层产品中新的旅游吸引物。可见，自然旅游资源的类型不同，开发利用的方式就不同，由此将影响集群的具体演化路径。

（3）区位因素

云南昆明石林旅游城镇产业集群的构造演化就是典型的资源导向型演化模式。石林镇拥有石林旅游风景区，如前文所述，其喀斯特地貌景观的资源享赋突出，具有高度的不可替代性，多年来一直是昆明的传统重点旅游景区。伴随旅游业的发展，在石林景区周边，逐步形成了集餐饮、酒店宾馆住宿、火车、汽车、马车等旅游交通于一体提供配套旅游服务的旅游城镇产业集群。为进一步满足旅游者多样化需求，提升石林的景观丰富性，在原有大小石林景区的基础上，又开发出乃古石林，以及邻近区域的长湖、大叠水等景区，这些景区共同作用，扩大了石林的核心景观规模。在新开发景区的拉动下，石林镇及周边板桥镇、长湖镇等地的旅游接待设施不断扩充，旅游配套产业部门的规模扩大，但提供旅游配套产品和服务的产业部门始终围绕石林景区的发展需要进行扩张。在此基础上区域内出现了旅游房地产等新兴产业部门，如阿诗玛旅游城镇，新兴产业部门以新颖的规划理念来推动当地旅游产品和服务的品质提升。同时，申报世界自然遗产的经历为石林旅游产业发展创造了长期稳定的外部机遇，有力推动了石林旅游城镇产业集群产品和服务朝着世界级品质提升。与昆明及其周边区域的旅游城镇产业集群相比，石林突出了依托石林独特景观的差异化特征，并且这种差异化趋势在世界自然遗产申报成功之后正在进一步加强。

4.4.2 功能导向型演化模式

（一）功能导向型演化模式的特征

功能导向型演化模式是指旅游城镇产业集群的基本构造逐步摆脱对旅游资源的依赖，而以功能性旅游产品和服务为集群的旅游吸引物。集群构造演化以突显旅游功能性要素为主线，朝着某一个或几个提供功能性旅游产品和服务的产业部门的地位不断提升，集群核心层产品中旅游功能性要素不断丰富的方向进行演化。这种模式的构造演化特征表现为：

第一，集群构造演化的原动力表现为旅游者需求不断体现出个性化、多样化特征，传统基于资源基础的观光型旅游景观已难以满足市场需求，集群必须另辟蹊径，将其他功能性旅游产品和服务开发为新的旅游吸引物，推进旅游城镇产业集群的连续演化。

第二，集群的构造演化表现为核心层旅游产品中不断植入功能性产品和服务要素。

第三，集群的其他旅游产业部门以及外围支撑企业和机构的地位根据核心层产品的变化而重新调整。

（二）功能导向型演化模式的环境条件

功能导向型演化模式通常出现在两类旅游城镇产业集群的演化过程中，一类是人文景观为核心的旅游城镇产业集群这类旅游城镇产业集群的核心产品是人文景点（景区），以充分展示当地人文风情和历史传统为产品功能。与自然景观不同的是，人文风情和历史传统的载体比较丰富，除建筑、历史遗存等物化景观外，还包括饮食、文化娱乐、传统手工艺品等非景观载体，这些载体相互之间具有一定的可替代性。也就是说集群紧密关联层的各个产业部门都是人文风情和历史传统的展示载体，并且这些载体较之物化景观而言，更为生动具体，旅游者的体验性更强。因此，在旅游者需求日趋个性化和多样化的影响下，各个产业部门都有可能发展壮大，而成为集群新的旅游吸引物。另一类是资源禀赋比较普通的自然景观为核心的旅游城镇产业集群这类旅游城镇产业集群的自然资源独特性不够突出，难以通过自然景观对旅游者构成长久的吸引力。因此，必须突破原有资源条件限制，通过再造功能性旅游产品来强化旅游城镇产业集群的市场吸引力。

（三）功能导向型演化模式的路径与趋势

功能导向型演化模式中，旅游城镇产业集群构造演化以旅游功能性要素为主线，朝着某一个或几个提供功能性旅游产品和服务的产业部门的地位不断提升，集群核心层产品中旅游功能性要素不断丰富的方向进行演化，倾向于两种演化路径：

①集群核心层产品更替。原有核心景观的市场吸引力下降，或者功能性旅游产品和服务对原有核心景观产生了一定的替代作用，集群核心层旅游产品发生更替的可能性大为提高。例如，原来核心层产品是自然风景观光游览，由于自然景观的独特性不够突出，旅游产品的市场收益较低，于是旅游城镇产业集群进行了重新规划转型，发展成为环境优美的度假旅游地，度假型旅游房产成为集群新的核心层产品。再如，在人文景观为核心的旅游城镇产业集群，旅游购物取代原有的人文旅游景观成为当地吸引旅游者的新核心产品。

②集群单核心向多核心演化，核心层产品类型不断丰富。这种演化路径意味着旅游城镇产业集群在原有景观型核心旅游产品的基础上，不断向集群核心层注入功能性产品要素，例如依托优美的自然环境，发展农家乐旅游。同时，这种演化路径也可能出现在集群核心层产品更替为功能性旅游产品之后，核心层功能性产品由一种专项产品向多种产品并存的

方向发展，例如，旅游购物替代人文景观成为集群新的核心产品后，餐饮和娱乐也逐步发展起来，与旅游购物共同构成集群的功能综合性核心产品。

以上两种演化路径的共同演化趋势都是集群各层面产品和服务品质提升并且集群之间差异化扩大。由于餐饮、住宿、购物、娱乐等功能性旅游产品和服务对资源的依附程度较低，旅游者的可选择性较强，因此只有个性突出、产品和服务品质突出的功能性产品才能得到足够的市场关注。集群各层面产品和服务品质提升表现在：第一，餐饮、住宿、购物、娱乐等功能性产品和服务的质量不断提升；第二，功能性产品和服务中充分融入当地人文传统或自然特色。集群之间扩大差异化的趋势表现在：第一，由具有地方特色的人文特质所决定的功能性产品和服务差异化由于人文特质本身具有突出的地域独特性，在不同旅游城镇之间难以模仿复制。第二，不同旅游城镇产业集群的创新活动所决定的功能性产品和服务的个性化特征。

（四）功能导向型演化模式的影响因素

（1）资源特色

一方面，出现功能导向型演化模式的一个重要原因是旅游城镇产业集群的观光类旅游资源的特色不够突出或者具有可替代性，为资源依附性较弱的功能性产品和服务部门的发展创造了有利条件。另一方面，餐饮、住宿、娱乐、购物等功能性产品和服务虽然对资源的依附性较弱，但通常具有一定资源优势的功能性产品部门更容易发展壮大。例如旅游城镇的饮食文化别具特色，则以经营传统美食为主体的餐饮部门发展成为集群核心层产品的概率要大于其他不具备资源条件的产业部门。

（2）区位因素

进行功能导向型演化的旅游城镇产业集群的区位因素将直接决定旅游者是否会选择来此消费，并且也会在一定程度上决定旅游城镇产业集群突出何种功能性产品。第一，地处城市周边的旅游城镇，其主要功能是满足城市居民的休闲度假需求，功能性旅游产品对城市居民具有较强的吸引力并且城市居民的休闲度假需求主要体现在餐饮、度假住宿等方面，因此城市周边的旅游城镇倾向于以旅游房地产和旅游餐饮等功能性产品为导向的集群构造演化模式。第二，地处黄金旅游路线上的旅游城镇产业集群，因与周边旅游目的地的竞争较为激烈，需要突出旅游产品的差异性，才能保证长期持续的客源量。对于这种类型的旅游城镇产业集群，如果资源特色不够突出，那么最佳的演化模式选择就是发展旅游专项功能产品，与周边旅游目的地的旅游产品形成互补，使该旅游城镇产业集群成为黄金旅游路线上不可或缺的专项旅游功能服务区。

（3）政府规划

在资源导向型演化模式中，政府规划的引导作用并不显著，因为自然资源独特性突出的旅游城镇产业集群的发展方向是比较明确的，政府的规划只能建立在发挥资源优势的基础上。而功能导向型演化模式中，各个旅游产品和服务部门发展成为集群核心部门的机会均等。究竟哪一个或几哪个部门发展起来，除市场需求、资源和区位因素外，政府规划的引导发挥着突出的影响作用。政府的介入，将可能导致旅游城镇产业集群的演化不再按照自组织演化的路径发展下去，而是在政府的外力作用下，朝着政府所希望的方向进行演化。一般而言，对于人文景观为核心的旅游城镇产业集群以及自然资源特色不突出的旅游城镇产业集群，政府规划的可选择方向比较多。政府一旦确定旅游城镇产业集群的定位和发展方向后，会在资金、政策、资源等方面加大投入力度，进行集群化培育。例如以旅游度假房产作为旅游城镇产业集群的功能性发展定位，在很大程度上就是政府规划的结果。政府的介入可能产生正负两方面的影响。如果政府的规划引导与旅游城镇产业集群的自组织演化趋势相互吻合，那么政府的介入将加速集群演化，并能减少演化过程中的资源消耗，提高资源的利用效率如果政府的规划引导不符合旅游城镇产业集群的自组织演化趋势甚至相背离，那么将会把集群演化带入歧途，甚至使集群走向衰败和消亡，造成巨大的资源浪费。可见，政府只有在充分尊重市场规律和集群自身演化规律的基础上加以适当引导，才能对旅游城镇产业集群的功能导向型演化起到促进作用。

（五）实践案例

近年来，新兴的昆明盘龙区双龙乡野鸭湖假日小镇，以野鸭湖和天生坝水库为核心自然景观。但这种自然景观在昆明附近区域中独特性并不显著，如果继续以观光游览作为核心产品的功能发展下去，小镇的旅游产业将难以维系。由于小镇地处昆明市区北郊，其优良的生态环境为昆明市民提供了休闲度假的好去处。为此，小镇进行了全面规划，以旅游度假房产为小镇旅游产品的功能定位，集产权式酒店、餐饮、休闲娱乐于一体，逐步打造旅游产业集群，实现了自然景观核心产品向旅游度假房产核心产品的转换。这个自然资源享赋相对普通的旅游城镇产业集群充分利用了邻近中心城市周边的地缘优势，走功能导向型演化模式，将旅游产品功能定位于中高端休闲度假产品，在产品策划中充分融入了自然生态元素，使该旅游城镇产业集群体现出与传统自然景区观光型产品完全不同的产品形态，突出了集群的差异性。

地处滇西北黄金旅游路线、位于大理和丽江之间的鹤庆县新华村是一个有着一千多年制银手工艺传统的白族旅游城镇。当地的核心旅游资源就是白族的传统制银工艺。如果纯粹以展示这种传统技艺为当地旅游产业发展的方向，那么其无法与大理、丽江等人文旅游资源更为丰富的旅游目的地竞争。鹤庆县政府清楚地意识到这一点，通过深入的市场分析，准确地找到了鹤庆新华村发展旅游产业的突破口，即培育滇西北银制品加工基地，将生产的银制品销往大理、丽江、香格里拉等旅游目的地，并在银制品的基础上，拓展木制品、铜制品，使鹤庆成为滇西北旅游商品集散地，带动旅游相关产业部门集聚。鹤庆新华村准确的专项功能定位使其旅游产业迅速体现出集聚效应和经济收益，目前新华村 1100 多户居民中有 86% 从事手工艺品加工制作，年产值突破 10 亿元，并带动了鹤庆境内其他小镇，如板桥、木屯、秀郑等地的手工艺品加工制造，形成了旅游商品加工及销售产业集群，弥补了滇西北旅游商品的短缺，推动了旅游购物的快速发展。近几年大理州银都水乡旅游投资有限公司对当地旅游开发进行大规模投资，除建设银制品生产线和旅游购物中心外，进一步开发云南银器博物馆、草海湿地、度假酒店等新兴旅游项目，在旅游商品加工及销售的集群核心功能基础上，增添了度假休憩的功能，使集群的旅游产业体系更加完善，产品和服务品质得到有效提升。

4.4.3 综合导向型演化模式

（一）综合导向型演化模式的特征、环境条件和演化路径

综合导向型演化模式是指旅游城镇产业集群的构造演化朝着资源与功能相互结合的综合性方向发展。这种模式的集群构造演化特征表现为：第一，构造演化的原动力是满足旅游者求新求变的多样化旅游需求；第二，集群核心层旅游产品向综合性发展；第三，集群的其他旅游产业部门以及外围支撑企业和机构共同服务于核心层综合性核心产品的发展需要。

综合导向型演化模式主要出现在同时以自然和人文景观为核心的旅游城镇产业集群。因为这样的旅游城镇产业集群具备综合性发展的环境条件。其集群的构造演化路径体现为单核心向多核心演化，核心层产品的类型不断丰富，同类型产品的数量不断增加。在此基础上集群各层面的产品和服务品质提升，向综合性旅游目的地方向发展，同时，集群之间逐步扩大差异化以保持竞争优势。

（二）综合导向型演化模式的影响因素

（1）资源特色

综合导向型演化模式受旅游城镇产业集群的资源特色影响较为显著。当自然和人文旅游资源的独特性相当时，集群构造演化会以综合型为导向；如果自然和人文旅游资源的独特性和品质存在差异，资源优势突出的一方会对另一方构成冲击，集群构造演化不再走综合导向型模式，而将出现回归单核心的演化路径。并进一步细分为两种情况：第一，若自然资源具有高度的独特性和不可替代性，而人文资源的享赋相对普通，则集群在由多核心回归自然景观单核心的基础上，将转化为资源导向型演化模式。第二，若人文资源具有高度的独特性和不可替代性，而自然资源的禀赋相对普通，则集群在由多核心回归人文景观单核心的基础上，将转化为功能导向型演化模式。

（2）政府引导

政府在综合型构造演化模式中的作用也是十分突出的。综合型导向的演化路径是集群核心层产品类型和数量都不断增加，这个过程涉及如何平衡自然旅游资源和人文资源的相互关系。政府的重要性突出地表现在根据市场需求变化趋势，对集群核心层旅游产品开发的远期方案与近期实施进行规划，有步骤地推进新产品开发通过规划一些融合自然资源与人文资源的综合性旅游产品，协调好自然资源和人文资源的关系更新观念，引导旅游规划

向创造旅游体验的方向转化，从规划源头着手提升核心旅游产品和服务的品质，并引导集群内其他旅游产业部门的创新实践。

（三）实践案例

云南大理州大理镇是以白族文化为人文景观内核、以苍山洱海为自然景观内核的旅游城镇。利用自然与文化相互交融的独特优势，大理镇逐步形成了以白族文化与苍山洱海相互结合的旅游产品形态。但近年来，丽江旅游的崛起一定程度上削弱了大理的旅游市场影响力，于是为实现大理旅游产业的二次飞跃，大理在主打白族"风花雪月"旅游品牌的基础上，进一步在文化资源领域开发南诏古国文化，形成南诏风情岛，在自然资源领域开发地热资源，形成大理地热国温泉休闲度假风景区，充实了核心旅游产品内容，形成了层次多样、类型丰富的核心旅游产品结构。这些新旅游产品在规划之初就融入了游客体验的理念，旅游产品在特色和品质方面较之过去得到了很大提升。围绕旅游产品体系的发展需要，大理形成了规模较大的旅游产业集群，并带动了旅游相关产业的快速发展，发展成为云南省重要的综合性旅游目的地。

综上所述，旅游城镇产业集群的内部构造演化可以归纳为资源导向型、功能导向型和综合导向型三种模式。每种模式对应不同类型的旅游城镇产业集群，并具有不同的演化路径。综观三种模式，可以发现，其集群的演化趋势具有一致性，都朝着集群各层面产品和服务品质提升且集群之间的差异化不断扩大的方向演化。表 4-3 对三种构造演化模式进行了归纳。

表 4-3：不同类型旅游城镇产业集群构造演化的基本模式

	资质资源导向型演化模式	功能导向型演化模式	综合导向型演化模式
标志	以突显旅游资源独特性为构造演化主线	以突显旅游功能性要素为构造演化主线	以发展综合性旅游目的地构造演化主线
构造演化特征	(1) 集群构造演化的原动力是旅游者对旅游城镇的资源型景观始终持有旅游需求 (2) 集群的构造演化始终坚持并不断巩固资源型景观的核心产品地位 (3) 集群的其他旅游产业部门以及外围支撑企业和机构的地位由核心旅游产品的发展需要来决定 (4) 无论核心产品的功能如何变化，始终以旅游资源规模扩大、品质提升为集群构造演化的内在主线	(1) 传统基于资源基础的观光型旅游景观已难以满足市场需求，集群须将其他功能性旅游产品和服务开发为新的旅游吸引物 (2) 集群的构造演化表现为核心层旅游产品中不断植入功能性产品和服务要素 (3) 集群的其他旅游产业部门以及外围支撑企业和机构的地位根据核心层产品的变化而重新调整	(1) 构造演化的原动力是满足旅游者求新求变的多样化旅游需求 (2) 集群核心层旅游产品向综合性发展 (3) 集群的其他旅游产业部门以及外围支撑企业和机构共同服务于核心层综合性核心产品的发展需要

续 表

	资质资源导向型演化模式	功能导向型演化模式	综合导向型演化模式
环境条件	以自然景观为核心，且自然资源独特性显著的旅游城镇产业集群	以自然景观为核心，但自然资源独特性不突出的旅游城镇产业集群 人文景观为核心的旅游城镇产业集群	同时以自然和人文景观为核心的旅游城镇产业集群
演化路径	路径一：单核心向多核心演化，集群核心层同类型产品规模扩大 路径二：单核心向多核心演化，集群核心层产品类型不断丰富	路径一：单核心向多核心演化，集群核心层产品类型不断丰富 路径二：阶段1：集群核心层产品更替；阶段2：单核心向多核心演化，集群核心层产品类型不断丰富	单核心向多核心演化，核心层产品的类型不断丰富，同类型产品的数量不断增加
演化趋势	集群各层面产品和服务品质提升且集群之间差异化逐步扩大	集群各层面产品和服务品质提升且集群之间差异化逐步扩大	集群各层面产品和服务品质提升且集群之间差异化逐步扩大
实践案例	云南昆明石林旅游城镇产业集群	云南昆明盘龙区双龙乡野鸭湖假日小镇 云南鹤庆新华村旅游商品加工及销售产业集群	云南大理州大理旅游城镇产业集群

第5章 促进旅游城镇产业集群构造转变的创新发展机制

5.1 以需求为导向的旅游城镇企业创新

5.1.1 研究假设的论证

笔者拟运用演化经济理论对以需求为导向的旅游城镇企业创新—市场选择—创新扩散机制进行研究。因此，在研究之前，需要对旅游城镇产业集群是否符合演化经济理论的研究假设进行论证。

演化经济理论的研究假设包括经济人、有限理性、企业异质性、系统开放性。首先，旅游城镇产业集群中的旅游企业都是以努力追求自身经济利益为目的的，企业具有一定的决策能力，但企业难以一开始就找到最优策略，而是通过事后对采取不同策略的实际效果进行比较从而改善原有策略，因此在一定时期内旅游企业追求的是满意策略，而不是最优策略。这与有限理性的经济人特征相一致。其次，旅游城镇产业集群内的旅游企业具有异质性，它们以经营各类旅游业务为主业，不同旅游企业在一定共性的基础上具有主观偏好和行为选择的个性差异，导致它们的行动结果不同，从而形成旅游城镇市场内企业的多样性。再次，判断一个系统是否为开放性系统，关键看它是否与环境进行物质和能量交换。旅游城镇产业集群与外部环境存在大量的物资、信息、人员、资金的交流产业集群内各个旅游企业也与外部环境存在交流，如向旅游者提供服务产品以交换营业收入，旅游企业经营所需的物质资源大量来自外部环境的支持等。因此，旅游城镇产业集群是一个开放性系统。旅游城镇产业集群符合演化经济理论的研究假设。

5.1.2 旅游城镇企业创新的独特性与演化分析框架构建

创新概念最早由熊彼特（J.A.Schumpter）在《经济发展理论》中提出。他在创新理论的分析中指出，创新是“建立一种新的生产函数”，也就是把一种从来没有过的关于生产要素和生产条件的“新组合”引入生产体系。这种“新组合”包括五种情况：采用新产品或一种产品的新特性、采用新生产方法、开辟新市场、掠取或控制原材料或半成品的新供应来源、实现任何一种工业的新组织。熊彼特的创新概念是广义的创新，既包括技术创新，也包括市场创新和组织制度方面的创新。在熊彼特之后，创新理论开始朝着两个方向发展，一是以技术创新和市场创新为研究对象的技术创新理论，二是研究制度因素与企业技术创新和经济效益之间关系的制度创新理论。其中技术创新是目前创新研究领域的主流。

与制造业相比，旅游业的显著特殊性在于该产业以群体复杂的旅游者需求为导向，提供的是体验式无形产品和服务。制造业的创新以技术为焦点，而旅游业创新很少是基于研发的。旅游业创新的本质是为了更好地满足旅游者的需求和期望，在产品和服务上改进、调整、完善或更新，从而博得相应客源市场的青睐（尹贻梅,2006）。因此应用技术创新的研究路线来研究旅游业创新较为偏颇。Hjalager（1997）指出，旅游创新的内容较为复杂，从创新的性质来看，包括五个方面的内容：①产品创新，主要指不断满足游客需求的新产品和新服务的增加，如旅游地新产品的开发以及环保的、可持续的住宿设施等；②过程创新，包括用新的或改良技术提高现有操作流程或全部生产线的重新设计，如保洁机器人、自我服务设计以及计算机管理和监控体系等，过程创新既可以和产品创新结合，也可以导致创新；③管理创新，包括新工作章程、合作结构以及政府管理体系等；④后勤创新，主要是针对材料、交易、信息的创新，如网络市场的引入、航空中心系统的提升以及目的地信息系统的整合等；⑤制度创新，主要是针对社区合作和管理结构，已超越了单个旅游企业的范围，横跨公共和私人部门、机构，建立新的规则和制度，如能重构社会健康旅游观念的财政激励改革、建立或变革信用制度以及财政支持制度的变化等。尹贻梅（2006）立足旅游目的地系统，把旅游创新概括为旅游产品创新、过程创新、管理创新和制度创新几个方面，其中过程创新是指运用新技术来改进运营绩效。王君正（2007,2008）则立足企业层面，运用服务创新的四维度模型对旅游业的创新进行研究，认为旅游业的创新包括四方面内容：新旅游服务概念开发——包括旅游产品核心概念的开发、企业观念和文化的创新；新技术应用——对软、硬技术的采纳或开发运用，具体包括IT技术、网络技术、交通技术、通信技术、软件开发等；新的旅游传递系统——包括组织创新和人力资源管理创新；基于公共部门的外部创新平台——包括加快旅游信息化建设、提供交通基础设施平台、规范旅游市场等。

在学者们的研究基础上，结合旅游城镇的具体实际，笔者认为，旅游城镇产业集群内的企业创新具有以下独特性：第一，旅游企业创新行为主要表现为产品和服务创新，以及相应的营销创新和管理创新。冯卫红（2008）对山西平遥古城旅游产业集群的企业创新进行的问卷调查显示：平遥古城内83.6%的旅游企业认同产品和服务创新对提高企业竞争力的重要性，并且在创新内容的分值排序上“产品和服务创新”位列第一，紧随其后的是“以网络为基础的通讯和分销渠道的运用（如电子邮件、网站和与其他网站的链接）”和“管理创新(管理模式、管理手段等的改进)”。这个调查结果支持了笔者对旅游城镇产业集群中企业创新内容的分析。第二，企业创新严格遵循以旅游者需求为导向的原则。企业根据旅游者需求的变化创新产品类型和表现形式，甚至挖掘旅游者潜在需求，开发出引导需求趋势的新旅游产品。第三，企业创新成果要经过旅游城镇市场竞争机制的筛选。由于旅游城镇产业集群的企业密集度高，竞争激烈，企业的创新成果一旦投入市场就面临市场竞争机制的筛选，因此得到市场肯定生存下来的企业创新成果一定具有显著的竞争优势。第四，企业的创新活动在旅游城镇产业集群内具有显著的扩散效应。产业集群内部企业之间存在密集交织的联系网络，企业的创新活动通过网络迅速扩散，成为旅游城镇产业集群内同类企业产品和服务的新标准。

概括而言，旅游城镇产业集群的企业创新活动表现为以需求变化而使旅游企业进行产品和服务创新为主体，包含相应的营销创新和管理创新。创新成果经过旅游城镇市场选择得到市场认可，并通过扩散成为旅游城镇产业集群内同类企业的新标准，具有由单个企业创新到产业部门集体创新的动态演化特征。因此，从演化经济理论视角出发，可以构建出旅游城镇企业创新—市场选择—创新扩散机制的演化分析框架。

5.1.3 旅游城镇企业产品和服务创新

一般而言，企业创新是企业基因变异的重要表达方式。企业创新的动力来源于企业对满意利润的追求与市场环境变化之间的矛盾，创新的方式主要是进行研究开发和市场开拓等“搜寻”活动，创新的结果是企业产品种类、生产技术、管理方法等企业惯例的变化，这种变化可能是出现新惯例，也可能是对既有惯例的重新组合，创新实践的推进与企业家精神密切相关。

（一）旅游城镇产业集群中企业面临的以需求变化为核心的市场环境变化

旅游城镇企业的创新活动是由市场环境变化引起的。这里市场环境变化以旅游需求变化为核心，具体表现为：一，旅游需求市场以旅游者的切身体验为基础，变化多端。旅游城镇市场销售的产品是以旅游者的体验为基础的无形产品，旅游者具有追求新鲜事物的强烈好奇心，一种产品一旦被旅游者广泛地认知，就将面临被淘汰的危险；但另一方面，正是因为旅游者追求刺激、新奇的特征，使旅游业成为特别容易引导需求的产业，“不怕做不到，只怕想不到”，旅游城镇的旅游企业通过开发具有当地地方特色的新产品和服务，可以将旅游者的潜在需求转化为现实需求。二，旅游需求和供给的敏感性强。旅游城镇市场极易受到区域政治经济形势变化、社会文化及审美倾向变化的影响，导致旅游需求的波动。旅游需求发生波动，旅游供给必然要相应做出调整和改变。三，同一类型旅游供给的替代性强，如产品老化、管理不善，旅游者选择其他类似产品的可能性高。当以上三种情况出现导致旅游城镇市场环境发生变化，旅游企业产品供给不能满足市场需求，旅游企业的利润下降，即使利润的绝对数值增加，其增速也会呈现下降趋势，使旅游企业不能获得满意利润，此时若不进行改革创新，企业经营将陷入困境。这是旅游城镇产业集群中旅游企业进行产品和服务创新的根本原因。

（二）旅游城镇产业集群中企业创新的搜寻方式

第一，立足现有产品，对产品组合、服务品质进行调整，也就是对旅游企业的既有产品和服务进行重新组合。旅游产品是组合型服务产品，企业借助一定的物质载体就可向旅游者提供综合性服务。根据市场环境的变化，企业只需对现有产品的组合方式进行调整，适当增添产品特色，如增加旅游项目，或者对服务的方式和细节进行改进，如培训餐厅服务人员进行人性化关怀服务，以提高服务质量，就可改变原有产品的状态，达到创新的效果。这种“搜寻”活动对旅游企业而言，成本低，进行“搜寻”活动的旅游企业数量多，但容易被模仿，不断搜寻的频率较高。这种搜寻方式普遍存在于各类旅游城镇的构造演化过程中，通过不断的搜寻调整，使旅游城镇的企业创新逐步实现由量变到质变的转化。

第二，进行全新创意，开发新产品和服务。旅游者追求与以往不同的经历和感受的特征告诉我们，一个好的创意往往会给旅游企业带来意想不到的市场机遇和收益。旅游企业通过比较旅游城镇市场与其他成熟旅游区域市场变化的共性和差异，敏锐观察到创新突破口，突破现有产品模式，开发出全新产品，从而创造出新的需求。也就是走出竞争激烈的“红海”，开辟全新的“蓝海”市场。这种“搜寻”活动的成本较高，并且主要是时间成本和知识成本，因为一个具有市场影响力的创意并不能一蹴而就。如果开发的新产品对旅游城镇历史文化旅游资源进行了深入的挖掘和再现，那么这种建立在文化内涵基础上的产品不易被模仿，即使有模仿现象，也大多形似而神不似。这种“搜寻”活动的壁垒较高，进行“搜寻”的旅游企业较少，通常集中于旅游城镇具有较强资金实力和丰富人力储备的旅游企业。这种搜寻方式在人文景观为核心的旅游城镇产业集群演化过程中表现较为突出，人文景点景区以外产业部门的企业将旅游城镇的人文特色融入产品中，创新出颇具地方特色的吃、住、娱乐等功能性产品，如丽江的“印象丽江”和“丽水金沙”等演出，就是充分融入丽江民族文化的旅游娱乐产品创新。这种创新使旅游者在进行功能消费的过程中深刻感受当地人文风情，增强这些功能性产业部门的市场吸引力，提升了其产业地位，从而能够替代原有的景点景区核心产品，或是成为新增的核心产品。

第三，对生产技术的“搜寻”，这种“搜寻”活动主要出现在制造企业中，也就是旅游城镇特产、纪念品和手工艺品生产企业。通过“搜寻”实现生产技术革新，提高劳动生产率，与传统产业的技术创新具有相似性。

（三）旅游城镇产业集群中企业创新的成果

旅游城镇产业集群中企业创新的成果主要表现为产品和服务的创新，但有两点需要强调。第一，产品和服务的创新需要有与之相适应的新的营销方式和组织管理方式，因此企业营销和组织管理也相应地需要创新。第二，产品和服务创新决定了旅游企业成为创新活动的主体。通常科研机构对产业集群的创新发挥至关重要的作用。但由于旅游城镇产业集群的创新主要体现为旅游体验性产品和服务创新，这种创新只有在直接面对旅游者提供产品和服务的实践过程中才能实现，具有显著的"干中学"特征，因此提供这些产品和服务的旅游企业成为创新主体，而非立足"实验室"研究的科研机构。

（四）旅游城镇产业集群中企业的创新实践受企业家精神推动

熊彼特提出企业家是从事"创造性破坏"的创新者。他指出企业家的职能是通过利用一种新发明，或更一般地，利用一种生产新商品或用新方法生产老商品的没有试用过的技术可能性，通过开辟原料供应的新来源或产品的新销路，通过重组产业等等来改革生产模式或使它革命化（熊彼特,1942)。企业家精神就是指人们竞相成为企业家的一种行为，其意思是"着手工作，寻找机会，通过创新和开办企业实现个人目标并满足社会需求"。企业家精神与企业家个人的精神境界和内在气质相联系，与企业的成长相联系。例如对利润的渴望和追求，与市场对手不懈竞争的欲望等等，而创新意识是企业家精神的灵魂和精髓，企业家通过企业家精神和具体的组织工作带领企业员工前进 (夏兰 ,2006)。

旅游城镇产业集群的企业的产品和服务创新实践与企业家精神密切相关。首先，旅游城镇的企业大多为私营企业或个体经营者，企业家的个人理念和精神追求直接决定着企业经营和发展的路径；其次，旅游产品和服务创新讲求创意，而创意的产生与企业家的知识构成、阅历积累高度联系；最后，旅游城镇企业的产品和服务创新需要彰显当地的民族文化或历史文化特征，企业家对当地自然和人文特征的认同和感受将影响其产品和服务创新的方式、内容和层次。可以说，企业家是旅游城镇产业集群企业创新的实践者，企业家精神决定着企业产品和服务创新的方向。

5.1.4 旅游城镇市场竞争选择模型

（一）模型构建

旅游企业进行产品和服务创新之后，新产品和服务将推向旅游城镇市场，进入到市场选择阶段。由于企业是有限理性的，所以不能明确地判断创新的产品和服务是否能得到旅游城镇的市场认可。以旅游者需求为主导的旅游城镇市场环境将最终决定旅游企业被选择还是被淘汰。市场对旅游企业的选择通过企业产量的变化来体现。旅游企业产量增加说明旅游城镇市场在肯定旅游企业的产品和服务创新策略，反之旅游企业产量减少说明旅游企业缺乏创新或是相对其他企业而言其产品和服务创新策略的市场认可度低，缺乏竞争优势，当旅游企业产量减少到零时，旅游企业经营已无利可图，被旅游城镇市场淘汰。我们以旅游城镇产业集群内两家餐厅的产品和服务创新为例，运用 Logistic 演化增长模型来说明旅游城镇产业集群内旅游企业创新的市场竞争选择过程。模型中产量变化是由旅游企业的创新活动直接导致的。

Logistic 演化增长模型的基础方程（5-1）描述的是在有限环境中种群增长率随种群密度上升而不断下降，直至停止的增长形式。

$$dN/dt=rN(1-N/K) \tag{5-1}$$

其中，N 为种群大小 ,K 为环境容纳量 ,r 为种群的瞬时增长率 (陈天乙 ,1995)。

现假定旅游城镇产业集群中有甲、乙两家餐厅 , 两者都以当地传统美食正餐为主业 , 故甲、乙两者是竞争关系 , 因此都需要通过创新产品和服务来争取竞争优势。其中甲的创新策略是在旅游者用餐过程中推出当地民间绝技表演 , 而乙的创新策略是将餐厅环境打造为当地少数民族宅院 , 并采用当地传统餐具。由于旅游城镇的地域空间有限 , 因此旅游城镇的各种要素禀赋是一定的。假设一定时期内集群的餐饮企业产量存在上限（餐饮企业的产量表现为接待用餐人次）, 那么在有限的市场容量条件下 , 若甲餐厅的创新策略更能博得旅游者的喜爱, 到甲餐厅用餐的客人数量增加, 甲将在市场竞争中生存下来, 乙将被淘汰, 反之则乙生存下来。如果甲乙双方都具有各自的需求市场 , 不能完全挤掉对方 , 则竞争结果将达到均衡状态。

假设基准状态下甲乙两家餐厅之间不存在竞争。

甲乙两家餐厅用餐人次的 Logistic 增长方程为：

$$dN1/dt=r1N1(1-N1/K1) \quad dN2/dt=r2N2(1-N2/K2) \tag{5-2}$$

其中 ,N1、N2 分别表示甲、乙餐厅的产量 , 即用餐人次；K1、K2 分别为由旅游城镇市场环境决定的市场最大容量 , 即甲、乙两家餐厅的最大用餐人次；K 值大小取决于旅游城镇旅游者数量、餐饮价格、餐厅菜肴品质、服务的独特性；r1、r2 分别为甲、乙两家餐厅在理想状态下可能的最大用餐人次增长率。

基准假设的扩展 : 甲乙两家餐厅之间存在竞争。

由于甲乙两家餐厅都经营旅游城镇传统美食正餐 , 且在产品和服务创新上投入了相当的资金和创意 , 因此彼此之间的竞争关系显著。甲乙之间用餐人次的竞争方程分别为：

$$\frac{dN_1}{dt}=r_1N_1\left(1-\frac{N_1}{K_1}-\theta_1\frac{N_2}{K_2}\right)$$
$$\frac{dN_2}{dt}=r_2N_2\left(1-\frac{N_2}{K_2}-\theta_1\frac{N_1}{K_1}\right) \tag{5-3}$$

其中，θ1、θ2 是竞争系数，表示甲乙之间的竞争程度。θ1 表示乙对甲的竞争威胁程度，θ1 越大，餐厅乙的创新对甲的竞争威胁越大；同理，θ2 表示甲对乙的竞争威胁程度。甲、乙两家餐厅达到均衡状态的稳定解为 :

$$\frac{dN_1}{dt}=\frac{dN_2}{dt}=0 \tag{5-4}$$

求解，得到四个平衡点：$E_1(00)$，$E_2(K_1，0)$，E3（0，K_2)，E_4（$(\frac{K1(1-\theta_1)}{1-\theta_1\theta_2})$ $(\frac{K_2(1-\theta_2)}{1-\theta_1\theta_2})$,)。

对于 E_4，θ_1、θ_2 要么同时等于 0，要么同时大于 0。当 θ_1、θ_2 均为 0 时，甲、乙两家餐厅互不影响, 不存在竞争关系, 将各自独立发展。因此重点讨论 θ_1、θ_2 均大于 0 的情况。

2、模型结论

第一，旅游城镇产业集群中企业进行产品和服务创新之后面临市场选择的条件是不同企业的产品和服务之间存在一定的竞争替代关系，否则企业将各自向市场环境所决定的最大产量规模独立发展。旅游城镇的市场空间有限，一旦出现与其他企业之间不存在竞争替代关系的企业，则这家企业将迅速扩张，直至垄断整个旅游城镇市场。但现实中，在旅游城镇产业集群内这种垄断现象并不突出，原因就在于旅游城镇特殊的地缘亲缘等社会关系网络使旅游产品和服务的创新策略容易被模仿或者学习，竞争激烈，旅游企业做大的难度较高。关于企业创新策略的扩散，我们稍候进行讨论。

第二，存在一定竞争替代关系的旅游企业进行产品和服务创新，则在旅游城镇有限的市场空间内，创新活动会迅速对竞争对手造成威胁，同时对竞争对手的创新也能发挥显著的推动作用。如果企业各自创新之后的旅游产品和服务在品质、特色、内容、形式等方面具有一定的差异性，能够满足以旅游者对旅游城镇地方特色旅游项目的需求，则可以扩大产量来争取更多市场份额，争取竞争优势，不会被竞争对手完全挤出旅游小城镇市场，这时不同旅游企业将保持各自相对稳定的市场份额，在旅游城镇有限的市场空间中共存。现实中旅游城镇产业集群内大量同类型旅游企业的并存说明具有竞争关系的同类型旅游企业在产品和服务创新方面比较注重在模仿基础上的进一步创新。

第三，若一些旅游企业的创新能力始终落后于竞争对手，或者对旅游城镇市场环境变化的判断不够准确从而采取了错误的创新策略，其旅游产品和服务在品质、特色等方面与竞争对手相比竞争力不足，市场对这些旅游企业的产品需求量下降，则企业产量减少直至最终被淘汰出旅游城镇市场。

5.1.5 旅游城镇产业集群内部创新扩散模型

根据演化经济理论，旅游城镇产业集群内企业的创新成果可以通过复制、学习、模仿等途径在企业之间扩散，使创新由一个企业扩散到生产同类型旅游产品的整个旅游产业部门。不同旅游产业部门的创新效率和创新扩散程度不同，则旅游城镇产业集群不同旅游产业部门的竞争能力就有所差异，从而出现旅游产业部门规模和市场影响力的不断变化，进而引发旅游城镇产业集群的构造演化。

（1）模型构建与分析

旅游小城镇产业集群中旅游企业创新向群内其他同类型旅游企业的扩散也可以用基于 Logistic 方程的演化模型进行说明。继续以上述餐饮企业的创新为例。假设餐厅甲的创新策略经过市场竞争选择，战胜了餐厅乙，则甲的创新策略，即在客人用餐期间推出具有旅游小城镇特色的民间绝技表演，是 t 时刻旅游小城镇产业集群内餐厅吸引旅游者的最佳策略，能获得最高的市场收益。由于每一家餐厅都是有限理性的，因此无法在事前预知这种表演伴餐的策略能否被旅游小城镇的旅游者接受并为餐厅创造收益，而是通过事后比较得出的结论。同时餐厅也无法在一开始就找到最佳策略，通常是有一家餐厅采用表演伴餐的策略后获得了当时在旅游小城镇餐厅中最高的市场收益，其他餐厅纷纷进行学习或模仿。所以，采用表演伴餐策略的餐厅数量会随时间推移而发生变化，直至旅游小城镇产业集群中所有餐厅都采取表演伴餐的策略，则这种创新策略成为旅游小城镇产业集群中餐厅经营的通用策略，而非最佳策略，此时表演伴餐对旅游者而言已经成为普通旅游吸引物，而非新奇吸引物，这种创新策略已无法创造显著的市场收益，那么新的策略又将出现，采用表演伴餐的餐厅数量将逐步减少。这种创新策略的扩散演化符合 Logistic 演化的 S 形曲线。演化模型的数学表达式可以写为：

$$Dn/dt=rN(K-N)$$

其中，K 为旅游小城镇产业集群中采用表演伴餐策略的最大餐厅数量，即旅游小城镇范围内的餐厅总数，K>0,N 是 t 时刻采用表演伴餐策略的餐厅数量，r 是采用表演伴餐策略的餐厅数量增长速度系数，由于餐厅创新策略在旅游城镇产业集群内的扩散呈正向增长，因此 r>O。dN/dt 即表示餐厅创新策略的扩散速度，dN/Dt ＞ 0。

（2）创新扩散的方式

①复制。复制是指将得到市场认可的产品和服务创新策略及与之适应的企业惯例较为完整地进行拷贝，以复制出多个相似惯例载体的扩散方式。复制是在同一企业主体内部进行的。具体而言，复制是通过以下途径实现的：

第一，旅游企业扩大再生产。采取创新策略的旅游企业会在旅游小城镇市场选择过程中选择增加产量，扩大生产规模来获取更高利润，在这个扩张过程中新旅游产品和服务的市场影响力扩大，与新产品和服务生产相适应的营销策略及组织管理模式也在旅游企业主体范围内进行了自我复制，进一步强化企业惯例的记忆功能，使旅游企业能够在这种新惯例的指挥下运营。要强调的是，一方面，旅游小城镇范围内同类型企业之间竞争激烈，并且旅游产品具有无形性，需要企业在产品营销方面加大创新力度，才能收到有效的市场营销效果。另一方面，旅游产业是劳动密集型服务产业，企业扩大再生产就意味着需要增加员工，由员工直接来提供产品和服务，产品和服务质量的好坏直接取决于员工的服务水平，因此企业必须加强人力资源管理，才能保证企业的新产品和服务，以及相关惯例得到充分复制。

第二，发展连锁经营。旅游小城镇产业集群中通过创新获得市场竞争优势的企业将自己所拥有的商标、商号、产品、专利、经营模式等以特许经营合同的形式授予被特许者使用，被特许者按合同规定，在特许者统一的业务模式下从事经营活动。连锁企业的存在形式具有统一形象、统一产品、统一管理等基本特征。通过连锁经营将旅游产品和服务以及相应的企业惯例以较低成本复制到本体企业之外，发展出多个类似的旅游企业，使旅游企业总体规模迅速发展壮大，达到抢占旅游小城镇市场份额，获取更大利润的目的。旅游小城镇产业集群中企业连锁经营的具体形式包括：直营连锁，即所有的企业都由同一经营实体一总公司所有；加盟连锁，即以单个企业经营权的授权为核心的连锁经营，也就是特许经营。目前旅游小城镇产业集群的市场空间还比较小，直营连锁经营是集群内具有一定的竞争实力的旅游企业普遍采用的创新扩散方式；伴随市场空间的逐步扩大，加盟连锁将成为新的趋势。

通过复制可使旅游小城镇内旅游企业的主体规模迅速扩张，使旅游企业在该产业部门中的地位迅速提升，成为该产业部门的核心企业，从而吸附更多同类企业，使该产业部门在旅游小城镇产业集群中的影响力扩大。由于复制方式的重点是实现企业主体规模的扩张，因此在旅游小城镇产业集群核心层产品数量增加的演化路径以及集群各层面产品和服务品质提升的演化路径中，复制是企业创新扩散的重要方式。

②学习。学习是指旅游小城镇产业集群内的旅游企业向比自己更具有市场竞争优势(即在市场选择机制中生存下来并具有更强竞争优势)的企业学习知识和经验，并结合自身企业实际，进行知识和经验的适应性调整和创新，以生产出与优势企业的产品和服务相类似，或是进一步革新的旅游产品和服务。在企业学习过程中，优秀企业的产品和服务以及相应惯例扩散并植入到其他企业，因此学习行为是发生在企业之间的创新扩散方式。根据迪尔克斯等人(2001)对创新文献中学习类型分类的总结，旅游小城镇产业集群中企业之间的创新学习属于知识外溢学习，即重点是吸收企业外部知识，模仿竞争对手的实践，但又不是简单地照搬竞争对手的产品服务和生产方式，而是在竞争对手的实践基础上结合企业实际进一步调整和创新，即在“学后干”的基础上进行“干中学”。这种学习方式正是旅游小城镇产业集群的特征所决定的。旅游小城镇产业集群内企业之间是一种建立在相近社会文化背景和制度背景下的合作网络关系，企业之间频繁进行产品、服务、信息、人力资源等的交易、交流和互动，能够加速知识和经验在企业之间的扩散；并且以旅游产品和服务为主的产品生产技术门槛较低，资本需求量较小，从而使企业能够以较低成本迅速掌握竞争对手的知识和经验。因此旅游小城镇产业集群范围内知识溢出效应不断放大，交易成本和障碍不断减少，增强了企业之间的学习意愿和学习效率。这种学习的途径主要有：

第一，企业之间人员的流动。王辑慈(2001)指出，非正式交流既是创新扩散的主要渠道，又是创新的主要源泉，尤其是隐含经验类知识传播的重要途径。旅游产品和服务生产对员工的专用性知识要求不高，因此不同企业之间的人员流动频繁；旅游小城镇地域空间较小，很多企业员工之间都有血缘、亲缘关系，或者相互认识，因此人员流动带走的原企业的知识、经验会非常迅速并充分地在新企业扩散。尤其对于难以表达的企业经营中的隐性知识，如传统技艺、如何开拓市场、向何处向何人求教所需知识等必须依托人员流动进行传播扩散。

第二，企业之间的信息交流。一方面，基于旅游小城镇产业集群内企业空间距离很近，企业彼此之间比较熟悉，企业间交易互动比较多的特征，企业不同级别工作人员之间经常进行正式或非正式交流成为企业之间相互学习的渠道；另一方面，企业通过高层管理人员之间的会议、论坛，为彼此学习经验、合作交流创造了有效的平台。企业之间的信息交流是一种互动式学习。苗明杰(2002)指出互动式学习不但有助于企业之间进行知识共享，还因为企业知识存量的增加，提高企业自己的学习能力，从而导致更多的创新。

第三，企业之间的合作营销。一般产品仅依靠产品本身的功能、形象就能收到良好的营销效果，但旅游产品营销不仅要靠产品本身，还必须依托旅游地域形象，对旅游小城镇整体旅游地形象营销就成为产业集群内所有企业的共同需求，企业之间进行合作营销的意愿强烈，这种合作成为企业之间交流学习的窗口。

学习是实现创新在不同企业之间扩散的重要途径。通过学习可使旅游小城镇的企业掌握原来不具备的知识和技能。企业之间不断的相互学习，可提升同类产业部门内企业的整体创新能力：同时学习也可以在旅游小城镇不同产业部门的企业之间进行，通过不同部门的相互借鉴经验和学习知识，丰富本产业部门的产品类型和内涵，开拓出更多潜在的旅游市场需求，扩大本产业部门的市场吸引力。由于学习的重点是实现创新在不同企业乃至不同产业部门之间的扩散，因此在旅游小城镇产业集群由单核心向多核心发展且核心产品类型增加的演化路径、集群核心产品更替的演化路径中，学习是重要的创新扩散放方式。此外，由于学习是一种潜移默化、连续性的创新扩散方式，因此在旅游小城镇产业集群构造的演化模式和路径中学习方式普遍发挥着作用，推动着创新扩散。

③模仿。模仿就是指照搬优势企业的创新策略为我所用。旅游小城镇产业集群的企业大多为中小型民营企业以及个体经营者，企业资金实力、创新能力有限，模仿成为成本最低、速度最快的创新扩散方式。但正如前文所述，模仿与学习的差异在于模仿是简单地照搬成功企业的创新策略，而学习是在借鉴成功企业创新实践的基础上融入企业家的自我创新意识，突出创新的差异化。旅游小城镇产业集群市场空间狭小、企业间彼此联系紧密，模仿的结果将是所有采用同质性创新策略的旅游企业共同抢夺有限的需求市场，一起陷入恶性压价竞争的局面，压价竞争使企业发展举步维艰，最终导致企业经营失败。因此，模仿性创新扩散只是创新扩散过程中的一种暂时性状态，当模仿导致的恶性竞争严重影响企业发展时，多数企业会转向学习性创新。

以模型中甲餐厅推出民间绝技表演伴餐的创新策略扩散为例。由于这种创新策略受到旅游者的高度喜爱，为餐厅甲创造了当时旅游小城镇餐饮业内最高的市场收益，则餐厅甲选择开设直营连锁店来复制推广这种餐饮产品形式。同时，旅游小城镇的其他餐厅竞相模仿，也推出各种民间绝技表演来吸引旅游者就餐，一时间相类似的餐厅在旅游小城镇内大量出现，彼此竞争日趋加剧，不但未能给餐厅创造收益，反而削弱了餐厅的市场竞争力，于是部分餐厅从纯粹模仿转为学习，推出民族歌舞表演或者流行民谣表演，并在餐饮菜肴方面提升菜肴品质、开发出更多新菜，从而使不同餐厅提供的餐饮产品产生足够的差异化。这种学习性创新经过时间积累，又将引发新一轮的创新扩散。

5.1.6 分析结论

旅游小城镇产业集群内企业的创新动力来源于企业利润要求与市场需求变化的矛盾。企业创新成果主要表现为新产品和服务的出现。企业创新的方式有两种：一是对企业的既有产品和服务进行重新组合，这种创新方式普遍存在于各种类型的旅游小城镇产业集群的构造演化过程中；二是进行全新创意开发新产品和服务，这种创新方式突出地存在于以人文景观为核心的旅游小城镇产业集群的构造演化过程中。

5.2 满足旅游城镇企业创新需求的创新支撑体系

旅游小城镇企业在创新过程中，对资源、技术、人才、资金、服务等创新要素存在大量需求。如果缺少这些创新要素的供给，则旅游企业的产品和服务创新难以成功，产业集群的构造演化也无法推进。而旅游小城镇是一个较小的地域空间，并且经济发展水平不高，旅游产业发展所需要素总量有限且开发力度小，因此需要建立一个支撑体系来整合并提供旅游企业创新的要素需求，提高资源配置效率。笔者认为，该体系由六类机构构成，包括：政府机构、行业协会、技术支持机构、学术研究机构、教育机构、金融机构。

5.2.1 政府机构：旅游小城镇旅游形象策划与营销

旅游小城镇企业的创新需要以旅游小城镇的旅游形象为方向指导，使创新的产品和服务能够契合并彰显当地旅游形象。而政府机构责无旁贷地担负着旅游小城镇的旅游形象策划与营销职责。这是因为：旅游小城镇的旅游产品具有无形性和不可移动性，无法给消费者直观认知和感受，所以需要具有公信力的政府对旅游小城镇的总体旅游形象进行策划并由政府牵头进行旅游形象营销，才能提高小城镇旅游产品的可信度，说服消费者购买小城镇旅游产品。政府进行旅游小城镇旅游形象策划与营销的主要方式是：搜寻旅游小城镇内具有产品和服务优势的企业，找到这些企业生产的最具当地特色的旅游产品，对这些产品和服务进行形象整合与提炼，策划出旅游小城镇的旅游形象；在此基础上，由政府出面进行旅游小城镇形象营销，并组织企业进行集体市场推介。如云南很多旅游小城镇的政府拍摄旅游宣传片，向具有影响力的媒体投放广告；组织企业每年参加各类国际及国内区域性旅游交易会和推介会，举办各类旅游节庆活动等。在政府推动下，旅游小城镇的市场知晓度提升，影响力扩大，吸引了大量旅游者进入，从而使旅游企业能够更广泛地把握市场需求的变化进行创新。

5.2.2 行业协会：旅游行业自律与监管

现代行业协会是一种具有同一、相似或相近市场地位的经济行为人组织起来的、以界定和促进本部门利益为目的的集体性组织。在制度化较强的场合，行业协会作为一种管制方式，被称为“私人利益政府”(Private Interest Government)，其行为方式包括：组织和(强制)实施成员间合作、与其他协会订立集体性合约、通过变通或影响政府公共政策以保持和增加其本身和成员利益以及提供影响交易行为和效果的各类信息。行业协会对产业集群内的企业进行市场行为自律和竞争秩序监管，为企业的日常经营和创新活动创造良好有序的市场环境；通过协会联系众多企业，形成企业合作、联合创新的平台。

旅游行业协会是指旅游业竞争者为保护和增进共同利益依法自愿组织起来的非营利性团体。中国各地的旅游行业协会通常在总会下分设各子行业协会。旅游小城镇的旅游行业协会通常也进行这样的设置。旅游行业协会满足企业创新的需求主要表现在：一方面，各协会为成员旅游企业服务，搭建平台促进旅游企业之间缔结一系列旅游市场行为规范条约，加强市场行为自律；在公平协商基础上达成定价规则，以规范旅游企业经营，改变恶性竞争局面。旅游行业协会通过成员企业之间的相互监督和制衡，有利于创造相对公平的竞争环境，减少或避免企业的创新成果被模仿以及价格恶性竞争导致创新企业因成本较高而在竞争中丧失优势的现象。另一方面，旅游行业协会的成员是自愿加入的，一般而言旅游小城镇内的大多数旅游企业都是行业协会的骨干成员，众多企业通过行业协会联系在一起，内部信息得到有效交流，企业之间优势资源相互整合，有助于合作创新的发生。旅游行业协会的产业支撑作用是通过自身创新实现的：各成员企业向协会反映其在日常经营、市场竞争和创新活动方面的服务和监管需求，对于成员普遍存在的需求，协会在成员企业的共同协商机制下制定条约和规则，再通过下设的专门机构实施和监管；专门机构跟踪并评估实施效果，向行业协会进行反馈，行业协会根据市场变化情况和实施效果，对条约和规则进行改进，通过自身创新为旅游企业创新提供有效的服务和支撑。

5.2.3 技术支持机构：旅游创新技术支持

技术支持机构满足企业创新活动所需要的技术支持。旅游小城镇产业集群的创新活动虽然主要以产品和服务创新的形式来表现，而非传统产业的技术创新，但高新技术与旅游产业的结合已成为不可逆转的趋势。这种结合表现在：①网络、信息、建筑、生物等领域最新技术与旅游产品构思设计相结合，创新出高新技术旅游产品，如云南禄丰旅游城镇世界恐龙谷的产品设计和展示就充分运用了建筑、灯光音效、古生物研究领域的最新技术成果，全方位地展示恐龙及其生活的地质环境。②网络技术和虚拟仿真技术运用于旅游业，发展全新的虚拟旅游方式。通过模拟或超现实景观，构建一个虚拟旅游环境，供网友身临其境般地进行网上游览，从而将旅游小城镇的旅游全景呈现于网络，开辟新的旅游营销渠道。③网络交易目前已成为旅游产品销售的重要方式。在全球各产业中，旅游产业的信息化进程迅速，旅游在线交易量在全球 20 个行业中排名第二，仅次于金融业（马梅，2004）。在这种趋势下，旅游小城镇的旅游产品销售也必然要加入网络销售。就云南的实践看，旅游小城镇的旅游者结构呈现出团队游客下降，散客比例上升的趋势，这与网络销售的迅速发展关系密切。大多数散客旅游者都是通过网络了解小城镇旅游状况，与网友交流旅游感受，并预定旅游交通、酒店住宿等旅游产品。④加强企业经营监管和市场秩序规范需要技术支持。如云南丽江为解决旅游企业之间的三角债问题推出的旅游团队费用结算和刷卡服务管理的“一卡通”旅游结算系统就是利用网络技术平台专门研发的管理信息系统。以上四个方面影响的存在使旅游小城镇企业的创新活动对技术支持产生了必然需求。就目前的实际情况看，旅游小城镇的旅游企业难以具有足够的技术能力实现自身技术支持，因此技术支持机构对集群内企业的支持必不可少。这些机构提供网络技术、信息技术以及建筑、舞台演出等领域的技术性产品和服务，根据企业需求制定技术解决方案，有的机构进一步将技术与旅游产品设计和销售密切结合，设计出技术含量较好的旅游产品，或是开发出更多依靠技术支持的旅游产品销售模式，从而为企业创新提供有效的支撑。

5.2.4 学术研究机构：旅游创新素材支持

学术研究机构为企业创新活动提供历史文化、民族文化等相关创新素材，并充实企业产品的文化内涵，挖掘产品深度。文化和旅游具有本质的内在关联性，文化是旅游的灵魂，是旅游产品的核心竞争力；旅游是文化展示的重要载体。旅游小城镇的显著特色就是与城市发展不同的历史文化与民族文化脉络。以人文景观为核心的旅游小城镇的旅游开发要收到良好市场收益就必须深度挖掘当地文化特色，充实产品的文化内涵。从实践看，文化底蕴浓厚的旅游产品会成为旅游者追捧的对象，如云南丽江的洞经古乐表演、鹤庆新华村的千年制银技艺、大理《蝴蝶之梦》演出等都以其独特的文化魅力成为云南的精品旅游名牌。这种将旅游与文化充分融合的创新实践除了企业的创意和投资外，还必须有专业性的学术研究机构对当地历史文化、民族文化的充分研究提供创新素材，如鹤庆新华村的银都水乡旅游投资公司与云南大学、云南艺术学院、大理学院、云南省工艺美术协会等机构建立了长期的合作关系，在银制品设计、历史溯源等方面展开合作，有力推动了公司的产品创新和旅游景观建设。学术研究机构的研究本身是一个创新过程，通过对旅游小城镇民俗文化、历史沿革、传统工艺、人文特征等方面的不断探究，挖掘出更多需要进一步保护传承的资源以及具有开发利用价值的素材，为企业的产品设计开发提供基础，以学术创新推动企业创新，企业创新的需求反过来又带动学术创新，二者之间也体现出创新的互动关系。

5.2.5 教育机构：旅游创新人才培养

波特 (Porter) 认为教育培训机构是产业集群的重要组成部分，也是集群发展的重要支撑。SaraNordin(2003) 提出，尽管旅游业不像制造业那样与研发有密切的联系，但旅游业的确应该强化与教育机构的合作，这对企业的持续创新至关重要。这是因为教育机构培养专业人才，为企业创新提供人力资源保障。旅游小城镇的创新活动需要具有旅游专业知识基础并具有丰富实践经验，能在实践中发现潜在市场需求、产生产品和服务创意的优质人才。同时，旅游产业提供的是服务性产品，提供服务的相关人才必须经过旅游服务技能培训，才能提供高品质的服务。目前，少数旅游小城镇周边的大学、旅游培训学校和各类职业技术培训机构因地制宜，针对旅游业发展需求培养相关人才，为旅游小城镇产业集群企业的创新活动提供人力资源储备。企业和教育机构之间通过合作办学、建设实习基地、优秀人才选拔奖励等机制，建立起人才流动的渠道，一方面满足企业的专业人才需求，另一方面直接针对企业的教学方式促进教育机构的教学创新，丰富教学内容，提高教学质量。

5.2.6 金融机构：旅游创新活动金融服务

金融机构为企业的创新活动提供金融服务，保障创新活动的资金需求，降低投资风险，提高资金利用率。金融机构对旅游小城镇企业创新活动提供的金融服务主要体现在：①企业创新需要足够的资金作投资保障，旅游小城镇产业集群的企业大多为中小企业，在创新活动中更容易面临资金短缺的问题。因此银行针对企业的实际需求，推出形式灵活多样的中小企业贷款服务，能够有效缓解企业的资金压力，鼓励创新。②由于企业的有限理性，对创新结果并不能事前预知，这也就意味着投资面临风险，创新的力度越大，投资需求量越大，风险也越大。因此银行的贷款项目评估、跟踪以及保险公司推出的商业保险等金融服务能够帮助旅游小城镇企业有效降低投资风险。③金融机构为旅游行业监管机构提供相应金融服务，促进旅游小城镇市场秩序规范，提升行业管理水平。如“一卡通”旅游结算系统的建设需要银行为企业和结算公司之间提供资金支付和转账服务。可以说如果没有金融机构的服务保障，将严重挫伤旅游企业的创新动力。金融机构在实践中根据旅游企业创新的需求不断进行服务创新，通过自身创新来推动旅游小城镇的企业创新。

以上六类支持机构从不同角度对旅游小城镇企业创新所需要的各类要素进行整合供给，形成了创新支撑体系。由于旅游小城镇的范围有限，创新支撑体系基本都依托县级或者市级区域的上述相关机构，与周边其他小城镇共享创新要素供给。如前文所述，旅游小城镇产业集群内单一企业的创新要经过市场机制选择，再经过扩散机制扩散到集群内所有同类企业。在这个过程中，旅游企业创新的需求会不断变化：在企业创新的初期，对创新人才、金融服务、创新资料和素材、技术支持的需求较为突出；进入市场选择阶段，对行业协会监管维护正常竞争秩序提出了更高要求；在创新扩散阶段，对政府进行旅游小城镇旅游形象策划与营销的需求显著。在这个过程中，旅游小城镇企业创新需求的变化反馈给创新支撑体系，创新支撑体系根据旅游企业创新需求的变化不断对自身服务进行调整和创新，以适应企业需求。伴随旅游企业创新的不断演进，创新支撑体系不断完善，职能不断健全，服务水平不断提高，从而形成了动态发展的过程。

本章小结

旅游小城镇产业集群构造演化以旅游需求的变化为导向。那么由需求的变化开始，如何最终实现集群构造的演化就成为我们需要进一步深入探讨的问题。笔者认为，将旅游需求的变化转化为旅游小城镇产业集群构造变化，并推动集群构造按照特定的演化模式进行演化的动力机制是以需求为导向的旅游小城镇企业创新—市场选择—创新扩散机制；这种创新机制的实现需要一个强有力的支撑体系来满足旅游企业创新过程中的要素需求。

第 6 章

旅游城镇产业集群的空间演化模式

6.1 聚集模式

聚集模式是指围绕一个小城镇形成旅游产业集群。就区域旅游目的地系统的形成阶段看，该模式出现在区域旅游目的地系统形成的萌生阶段，即区域内出现核心旅游小城镇，并围绕该旅游小城镇形成产业集群。前文我们所研究的旅游小城镇产业集群的形成机制与构造演化就是对应空间演化的聚集模式阶段。

6.1.1 聚集模式的形成原因

聚集模式的形成原因主要是在旅游资源丰富的小城镇，通过开发核心景观吸引旅游者前来游览。因为核心景点景区的资源独特性突出，具有较强的市场吸引力，所以旅游者数量不断增加。旅游者的进入产生大量必要旅游需求和非必要旅游需求，从而出现满足旅游者需求的各个旅游产业部门内出现企业聚集。这种聚集使不同类型的旅游企业能够合作提供完善的旅游服务，产生协同效应，降低企业的交易成本，企业获得较高收益。高收益吸引更多企业进入，在旅游小城镇内出现了不同旅游产业部门互利共存，每个产业部门内部企业扎堆的现象，旅游小城镇产业集群逐步形成。

6.1.2 聚集模式的空间结构特征

第一，具有凝聚力强大的核心源。这个核心源就是旅游小城镇内的核心景点/景区。所有旅游产业资源都是围绕这个景点景区聚集的。核心景点景区的独特性程度和品质将直接决定着旅游小城镇产业集群的聚集规模大小，核心景点景区的独特性程度或者品质越高，凝聚力越强，聚集形成的旅游小城镇产业集群的规模越大。

第二，不同旅游产业部门是空间结构的节点。聚集模式中不同旅游产业部门围绕核心景点景区聚集，形成了分布于核心景点/景区周边的节点。并且每一个节点不是单一的企业，而是大量同类旅游企业形成的企业集合体。

第三，以旅游客流为连接路径。核心源和各节点之间以旅游客流为连接路径。各产业部门节点是为满足旅游者在核心景点景区游览过程中的需求而产生的。因此旅游客流通过寻找能够满足需求的旅游产业部门，将核心源与节点连接起来。

6.1.3 聚集模式的实现过程

聚集模式的实现过程就是从核心景点景区发展到较为完善的旅游生产部门、销售部门以及其他相关部门，每个产业部门聚集越来越多的企业，形成旅游产业集群。该产业集群以市场需求为导向，受资源特色、区位因素、政府作用的影响，在旅游小城镇企业创新—市场选择—创新扩散机制的作用下，遵循特定的演化模式，沿着特定的路径进行构造演化。前文已对这一过程进行了系统研究，在此不再赘述。

6.2 衍生模式

衍生模式是指以业已存在的旅游小城镇产业集群为中心，在其周边衍生成次级旅游小城镇产业集群。就区域旅游目的地系统的形成阶段看，该模式出现在区域旅游目的地系统形成的雏形阶段，即区域内在原有旅游小城镇产业集群的基础上，周边同样具有丰富旅游资源的小城镇又出现了新的规模较小的旅游产业集群。

6.2.1 衍生模式的形成原因

衍生模式的形成源于旅游小城镇产业集群的扩张与地域空间限制之间的矛盾。旅游小城镇在聚集模式阶段形成了旅游产业集群。但小城镇通常规模较小，地域空间十分有限，其自身资源难以支撑大量旅游者进入对资源的需求量，造成严重的资源短缺问题。于是集群势必向区域外拓展空间来满足持续发展的需要。

而该旅游小城镇周边存在具有相似旅游资源条件，但尚未形成旅游产业集群的小城镇，为衍生模式的形成创造了客观条件。衍生模式的具体形成原因和形成过程将在后文的空间衍生模型中进行详细阐述。

6.2.2 衍生模式的空间结构特征

第一，衍生模式以业已形成产业集群的旅游小城镇为中心旅游小城镇。第二，在中心旅游小城镇周边衍生出次级旅游小城镇，并逐步形成新的产业集群。次级旅游小城镇产业集群的规模小于中心旅游小城镇产业集群。第三，中心旅游小城镇与次级旅游小城镇之间由旅游腹地通道连接，这条旅游腹地通道是旅游客流流动的路径，也是两个旅游小城镇之间资源和物质流动的通道。在通道两侧可形成旅游景观带，以满足旅游客流的观光需求大量为两个旅游小城镇同时提供旅游物质供给和支持性服务的企业和机构也会在通道两侧形成集聚，从而大幅降低运输成本。

6.2.3 旅游小城镇产业集群的空间衍生模型

Logistic 模型可以较好地解释区域竞争条件下的子区域产业集群演化的过程（程臻宇，2007）。旅游小城镇产业集群的空间衍生可以视为区域竞争条件下的两个子系统演化的过程，因此我们可以从种群竞争的生态学视角，以 Logistic 演化模型为基础，构建旅游小城镇产业集群空间衍生模型，来解释旅游小城镇产业集群空间衍生的过程。

（1）旅游小城镇空间衍生的生态学解释

根据种群竞争的生态学理论，当两个种群对同一种资源进行争夺时，在资源有限的情况下，一个种群规模的扩张意味着该种群获得了更多资源，另一个种群则因只获得较少资源而导致规模萎缩。每一个种群都有争取尽可能多的资源以满足种群发展需要，扩大种群规模的倾向，但实际上生物体之间具有一定的互利共生特质，两个种群竞争的结果常常表现为实现互利共生，共同寻求途径扩大资源范围。

地理临近的两个旅游小城镇产业集群因资源特征相近而具有相似的旅游产品，对共同的旅游客源市场进行争夺。每一个旅游小城镇产业集群都希望足够多的游客进入，满足旅游小城镇产业集群的经济收益需求，但是游客进入的条件是必须有充足的旅游资源来满足游客的旅游需求，而旅游资源的不可移动性决定了这种资源必须依托于特定的地理空间，也就是说拥有足够的理空间的旅游小城镇产业集群，能够确保其旅游资源数量满足大量游客进入所产生的旅游需求，而在竞争中击败另一个旅游小城镇产业集群。如果两个旅游小城镇产业集群具有一定的互补性特征，则两者可以实现互利共生。

根据这一思路，笔者构建旅游小城镇产业集群空间衍生模型，来说明中心旅游小城镇产业集群衍生出次级旅游小城镇产业集群的过程。

（2）空间衍生模型的构建

假设存在两个地理临近并且具有相似旅游资源条件的旅游小城镇 A、B。在某些外部因素作用下，如政府决策大力扶持其中某个小城镇打造产业集群，或是某个小城镇的旅游资源品质更高，市场吸引力更强，假设旅游小城镇 A 率先出现旅游产业集聚，并通过聚集模式逐步发展成为产业集群，而旅游小城镇 B 尚处于旅游业的自发起步阶段，未形成产业集聚。由于地理临近且资源条件相似，旅游小城镇 A、B 在争夺共同客源市场方面存在竞争关系。旅游小城镇 A、B 的规模扩张通过接纳的游客数量的增加来衡量。

旅游小城镇 A 和 B 的 Logistic 演化增长方程为：

$$dNA/dt=rANA(1-NA/KA)$$

$$dNB/dt=rBNB(1-NB/KB)$$

N_A,N_B 分别表示旅游小城镇 A 和 B 接纳的游客数量，K_A,K_B 分别为由资源禀赋所决定的旅游小城镇 A,B 所能容纳的最大游客数量，r_A,r_B 分别为旅游小城镇 A,B 在初始状态下的最大游客数量增长率。竞争的第一阶段，旅游小城镇 A 形成了产业集群，旅游接待规模和能力较强，A 的游客数量增加，集群规模扩张。由于 A 仅是一个小城镇，其地理空间狭小，旅游资源极为有限。随着 A 的规模不断扩大，所需资源也不断增多，A 预期其旅游资源将无法支撑一段时间后更多游客进入的需求。于是 A 向外部区域寻找机会以扩大旅游接待规模、分散客流。这样，与 A 临近并具有相似资源条件的旅游小城镇 B 就成为 A 进一步进行同类型旅游产品开发、扩大旅游接待规模的选择。尽管 A 与 B 地理临近，但仍然存在一定的空间距离，是客观事实上的两个“种群”，而非一个整体，到达 A 的游客未必都会进入 B，到达 B 的游客也未必都会前往 A。因此对 B 的旅游开发策略采用与 A 相似的产品定位和开发模式，将加剧 A 与 B 之间的客源市场竞争。这时，旅游小城镇 A,B 以同类型旅游产品吸引游客进入，竞争方程表述为：

$$\frac{dN_A}{dt}=r_A N_A(1-\frac{N_A}{K_A}-\theta_A\frac{N_B}{K_B})$$

$$\frac{dN_B}{dt}=r_B N_B(1-\frac{N_B}{K_B}-\theta_B\frac{N_A}{K_A})$$

其中，θ_A、θ_B 是竞争系数，表示旅游小城镇 A,B 之间的竞争程度。θ_A 表示 B 对 A 的竞争威胁程度，θ_A 越大，B 对 A 的竞争威胁越大；同理，θ_B 表示 A 对 B 的竞争威胁程度。若 θA、θB。同时为 0，则旅游小城镇 A,B 之间不存在任何竞争关系，即 A,B 的旅游资源条件完全不同也不存在区域临近的竞争关系；θ_A、θ_B 若同时为 1，说明 A,B 之间的竞争威胁程度完全相同，即 A,B 的旅游产业发展方向和水平完全相同。这两种情况都与模型假设相违背，在现实中也是难以实现的。为简化分析，我们假设 $\theta_A=1/\theta_B$，且 θ_A、θ_B 不同时等于 1。则 A,B 达到均衡的条件为：

$$dN_A/dt=dN_B=0$$

意味着旅游小城镇 A 将达到其资源享赋所能容纳的最大游客数量，而 B 由于采取与 A 一致的旅游产业定位，开发同类型的旅游产品，又不具有市场先发优势，即使旅游业得到了一定的发展，也无法吸引旅游者，最终在竞争中失败。这样 A 也就无法实现扩大旅游接待规模的目的。

竞争的第二阶段，为顺利扩大以旅游小城镇 A 为主体的旅游接待规模，避免旅游小城镇 B 被旅游小城镇 A 彻底挤出市场，必须调整 B 的旅游开发策略，选择与 A 具有差异性和互补性的核心旅游产品定位及相应的旅游开发模式，避免与 A 在争夺客源市场方面的直接竞争。这样，旅游小城镇 A,B 开始以不同类型、不同主题的旅游产品来吸引游客，具有先发优势的旅游小城镇 A 的游客数量将继续增加。同时 A 的发展带来了更丰富的旅游客源，与 A 具有核心旅游产品差异性的旅游小城镇 B 因此受益。于是游览旅游小城镇 A 的游客中有越来越多的游客同时选择游览旅游小城镇 B，在市场口碑效应推动下，特地前来游览旅游小城镇 B 的游客数量也不断增加。B 的总体游客量增加，推动了旅游产业快速成长，大量旅游企业进入 B，逐步形成了新的旅游小城镇产业集群。B 的游客量增加也促进了 A 的稳定发展。A,B 相互补充、相互促进，共同扩大了客源市场范围。该阶段，旅游小城镇 A,B 之间的竞争威胁关系演变为相互促进关系。

（3）模型分析结论

第一，两个地理邻近而且具有相似旅游资源条件的旅游小城镇中，有一个中心旅游小城镇已形成产业集群，但中心旅游小城镇有限的空间资源供给将促使其对周边具有相似资源条件的次级旅游小城镇进行旅游开发，以扩大旅游接待规模。若次级旅游小城镇的旅游开发策略完全模仿中心旅游小城镇的产品类型和开发模式策略，则该旅游小城镇将会因激烈的市场竞争而被中心旅游小城镇完全挤出市场，难以形成新的旅游小城镇产业集群，中心旅游小城镇的旅游接待规模也无法扩大。

第二，两个旅游小城镇必须在旅游产品定位和开发模式方面采取差异性竞争策略，形成互补性的核心旅游产品，才能避开对客源市场的直接争夺。此时具有先发优势的中心旅游小城镇将为后发成长的次级旅游小城镇带来充足的旅游客源，有利于促进次级旅游小城镇形成新的产业集群，实现中心旅游小城镇产业集群的空间衍生；次级旅游小城镇产业集群将对中心旅游小城镇产业集群构成产业补充，也进一步促进中心旅游小城镇产业集群的稳定与成熟。旅游小城镇产业集群之间互利共生又保持一定的竞争关系，共同扩大客源市场范围，增强区域旅游产业竞争力。

6.2.4 旅游小城镇产业集群空间衍生的影响因素

（1）政策支持

政府在政策层面保持旅游小城镇之间适度的竞争关系，促进旅游小城镇之间的互利合作，推动新的旅游小城镇产业集群形成，使空间衍生得以实现。政策支持具体包括两个层面：

第一，地理临近的旅游小城镇所在的上级行政管辖区域政府的政策支持。如果该区域内旅游资源分布广泛，并且已有旅游小城镇形成产业集群态势，对推动区域经济起到引擎作用，则政府会产生推广该旅游小城镇成功经验的动力，复制再造其他旅游小城镇。为此政府将出台一系列鼓励旅游小城镇之间资源、人才、物流、信息流动的政策，为旅游小城镇之间的竞争合作牵线搭桥从整体战略规划层面对不同旅游小城镇的旅游产业发展定位进行区别，在政策指导上协调旅游小城镇的利益，避免旅游小城镇之间出现恶性竞争。同时在土地、财政、税收政策等方面给予次级旅游小城镇发展大力支持，加快次级旅游小城镇的产业集聚对中心旅游小城镇产业集群则进行政策环境和产业发展环境的进一步优化，以提升其成熟度。

第二，旅游小城镇政府的政策支持。中心旅游小城镇政府需要正确认识到次级旅游小城镇开发互补性旅游产品对本旅游小城镇产业集群的市场开拓具有显著的推动作用，与次级旅游小城镇积极分享发展经验。同时还需要进一步完善基础设施、生产设施和生活设施建设，为更多游客进入小城镇提供服务，增强本旅游小城镇产业集群的竞争力。次级旅游小城镇政府应对已形成产业集群的中心旅游小城镇的产品特征、产业定位、开发模式进行系统全面的研究，深入挖掘潜在市场需求与本小城镇旅游资源的契合点，准确定位本旅游小城镇的产品类型和产业发展方向，因地制宜，创新发展并且在执行上级政府制定的鼓励支持政策的过程中需要进一步细化创新，吸引更多企业的进入，才能有效促进产业集聚。

（2）旅游企业的战略创新能力

旅游企业是旅游小城镇产业集群的构成主体。旅游企业能否正确分析旅游小城镇的市场环境，准确把握产业发展路径，开发差异性和个性化产品、制定与竞争对手的正确竞争策略成为中心旅游小城镇产业集群能否顺利衍生，次级旅游小城镇能否有效聚集企业的关键。因此，无论是中心旅游小城镇的旅游企业还是次级旅游小城镇的旅游企业，都需要具有较强的战略分析能力、产品创新能力和市场营销能力。旅游企业把握了正确发展方向，才能使各个旅游产业部门找到正确的发展方向，进而使整个产业集群的行动保持一致性，增强集群竞争力，避免在旅游小城镇的相互竞争中迷失方向，造成损失。

（3）旅游小城镇产业集群系统的开放性

系统的开放性是产业集群演化的前提条件。每个旅游小城镇在产业集聚和成长过程中，资源、人才、资金、信息、市场供需等要素都处于不断的变化中。旅游小城镇产业集群空间衍生的实质是各种要素从中心旅游小城镇产业集群流向次级旅游小城镇，从而再造新的产业集群旅游小城镇产业集群衍生的结果是要实现区域经济环境内旅游小城镇产业集群达到共生并存的均衡。因此，旅游小城镇必须保持开放型的生态系统，通过物质交流、人才交流、资金交流和信息交流，使得各种要素能够在小城镇之间自由流动，使产业集群的衍生得以实现在此基础上进一步通过集群之间的竞争来提升集群的竞争实力，引导集群扩充和发展到新的水平（何继善,2005）。为此，政府可以通过建立区域旅游产品交易市场、牵头举办旅游产品博览会、贸易洽谈会、招商引资会等，畅通旅游小城镇产业集群之间要素流动的渠道。不同旅游小城镇可以组织集群企业到对方进行考察、学习交流，促进不同旅游小城镇企业之间的项目合作，拉动旅游小城镇之间的要素流动。

6.3 扩散模式

扩散模式是指中心旅游小城镇产业集群周边形成多个次级旅游小城镇产业集群，诸多旅游小城镇产业集群进行整合，促成县级或市级区域旅游目的地系统的最终形成。该区域旅游目的地系统将对省级旅游市场构成强有力的辐射效应，成为省级旅游市场的重点目的地。在功能上，该区域旅游目的地系统兼有旅游目的地功能和旅游集散地功能。

6.3.1 扩散模式的形成原因

扩散模式的形成原因主要是诸多旅游小城镇在协调彼此竞争关系过程中产生合作需求。多个旅游小城镇产业集群由于地域临近，资源条件相似，彼此之间必将形成竞争关系。而由于在衍生模式中，不同旅游小城镇的旅游产业定位和产品类型有所差异，相互之间具有一定的互补性，于是在不断的竞争中，这些旅游小城镇产业集群逐步产生了合作需求。

这种合作需求主要表现在：

（1）降低交易成本

旅游小城镇产业集群在成长过程中必然不断和周边旅游小城镇产业集群进行资源、产品、信息等交易行为，与周边旅游小城镇产业集群加强合作，共享资源、市场和信息，打破区域条块分割，降低交易成本，使企业获得更高收益。

（2）实现区域旅游产业链的分工协作

不同旅游小城镇产业集群的旅游产业定位具有一定的差异性，从区域性旅游产业链来看，它们在产业链条上居于不同的位置。因此，旅游小城镇进行合作，能够优势互补，实现区域产业链的分工与协作。

（3）旅游目的地形象营销

旅游产品的无形性和无可移动性决定其十分有必要进行区域旅游目的地形象的整合营销。不同旅游小城镇合作，能够形成特色更为鲜明的旅游目的地形象，有利于使区域旅游目的地在营销市场产生广泛影响力。品牌形象整合营销可以说是区域内不同旅游小城镇产业集群发展的共同需求。

6.3.2 扩散模式的空间结构特征

第一，扩散模式中次级旅游小城镇数量从一个增加到多个，次级旅游小城镇产业集群的规模不断扩大。第二，多个旅游小城镇产业集群整合形成一个整体，即市级或县级区域旅游目的地系统。第三，旅游小城镇之间由多条旅游腹地通道连接，大量同时为旅游小城镇提供旅游物质供给和支持性服务的企业也会在通道两侧形成集聚，使旅游小城镇之间的连接通道不断扩张，最终通道与旅游小城镇融为一体，成为市级或县级区域旅游目的地系统的组成部分。

6.3.3 扩散模式的实现过程

第一阶段：衍生模式的延续

扩散模式是衍生模式的延续。衍生模式阶段，中心旅游小城镇产业集群衍生出一个次级旅游小城镇产业集群。这样的空间衍生多次重复就将产生多个旅游城镇产业集群。

第二阶段：旅游小城镇产业集群整合形成市级或县级旅游目的地系统

多个旅游小城镇产业集群在竞争关系中因彼此差异性而产生合作需求，旅游腹地通道传递物质和信息满足旅游小城镇产业集群的合作需求，于是旅游小城镇进行整合，促成市级或县级区域旅游目的地系统的形成。旅游小城镇产业集群之间的整合有两种实现途径：

①**政府行为**。政府行为是指由政府对区域旅游进行总体规划，将区域内的诸多旅游小城镇全部纳入区域旅游体系，打造具有特色的区域旅游目的地系统。政府行为的具体实

现方式有两种：一是政府从战略层面统筹规划，对区域内不同旅游小城镇的旅游产业定位和发展方向进行详细规划，明确各旅游小城镇在区域旅游系统内的职能，各旅游小城镇通过职能的相互补充，形成旅游产业发展整合的态势。二是政府根据各旅游小城镇旅游资源的特征，提炼出资源精品，统一进行区域旅游目的地形象策划与营销，将旅游小城镇打造为区域旅游形象的代表，推动区域内旅游小城镇在旅游形象营销方面的整合。由于旅游业的发展具有突出的政府主导特征，因此政府行为是旅游小城镇产业集群外部空间扩散的最主要和最有效途径。

②市场行为。市场行为是指在市场竞争机制的推动下，地域临近、具有相似资源条件的旅游小城镇自发产生了合作需求，于是通过市场机制实现了不同旅游小城镇产业集群之间的整合。市场行为的具体实现方式有两种：一是不同旅游小城镇产业集群的核心产品有所差异，这种差异能够使彼此基于区域旅游产业链形成互补关系，彼此之间依存度较高，合作意愿强烈，通过市场机制自发合作的可能性较大。二是区域内交通便捷的不同旅游小城镇具有不同的特色，旅游小城镇的地域结网特征使旅行社在进行旅游路线设计时，出于降低交通成本并增加景点数量的考虑，将这些临近的旅游小城镇纳入区域旅游路线中，诸多旅游小城镇嵌入了同一个区域旅游营销网络，在市场营销方面出现了整合。

无论是政府行为还是市场行为，都建立在旅游小城镇产业集群对区域产业链分工协作以及市场营销的合作需求基础上。只有充分掌握旅游小城镇产业集群的合作需求，因势利导，才能顺利推进旅游小城镇之间的整合。否则这种整合不仅不会给旅游小城镇创造发展机遇，反而会导致彼此之间的恶性竞争。

第三阶段：市级或县级旅游目的地系统产生协同效应，成为省级重点旅游目的地

旅游小城镇产业集群整合形成市级或县级区域旅游目的地系统，该系统因为对各旅游小城镇进行整合而产生协同效应，对省级旅游市场构成显著的辐射，成为省级旅游市场中的重点旅游目的地。

这里的协同效应主要表现为旅游目的地市场影响力的迅速提升。市场影响力提升最直观的表现就是旅游者数量增加。因此可以通过比较市级或县级旅游目的地系统形成前后该市（县）旅游人次增速的变化来衡量协同效应的大小。若目的地系统形成后旅游人次的增速大于系统形成前旅游人次的增速，说明旅游小城镇的整合产生了市场影响力的协同效应，前后增速差距越大，说明协同效应越显著。在比较指标时，首先需要对市级或县级旅游目的地系统形成的时间节点进行仔细论证；其次，如果协同效应能够在短期内产生，可以通过目的地系统形成前后年份的数据来比较；如果协同效应需要一段时间才能显现，则需要对目的地系统形成前后几年的数据进行比较，才能真实反映出协同效应的大小。

成为省级重要旅游目的地之后，该市级或县级旅游目的地系统在目的地功能的基础上，逐步向旅游集散地的方向发展。

6.3.4 旅游城镇产业集群空间扩散的影响因素

（1）区域内不同旅游小城镇之间共同的利益诉求

作为各自独立的经济主体，共同的利益诉求是区域内不同旅游小城镇合作进行空间扩散的基础。这种利益诉求包括产业规模扩张、产业收益增加、生产成本节约、产业资源共享、基础设施建设、文化形态传承等诸多方面。从现实发展看，目前一定区域内相互邻近的旅游小城镇之间的确存在以上这些共同的利益诉求，但也存在利益冲突，如成本转嫁、环境污染、文化壁垒等。如何求同存异，化解冲突，将决定空间扩散是否能够实现。

（2）市级或县级政府和旅游小城镇政府行为的协调一致性

针对以上利益诉求问题，市级或县级政府对区域旅游的总体规划是否符合区域发展实际，是否兼顾各方利益，是否具有现实可操作性，旅游小城镇政府是否能够根据规划认真落实执行，保持上下级政府行为的一致性，在很大程度上影响扩散模式的实际效果。只有上下级政府能够在落实规划基础上，协调各方利益，打破行政管理上的条块分割，才能顺利推进不同旅游小城镇产业集群的合作空间扩散。

（3）区域内稳定的政治和社会环境

许多旅游小城镇都地处少数民族地区，由于民族、宗教、文化的差异，区域内各地的政治和社会环境状况有所不同。因此，要实现旅游小城镇产业集群的合作空间扩散，必须有稳定的政治和社会环境作保障，否则经济活动将难以在动荡的政治和社会环境中有效开展，区域内各小城镇的整合更无法实现。

6.4 不同空间演化模式的转变趋势

旅游小城镇产业集群空间演化的聚集模式、衍生模式和扩散模式是逐步推进的三个演化阶段，共同构成旅游小城镇产业集群空间演化的完整过程。但后一种模式的出现并不意味着前一种模式的结束，而是每一种模式一旦出现后都将持续存在，直至三种模式全部出现，共同发挥作用。无论是自然景观为核心的，或者人文景观为核心的，或者自然和人文景观同时为核心的旅游小城镇产业集群都存在这三种空间演化模式。那么在每一种模式状态下，不同旅游小城镇产业集群的演化趋势是逐步趋同还是扩大差异，也是需要讨论的问题。

聚集模式围绕一个旅游小城镇形成产业集群，是空间演化的第一个阶段，没有其他旅游小城镇产业集群的参照，无法进行比较。

衍生模式由中心旅游小城镇产业集群衍生出次级旅游小城镇产业集群，是空间演化的第二个阶段。通过空间衍生模型分析，我们已经知道，中心旅游小城镇产业集群与次级旅游小城镇产业集群必须在旅游产品定位、旅游产业发展模式上选择差异性策略，才能成功实现衍生，产生次级旅游小城镇产业集群，否则将无法共存。可以得出结论，衍生模式下的不同旅游小城镇产业集群必然向差异化方向发展。

扩散模式由中心旅游小城镇产业集群与多个次级旅游小城镇产业集群进行整合，形成区域旅游目的地系统。这意味着该系统中同时存在多个地域上相互临近的旅游小城镇产业集群。如果这些旅游小城镇产业集群之间缺乏足够的差异化，则将在激烈的区域内部竞争中被淘汰，无法共生于同一系统内。因此，扩散模式下不同旅游小城镇也将呈现出差异化的演化趋势。

本章小结

旅游小城镇产业集群在内部构造演化的基础上，还会进行空间演化。构造演化到空间演化是一个量变到质变的过程，即旅游小城镇产业集群构造演化到一定阶段，将产生向区域外进行空间拓展的趋势。从空间演化的视角看，旅游小城镇产业集群的空间演化分为聚集模式、衍生模式和扩散模式。本章对这三种空间演化模式的空间结构特征、形成原因和演化方式进行了系统研究。

第7章 案例分析

7.1 以云南丽江旅游城镇产业集群为例

7.1.1 云南旅游城镇产业集群的现实存在性

（一）云南旅游城镇建设概况

云南省地处我国西南边陲，是一个高原山区省份。全省地势从西北向东南倾斜，海拔最高点6740米，最低点仅76.4米。独特的地理条件形成了云南复杂的自然地理环境，云南动、植物种类非常丰富，素有“植物王国”“动物王国”的美称。同时，云南是我国少数民族最多的省份，26个民族在数千年的时间中因所处自然环境和历史沿革的差异而呈现出多样的社会文化形态，形成了特色鲜明、丰富多彩的民族文化遗产和历史文化遗存。优越的自然资源和人文资源条件是云南发展成为旅游大省的基石。云南丰富的旅游资源大多分布在乡村和民族地区，在云南旅游“二次创业”战略的实施过程中，旅游城镇建设成为该战略的重要内容，并被确定为推动云南旅游业向纵深发展、加快云南城镇化进程的新途径。

早在2003年初，云南省就选择了黑井等20个城镇作为试点，以建设特色城镇为出发点进行了重点扶持，取得了良好效果。2005年云南省政府出台了《云南省人民政府关于加快旅游城镇开发建设的指导意见》，提出“通过推进旅游城镇的开发建设，形成一批主题鲜明、交通便利、服务配套、环境优美、吸引力强，受广大旅游者欢迎的观光旅游、度假休闲的新型城镇使一批发展势头好的旅游城镇成为‘云南省旅游名镇’，并在国内外具有一定的知名度使云南独特的民族文化和地方历史文化资源得到更好的挖掘、保护和利用”的建设目标。在此基础上云南省政府确定了开发首批60个旅游城镇的具体名单。60个旅游城镇划分为保护提升型、开发建设型和规划准备型三类，详见表7—1。从空间范围看，这60个旅游城镇以建制镇为主体。

表 7-1 云南省首批 60 个旅游城镇开发名单

类型及含义	具体城镇
保护提升型（11 个） 对已形成一定规模和有一定影响力的旅游城镇，进一步搞好环境整治，完善基础设施和服务设施配套建设，挖掘提升文化内涵，提高管理水平，使其做精、做优、做强	丽江古城区大研镇、大理市大理镇、建水县临安镇、巍山古城南诏镇、孟连县娜允镇、安宁市温泉镇、会泽县钟屏镇、腾冲县腾越镇、丘北县双龙营镇普者黑村、香格里拉县建塘镇独克宗古城、通海县秀山镇
开发建设型（22 个） 对具备开发条件的村镇，采取有力措施，加快开发建设，使其尽快形成规模，并成为旅游业发展和城镇化建设的新亮点	官渡区官渡古镇、丽江束河古镇、景洪市勐罕镇橄榄坝、禄丰县黑井镇、大理市喜洲镇、腾冲县和顺镇、剑川县沙溪镇、建水县西庄镇团山村、沪西县永宁乡城子村、晋宁县晋城镇、盘龙区双龙乡野鸭湖假日小镇、会泽县娜姑镇白雾街村、姚安县光禄镇、禄丰县腰站乡炼象关、大姚县石羊镇、腾冲县马站乡、隆阳区板桥镇、云龙果郎乡诺邓村、石屏县宝秀镇郑营村、勐腊县易武乡、鹤庆县草海镇新华村、耿马县孟定镇
规划准备型（27 个） 对旅游、文化资源丰富，发展潜力明显，但目前尚不具备开发条件的村镇，要抓紧编制建设规划，加强基础设施建设，创造条件，适时纳入开发建设	凤庆县鲁史镇、盐津豆沙镇、师宗县五龙壮族乡、广南县八宝镇、罗平县鲁布革布依族乡、水富县楼坝镇、元阳县新街镇警口村、陇川县章凤镇、瑞丽市姐相乡大等罕村、玉龙县大具乡、维西县塔城镇、贡山县丙中洛乡、新平县戛洒镇、勐腊县勐仑镇、勐海县打洛镇、墨江县碧溪乡、沧源县勐来乡、禄劝县转龙镇、嵩明县杨林镇、彝良县小草坝乡、会泽县雨碌乡、宁蒗县永宁乡、施甸县姚关镇、迪庆霞给藏族村、兰坪县通甸镇、澄江县龙街镇、镇源县九甲乡

（二）云南旅游城镇产业集群的现实存在性

旅游城镇的存在并不能证明旅游城镇产业集群的存在。云南旅游城镇分布广泛、发展程度差别较大，很多旅游城镇尚处于规划开发的初级阶段，未形成产业集群的形态。要证明旅游城镇产业集群的存在，必须从以下三个方面着手：第一，旅游产业领域的企业在城镇空间内集聚达到一定的密度。第二，旅游城镇产业集群的构成主要以自然或人文景观为核心，围绕该核心形成一系列满足旅游者需求的旅游产业部门，各产业部门内集聚了数量较多的企业。第三，旅游城镇产业集群中除旅游产业部门外，还有一些为旅游产业部门提供产品和服务的企业和机构存在。因此可以通过比较旅游城镇范围内各类旅游产业部门的企业数量，以及为旅游产业部门提供产品和服务的企业和机构的种类及数量来分析旅游城镇是否已形成产业集群形态。

根据以上三点，我们可以初步判断，围绕旅游产业形成的产业集群主要存在于旅游业占主导地位且发展较为成熟的城镇。从实证所需数据的可获得性看，由于城镇一级的统计数据收集难度非常大，只有在旅游业发展已较为成熟的旅游城镇才能收集到部分可以利用的数据。鉴于此，笔者将主要对云南旅游城镇的代表——丽江大研镇、束河古镇和鹤庆草海新华村的产业集群存在性进行论证。

丽江大研镇是丽江最重要的旅游景区，面积3.8平方公里，人口24150人。2004年时区域内共有与旅游业密切相关的各类企业1000余个，2008年发展到3000余个，以个体和私营企业为主体。在3.8平方公里的范围内聚集如此多的旅游企业，可以说大研镇的旅游企业集聚已达到较高的密度。大研镇以纳西族传统城市建筑和茶马古道名镇作为核心人文旅游吸引物，形成了具有独特纳西族风格的人文旅游景区。在此基础上为旅游者提供产品和服务的产业部门包括餐饮企业397家，运输企业157家，旅游商品经营企业1653家，客栈及酒店250余家，文艺演出企业2家，小型景点景区2家，旅行社及导游服务等相关企业300余家。形成了较为成熟和完善的旅游产业部门。在旅游企业大量集聚的基础上，区域内还设有银行网点20 ~ 30家，社区医院及小诊所16家，社区阅览室3家，此外还有社区活动中心、邮政、清洁、派出所、旅游法庭等一系列配套服务设施，为旅游业发展起到了支持保障作用。

束河古镇是近年来丽江通过旅游房地产开发迅速发展起来的新兴旅游城镇，古镇包括茶马骚栈和老城区两大区块。其核心景区是原汁原味的纳西族乡村，目前区域内围绕核心景区逐步形成了以特色客栈及酒店、餐饮和民族特色商品生产经营为主体的旅游产业集群。区域内已有特色客栈109家，其中茶马驿栈31家，老城区78家；餐饮企业158家，其中茶马驿栈106家，老城区52家，商铺637家，其中茶马驿站397家，老城区240家。此外，区域内有银行、电信、医院、邮局、加油站、散客接待中心等配套服务设施。古镇的商业房产分期开发，目前正处于进一步推进阶段。

鹤庆新华村地处大理与丽江黄金旅游线的中段，有着一千多年的民族手工艺品加工历史。1998年新华村开始将民族手工艺制品和加工工艺作为旅游资源进行开发。目前新华村对白族自然村落进行适度旅游开发，建成了国家4A级景区。2007年末全村共有1145户，从事手工艺品加工户达896户，占总农户数的78%，2008年比例上升到86%。手工艺制品加工拉动了上游产品设计、下游销售等环节，形成了较为完善的产业链，民族手工艺制品产业集聚的形态初步形成。新华村的手工艺制品以银制品为主，在此基础上发展出木制品、铜制品，并辐射到鹤庆全县，目前鹤庆县正着力打造中国西南地区最大的旅游商品集散基地。鹤庆新华村独特的民族手工艺吸引了众多旅游者，产生了旅游需求，村内许多家庭在进行手工艺制品加工的同时，开办农家餐厅，村内建成石寨子手工艺品展示园、云南银器博物馆等一系列景点，同时村内正在建设酒店、草海湿地等旅游接待设施和景观，一个与众不同的以旅游手工艺制造和销售为核心，兼备白族民风民情和草海自然景观游览功能的综合性产业集群正在新华村逐步形成。

丽江大研镇、束河古镇和鹤庆新华村都是云南具有代表性的旅游城镇，都在城镇范围内围绕核心景点（景区）形成了不同旅游产业部门，且企业集聚达到一定密度，不同企业基于旅游者需求进行分工与协作。这些企业依托当地民族文化传统，开发当地最具特色的旅游资源，可以说是深深扎根于当地社会文化结构中的，具有产业集群的嵌入性和根植性特征。通过以上分析可以得出结论，云南部分发展较为成熟的旅游城镇已形成了产业集群。

在本章研究中，笔者将以丽江大研镇为典型个案，具体探究大研旅游城镇产业集群的动态演化过程。选取大研镇为个案的理由是检验旅游城镇产业集群内部构造演化和外部空间演化的理论研究结论是否具有现实解释力，必须选择一个发展比较成熟、经历了比较完整的产业集群演化周期、内部构造演化和外部空间演化内容都比较充分的旅游城镇产业集群来做对照研究。丽江大研镇可谓是目前在云南乃至全国范围内旅游业发展最为成熟的城镇之一，其旅游城镇产业集群从形成到演化经历了较长的时间阶段，在内部构造演化和外部空间演化两个方面都积累了十分丰富的素材。以丽江大研镇为个案进行具体分析，能够有效地实现案例研究对理论研究进行检验的目的。

7.1.2 丽江大研旅游城镇产业集群的形成机制

丽江大研旅游城镇的形成以特色旅游资源为基础，在市场机制基础上进行政府主导，是典型的行政机制与市场机制共同作用的结果。

（一）特色鲜明的高品质旅游资源是大研镇旅游产业发展的基础

大研是纳西族一千多年筑城工艺的集中体现，也是茶马古道的重镇，历史上一直是滇西北主要的商品集散地，具有独特的纳西族文化传统（详见表 7-2）。这些高品质的资源为大研镇的旅游开发奠定了充分的基础。

表 7–2 丽江大研镇旅游资源

资源类别	资源特征	具体资源概况	
人文旅游资源	历史建筑	一千多年的筑城历史与独特的筑城工艺	①不筑城墙因古代纳西世袭贵族为木姓，若筑城墙，则形成“困”势，故古城以不筑城墙成为中国古城中的特例。②古城布局严格习承了中国古代“负阴抱阳”的风水观，三山为屏，一川相连。玉泉水分三股入城，分成无数条支流，流布全城。③街道循地势自然分布，主街傍河，小巷临渠，三百多座古石桥横跨在小河上，形成“家家门前流清水，户户垂柳拂屋檐”的高原山城水乡风光。④城内土木结构的“三坊一照壁，四合五天井，走马吊脚楼”式的楼房，保持了明、清建筑的鲜明特色
	历史文化	茶马古道重镇的历史遗迹	古镇始建于南宋时期，曾是滇西最著名的商贸中心之一，是历史上茶马古道上的重要枢纽，也曾是滇西北的政治、经济重镇。留下许多历史遗迹

续 表

资源类别	资源特征	具体资源概况	
人文旅游资源	民族文化	纳西族古老而独特的民族传统文化	①东巴文化是纳西族传统文化，涵盖纳西先民的社会历史、语言文字、哲学宗教、风俗习惯、文学艺术、天文、医学、绘画、舞蹈、音乐等多方面内容。②纳西古乐即流传于丽江的洞经音乐，被国外称为“在中国各地已失传了的音乐。”③东巴、道教、藏传佛教、汉传佛教、基督教等宗教信仰相互融合。④纳西节庆活动及民间歌舞

（二）大研镇实质性旅游开发具有显著的政府主导特征

20世纪90年代之前，丽江旅游业一直被定位为“外事接待型”事业，而旅游业的经济产业功能直到90年代才逐渐被地方政府肯定，于是旅游业逐步开始从“外事接待型”向“经济产业型”转变。1994年10月，在滇西北旅游规划会议上，云南省政府提出丽江古城申报世界文化遗产的目标。从此，丽江县政府开始了申报工作的各项准备。大研镇即丽江古城，就是丽江申报世界文化遗产的核心区域。1996年2月3日，丽江发生7.0级地震，大研镇纳西民族土木建筑遭到严重破坏。这次破坏性极大的自然灾害引起了全国乃至全世界的关注，也为丽江的旅游发展再次创造了机遇。云南省政府将大研镇恢复重建的目标瞄准“世界文化遗产”，提出“修旧如旧，恢复原貌”的原则，并进行专项规划。在政府推动下，1997年12月丽江古城被列入“世界文化遗产名录”，大研镇从此声名远扬，旅游业发展进入快车道。1998年我国开始实行“黄金周”制度，全国范围内远距离大规模的旅游活动迅速发展。丽江此时已成为云南具有代表性的旅游目的地，在这些机遇背景下，大研镇的旅游产业开始拓展性发展。1999年昆明举办“世界园艺博览会”，为云南全省的旅游发展提供了前所未有的发展机遇。丽江的旅游业再次受益而进入大发展时代。1994年至1999年政府充分利用了各种外部发展机遇，出台推动大研镇为核心的丽江旅游产业发展政策，吸引各方投资，大力加强旅游基础设施建设，使大研镇的旅游产业经历了飞速发展期。丽江旅游业的快速崛起，吸引了来自全国各地甚至国外的大量个体及私营企业进驻大研镇，在小镇有限的空间内逐步形成了旅游产业集群。

2000年日本学者Takayoshi Yamamura对大研镇主要街道的商铺状况进行了实地调研。根据其调查，当年大研镇主要街道的商铺总数达到366家，其中面向游客的各类商铺，包括商店、住宿，以及同时为当地居民和游客的小吃店、酒吧网吧已占到主要街道商铺总数的54%。面向居民的零售商店和公共服务商铺实际上也为旅游者提供着一定程度的服务，如果再加上这部分商铺比例，为旅游者提供服务的商铺数量就占到了79%。这些服务涉及住宿、餐饮、购物、娱乐和公共服务，满足了旅游者旅游过程中的基本旅游需求。旅游城镇产业集群的形态初步呈现。

（三）政府主导建立在市场机制自由发挥作用的前提下

政府主导推动大研旅游城镇产业集群形成是在市场机制自由发挥作用前提下给予外力支持实现的。市场机制的作用主要体现在：

第一，大研镇的旅游产业开发与旅游市场需求的变化趋势保持着一致性，甚至在一定程度上引导了市场需求。20 世纪 90 年代，云南作为中国西南重要的少数民族风情与自然景观旅游区，旅游市场发展迅猛。1994 年云南入境旅游人次达到 52.21 万人次，是 1990 年的 2.52 倍（1998 年以前的旅游人次统计口径不含国内旅游人次）。当时云南主要的旅游目的地是昆明为核心的滇中旅游区和以西双版纳为核心的滇西南旅游区。旅游者到云南旅游的主要目的是感受云南丰富多彩的少数民族文化以及独特的自然风光。丽江以大研镇为核心的纳西民族文化景区以及周边以玉龙雪山为核心的高原自然风光正好符合旅游者的旅游需求。20 世纪 90 年代中期伴随着英国探险家詹姆斯·希尔顿所著的小说《失去的地平线》中所描述的香格里拉被确认为滇西北丽江、中甸一带，更增添了丽江的神秘色彩。于是丽江进一步引发了世界各地的旅游者前来探寻希尔顿笔下那方洁净乐土的风潮，将旅游者求新求异的潜在旅游需求转化为现实需求。

第二，众多企业在丽江旅游产业强大的市场吸引力影响下，自发进入大研镇，一致选择以纳西民族民间文化为内核进行旅游产品开发，形成了产业集聚。各类企业围绕旅游者的吃、住、行、游、购、娱等旅游需求，充分融入纳西族文化风情，开发出客栈、民族工艺品、融合西方文化与纳西风情的酒吧等一系列旅游产品。由于众多企业一致看好丽江旅游业的未来发展趋势，不约而同地选择进入大研镇，因此镇内经营每一种旅游产品的企业数量都在不断增加，形成了自发的企业集聚状态。

第三，大研镇旅游各产业部门的快速壮大产生了显著的正外部经济性，促使越来越多不同产业部门的旅游企业选择进入。1999 年丽江旅游人次达到 280.4 万，旅游业创造的产值占到当年地区生产总值的 53.8%。旅游业的发展极大地拉动了当地经济发展，1994 年丽江旅游开发以前城镇居民人均可支配收入为 2439 元。到 1999 年时，城镇居民人均可支配收入达到 5402 元，增长 121.5%。如此显著的经济效应自然会吸引当地投资以及外来投资进入大研镇。小镇内良好的旅游产业环境又有利于企业降低交易成本，从而进一步增强了企业选择进入的动力。

在市场机制自由发挥作用的前提下，政府通过制定旅游产业规划、出台产业发展优惠政策、加强基础设施建设等途径，引导了以大研镇为核心的丽江旅游产业发展。综上所述，大研镇旅游城镇产业集群的形成是政府主导的行政机制与市场机制相互结合、共同作用的结果。

7.1.3 丽江大研旅游城镇产业集群的基本构造及其动态演化

（一）丽江大研旅游城镇产业集群的基本构造

如上文所述，旅游城镇产业集群的基本构造由核心层、紧密关联层、外围松散层和需求导入部门构成。以此为依据，分析丽江大研旅游城镇产业集群的基本构造。

第一，大研旅游城镇产业集群以人文景区为核心。大研旅游城镇以人文资源为核心旅游资源，包括纳西民族文化、纳西城市建筑以及茶马古道历史文化。这些人文旅游资源蕴藏在大研镇的建筑、居民生活、商贸集市及民间工艺等诸多实物载体中。旅游者在大研镇观光游览，就是感受当地人文风情的过程。大研镇是展示这些人文资源的人文旅游景区，这个景区是一个开放的空间系统，而不是传统意义上圈地划界，收取门票的旅游景区概念。

第二，大研旅游城镇产业集群以民族特色餐饮、纳西族特产、民族服饰和手工艺品销售为紧密关联层产品。旅游者到大研镇旅游最主要的目的是感受纳西族独特的民族风情，了解大研悠久的历史文化传统。围绕此旅游目的，旅游者要在大研镇逗留较长时间，在此过程中必然存在餐饮需求。同时，购买丽江特产和纳西族手工艺制品也是感受当地民族文化和的重要窗口，是旅游者在大研不可缺少的旅游活动。因此民族特色餐饮、特产、民族服饰和手工艺品销售是满足旅游者必要旅游需求的紧密关联层产品部门。

需要指出，大研的人文景区中商贸集市是很重要的构成部分，与旅游特产、民族服饰和手工艺品销售有重叠。但两者的区别在于人文景区中商贸集市以当地原住民为顾客群，通过商贸集市活动展示纳西人的生活形态而旅游特产、民族服饰和手工艺品销售是以旅游者为顾客群，完全以旅游者需求为导向，商业化特征突出。

第三，大研旅游城镇产业集群以客栈、纳西古乐表演、汽车客运、导游服务、特产、民族服饰和手工艺品加工制造为外围松散层产品部门，同时外围松散层内还存在部分服务机构。①大研镇地处丽江市中心地带，小镇周边有大量酒店设施可提供住宿服务，具有一定的接待规模，是旅游团队住宿的主要选择而大研镇内的住宿设施以具有民族风情的客栈为主，接待规模较小，通常是散客旅游者，尤其是背包族比较偏爱的住宿选择。因此，客栈住宿是大研旅游城镇的非必要旅游需求部门。②多年来大研镇的纳西古乐表演一直是旅游娱乐的重要内容。以音乐民族学家宣科创办的中国大研纳西古乐会的演出最负盛名。20世纪90年代宣科多次率领乐团出访世界各地，引起轰动，来大研听纳西古乐曾一度成为国际旅游者的重要目的。由于大研镇的主要客源是国内旅游者，而国内旅游者尤其是年轻旅游者对于纳西古乐所持兴趣普遍不高，因此纳西古乐表演仅作为可供旅游者选择的非必要旅游产品存在。③就旅游交通而言，通常是旅游者的必要需求，但大研镇的旅游交通存在特殊性。大研古镇是世界文化遗产地，镇内道路大多为历史悠久的青石板路，为保护古镇风貌，镇内禁止通行汽车。因此在大研镇旅游并无旅游交通需求。但大研地处丽江市中心，周边还有玉龙雪山、虎跳峡、泸沽湖等旅游景区。景区之间的游客流动以汽车客运来贯通。汽车客运不是大研镇内满足必要旅游需求的产业部门，却是连接集群内外景区、实现游客流动的重要部门，因此存在于大研产业集群的外围松散层。④作为特产、民族服饰和手工艺品销售的上游产业部门，其相应的加工制造企业也是大研旅游城镇产业集群外围松散层的构成部门。但由于大研镇范围很小，大批量生产制造被明令禁止，销售企业的批量产品大多来源于古镇周边区域。大研镇内的加工制造企业主要集中于由生产者自行设计的、纳西特色突出的小批量产品生产，部分销售企业以前店后厂为经营模式。⑤导游服务是旅游者的非必要旅游需求，却是大研镇重要的旅游服务部门，与旅行社、镇内小型景点、各类旅游企业的联系十分紧密，导游服务公司在为旅游者提供导游服务的同时，与旅游企业之间以招揽客人、利润分成的方式建立合作关系。⑥银行、邮政、卫生清洁等作为服务机构存在于外围松散层，为旅游产业部门提供服务。⑦政府、工商、税务等政府部门和职能机构从外围松散层对大研旅游城镇产业集群提供支撑，为企业创造公平有序的市场竞争环境、提供行政职能服务，政府部门还负责主导旅游地形象推广。

第四，大研镇各类旅行社将团队旅游者的需求输入小镇的产业集群系统，组织团队客流进入。同时，镇内多个散客接待中心根据不同散客旅游者的需求定制旅游线路，反映出散客旅游者的需求变化趋势。

（二）丽江大研旅游城镇产业集群的构造演化模式

旅游城镇产业集群构造演化的方式概括为以旅行社向旅游城镇导入的旅游者需求为原动力，引发产业集群构造的核心产品变化，进而带动紧密关联产品和外围松散层产品的进一步改变，使集群的核心层、紧密关联层、外围松散层的构造和不同层次之间的关联方式也随之变化。旅游城镇产业集群构造演化的路径可以根据核心层产品数量变化与否和核心层产品类型改变与否产生不同的演化路径。不同演化路径会出现在集群演化的不同阶段，从而形成集群构造动态演化的完整过程。旅游城镇产业集群的内部构造演化可以归纳为资源导向型、功能导向型和综合导向型三种模式。每种模式对应不同类型的旅游城镇产业集群，并具有特定的演化路径组合。

大研镇是以人文景观为核心的旅游城镇产业集群，根据第四章的研究，大研旅游城镇产业集群的构造演化应该以功能导向型模式为方向。案例研究的目的就是检验实践中大研的集群构造演化模式是否的确为功能导向型。

从研究可行性出发，需要确定判断旅游城镇产业集群构造变化的指标。鉴于旅游城镇的数据统计体系尚不健全，数据统计面过小，时间延续性差，笔者将选择以代表性年份相关学者所做的实地调研数据为基础，通过比较大研镇内各旅游产业部门集聚的企业数量的变化为指标，来判断各产业部门地位的变化，从而判断产业集群各层面的构造是否发生变化，并推演出各层面的构造如何演化。

阶段一：以古镇人文景区为核心的单核心阶段

大研旅游城镇产业集群自 21 世纪初基本形成以来，经历了近十年的发展时间。其产业集群形成之后的基本构造前文已做分析。在集群形成的最初阶段，古镇的建筑和居民生活为主体形成的人文景区是集群核心层产品。但正如前文所述，这种景区具有开放性特征，旅游者通过游览古镇建筑、了解居民生活来感知当地文化和民俗民风。因此人文景区的核心地位不是通过具体的数据来反映，而是通过对旅游者强大的市场吸引力来体现的，也就是说当年旅游者基本都是冲着大研镇独特的纳西风情而去观光旅游的。

旅游者在旅游过程中，产生了餐饮和购物的必要旅游需求，2000年满足旅游者这两类需求的商铺占到主要街道商铺总数的52%，成为集群紧密关联层的主要组成部分。

而在集群的外围松散层，提供住宿的客栈有6家，纳西古乐场2家，与餐饮和购物商铺比较数量较少。由于2000年的统计数据是对大研镇主要街道的商铺的调查统计，与笔者分析的各产业部门企业数量存在一定的差异。汽车客运、特产、民族服饰和手工艺品加工制造企业、中介服务机构等并不以商铺形式存在的企业数量无法获得。但我们还是可以从数据上清晰地把握大研旅游城镇产业集群的主要产业部门的地位状况，从而明确其当时的集群基本构造。

要强调的是，虽然导游服务公司不是必要的旅游需求部门，并且旅行社导入客流时自身可提供导游服务，但是，在以人文景区游览为核心的阶段，导游服务的作用还是比较突出的，导游服务公司与旅行社、木府景区以及部分旅游购物企业的联系十分紧密。

阶段二：旅游购物取代人文景区成为新核心产品的集群核心替换阶段

①核心层产品更替。由于纳西族的特色文化与民风民俗对旅游者的吸引力十分显著，旅游者数量不断增加，2001年丽江旅游人次突破300万，达到322.1万，较2000年增长10.9%。而旅游者到丽江必去的景区就是大研古镇，因此可以认为大研镇的旅游者数量增长与丽江旅游者数量增长保持同步。300万的旅游人次仅仅依靠大研古镇观光游览的核心产品形态来支撑是远远不能满足旅游者需求的，必须以一定的实物形态来支撑旅游者的旅游消费需求。这时，以纳西特产、民族服饰和民间手工艺制品为主体的旅游购物成了满足旅游者在大研镇消费需求的最佳实物性产业部门。因为特产、民族服饰和民间手工艺制品能够将纳西族的文化与民风较好得融入其中，使核心人文资源得到更为形象和生动的展示，满足旅游者不断求新求变的旅游需求。由此，大研镇内的纳西特产、民族服饰和民间手工艺品销售企业数量快速增加，产业地位快速提升，对原来的人文景区产生了替代效应，旅游购物成为大研镇新的旅游吸引物。大研旅游城镇产业集群的这种演化趋势与大研自清朝以来就是茶马古道上的重要商贸中心的传统有着一脉相承的联系，体现出产业集群特有的嵌入性特征。

2000年保继刚、苏晓波对大研镇超过60%的街道进行了实地调研，统计出当时镇内主要街道各类店铺的种类和数量。根据他们的统计结果，2002年大研镇主要街道的商铺总数为共有旅游购物类商铺660家，包括手工艺品销售、民族服饰销售、休闲服饰销售、地方特产销售和书店音像制品。商铺数量远高于餐饮、客栈、古乐演出等产业部门的商铺数量。与2000年Yamamura的统计结果进行比较，2002年大研镇旅游购物类商铺数量占商铺总数的67%，而2000年时这一比例为39%。2002年直接面向居民的各类商铺累计占商铺总数的15.12%，也就是说人文景区中的商贸集市规模已大幅萎缩，取而代之的是旅游购物商铺。保继刚指出：古城区位最好的四方街和东大街的门面进一步被细分，越来越多的商铺挤进来。两年内大研镇主要街道门面的空间分布有较大变化，突出表现就是商铺开始蔓延，光义街新院巷的商铺几乎是从无到有，大量的居住用房转化为商铺。旅游购物销售企业已成为大研镇旅游企业的主力军。

②紧密关联层和外围松散层构造变化。旅游购物销售企业成为集群核心层主体构成后，紧密关联层的基本构造也发生了相应变化。特产、手工艺品、民族服饰加工制造企业由外围松散层进入紧密关联层，并且销售企业中有大量企业实质上同时进行加工制造和销售。这与特产、民族服饰和手工艺品销售企业的经营者大多是对丽江民族文化有着浓厚兴趣和感情的个体经营者，他们希望将自己对丽江的理解融入产品中，与旅游者共同分享的地方独特文化现象有着密切的联系。充分体现出产业集群的根植性特征。同时，人文景区成为紧密关联层的构成之一，以古城、建筑和民居游览为主要内容，因为旅游者对大研镇进行观光仍然是必要的旅游需求，只是这种游览观光可以在购物过程中完成。

而在外围松散层，由于产业集群各层面的关联方式由原来基于景区游览提供综合性服务的关联方式演化为以旅游商业为核心，更多体现出市场消费的关联方式。因此，集群外围松散层中出现了为商业化市场运营提供管理和服务的机构，2000年成立古城管理委员会，2002年古城管理委员会成为常设机构，负责规划确定古城市场规模、市场布局，确定古城内的经营位置及与之相应的经营项目，通过核发《准入证》来规范大研镇内商铺的经营行为、控制镇内商铺总量。

阶段三：旅游购物单核心向购物、餐饮、客栈的综合性多核心方向演化

2003年中国旅游业遭遇非典的沉重打击，2004年旅游需求集中爆发，并且在人均GDP不断增长，达到1490美元的拉动下，休闲度假的旅游需求逐步成为趋势。此时大研镇已不再把单纯的景区游览观光作为核心旅游产品，而是以纳西人文景区为背景，以各类特色旅游购物为核心旅游产品，这种产品形态正好符合旅游需求的变化趋势，其市场优势进一步显现出来。根据前文所述，我们可以用丽江的旅游者数量来衡量大研镇的旅游者数量。2004年丽江旅游人次达到360.2万人，同比增长19.5%，2005、2006年又分别增长12.2%和13.8%。可见，大研镇对旅游者能够产生有效的吸引力。由于已经突破了传统观光旅游的产品模式，在挖掘旅游者潜在休闲度假需求，丰富旅游活动内容方面存在巨大潜力。

在此背景下，满足旅游者必要旅游需求，又具有浓郁丽江特色的餐饮业迅速发展。纳西风格的建筑外观与纳西传统美食、川菜、粤菜，以及韩国、日本、法国、西班牙、东南亚等世界各地的美味佳肴相互融合，形成大研镇独特的饮食风景；而各种酒吧，如供游人“发呆、休息”的清吧、融合丽江民族歌舞与当代流行文化的演艺吧、以书、画、音乐等为主题的特色吧的出现更为大研的餐饮业增添了亮点。2003年以后大量外来经营者进入大研镇开办企业，其中很大一部分从事餐饮经营。大量外来投资的进入促使大研镇内逐步形成了长二百多米的酒吧一条街，成为大研镇内人气最旺的旅游区域。丰富多彩的餐饮文化极大地满足了旅游者对美食、对新奇事物的需求，因此餐饮也成为大研旅游城镇产业集群的核心层产品之一。

旅游者对休闲度假的需求必须通过延长旅游时间来实现。葛敬炳2005年7月在大研镇所做的问卷调查显示，48.7%的游客计划在大研镇停留2~3天；37.2%的游客计划停留3天以上。也就是说近86%的游客在大研的停留天数在2天以上。如此庞大的过夜旅游需求成为大研镇客栈住宿业快速发展的市场原动力。而以纳西族民居为建筑样式，引入现代酒店经营管理模式的客栈也是展示纳西民族风情的重要载体，成为吸引旅游者，尤其是休闲度假旅游者的重要旅游吸引物。因此在需求推动下，原来一直处于外围松散层的客栈业迅速崛起。各种风格、各种主题的客栈如雨后春笋般在大研镇出现，为旅游者提供宁静、舒适、别具民族风情的住宿服务。许多从前选择丽江市区星级酒店的旅游者也转为选择大研镇内的客栈。张巍2006年延续了Yamamura和保继刚的研究方式，对大研镇主要街道的商铺数量进行了实地调研。其结果显示:2006年大研镇主要街道提供住宿服务的客栈。张巍2006年延续了Yamamura和保继刚的研究方式，对大研镇主要街道的商铺数量进行了实地调研。其结果显示:2006年大研镇主要街道提供住宿服务的客栈及酒店旅馆共有51家。而对应Yamamura统计口径的客栈数量有37家，较之2000年增长550%，是所有商铺类型中增幅最大的类型。客栈逐步发展成为大研古镇吸引旅游者的又一核心产品。

由此，大研旅游城镇产业集群的核心层由旅游购物单核心，进一步拓展为集旅游购物、餐饮和客栈于一体的多核心构造，核心旅游功能不断朝综合性方向发展。伴随核心层产品类型的不断丰富，核心产品之间的相互融合成为趋势。部分企业也开始向多元化经营转型。

紧密关联层和外围松散层的构造变化。旅游购物、餐饮和客栈都不能脱离大研镇的整体人文景观，否则也都不具有足够强大的市场吸引力。因此人文景观仍然是紧密关联层满足旅游者必要旅游需求的部门。而该阶段紧密关联层和外围松散层的构造变化表现在：第一，文化娱乐从外围松散层进入紧密关联层。传统纳西古乐表演由于受到知识产权保护的影响，不可能进行大规模的产业化发展。但近年来伴随云南当代民族歌舞表演的兴起，在大研聚集了大量年轻艺人，为大研旅游娱乐业的拓展创造了条件。餐饮与文艺表演的融合，有力促进了文艺演出业的发展。随着在客栈住宿的旅游者不断增加，旅游者对古镇内夜间娱乐活动产生了明显需求，因此在三方面因素的推动下，旅游娱乐成为旅游者必要的旅游需求，成为紧密关联层的构成部分。旅游娱乐以传统纳西古乐表演和当代民族歌舞演出以及创作型民谣歌手的演出为主体。第二，大研镇内禁止机动车通行，汽车客运的作用主要是将旅游者输送到大研镇，或者将旅游者输送到周边其他旅游景区，因此旅游交通始终是旅游者可选择的非必要旅游需求部门。第三，外围松散层出现了更多的市场监管和服务性机构。由于产业集群内聚集的企业数量和企业类型不断增加，需要相关机构进一步维护市场秩序、提供公共服务。如大研街道办事处下属的古城管理所负责大研镇内的基础设施和环境卫生的维护，负责提供物业租赁信息平台和文化景观建设，并为古城内的居民提供日常生活服务。古城管理委员会于2005年10月变更为世界文化遗产丽江古城保护管理局，由原议事协调机构调整为丽江市人民政府工作部门，工作职能进一步强化。

阶段四：集群构造各层面产品个性和服务品质提升

①旅游需求市场的变化趋势。首先，休闲度假旅游者显著增加。2006年中国人均GDP突破2000美元，休闲度假的旅游需求趋势更加明确。并且在2000年以后，通过国内外组织机构自行举办的商务会议、文化体育活动来到丽江的游客及来自发达地区的休闲度假游客日趋增多，约占游客总量的30%，并呈继续上升的趋势。同时越来越多的旅游者选择自助游方式到丽江进行休闲旅游或度假。休闲度假旅游者的旅游消费能力较高，旅游需求具有多样性，对服务品质的要求较高。

其次，高端旅游消费市场逐步形成。近年来随着丽江基础设施的完善，直航线路的增加，以及高尔夫球场、国际标准的会议设施的不断建设，丽江高消费客源的构成进一步拓展，逐渐形成以精品观光游客、高档商务游客为主，高档休闲游客、专项旅游客为辅的高端市场多元化发展格局。

再次，旅游者需求进一步向追求个性和特色的方向发展。丽江市旅游局对游客进行的问卷调查结果显示：在购物方面有强烈愿望购买当地特色的传统工艺品的游客占调查人数的73%；在餐饮方面有强烈愿望品尝当地风味小吃的游客占调查人数的88%；在娱乐休闲方面希望参观民族文化博览的游客占调查人数的71%，希望参与和体验传统手工艺活动的游客占调查人数的48%、希望体验主题酒吧休闲的游客占调查人数的44%、希望观摩艺人创艺活动的游客占调查人数的39%。

②产业集群构造的演化趋势。经过多年发展，大研古镇已经成为丽江旅游的代表，其市场形象已经十分成熟，对国内外旅游者构成比较稳定的市场吸引力。大研旅游城镇产业集群形成的以购物、餐饮、客栈住宿为多核心的综合性旅游产品形态能够满足旅游者多样化的旅游需求，符合以上需求变化的趋势，因此在短期内不会发生显著的变化。2006年云南省政府出台促进旅游小城镇建设的一系列指导政策，大研镇被评为“云南十大名镇”之一。大研旅游城镇的发展方向进一步明确，并在政策、投资、营销推广等方面得到了政府的大力支持，使大研旅游城镇产业集群的各层面产业部门都呈现出提升产品个性和服务品质的趋势。

提升产品个性和服务品质不会改变大研旅游城镇产业集群的基本构造，却能提升旅游产业的整体产业水平。具体而言，实现产品个性和服务品质提升的途径多种多样，例如：在过去的实践中，大研镇内90%的客栈由民居改建而成，卫生间、热水、供暖、排污受原建筑和环境条件的限制，住宿条件简陋且服务质量较差。近几年来，大研镇内兴建了多家按高星级酒店标准建设的客栈。这些客栈的特色在于“纳西风格的形”与“星级酒店的神”相互融合，既在酒店建筑和环境上营造出浓郁的纳西地方特色，又在酒店设施和服务方面追求考究和舒适，创造出个性与品质并重的高端住宿产品。又如传统银制品款式陈旧、单一，近几年加强了款式设计，开发出各种造型独特、款式新潮的高档精品首饰，受到旅游者的青睐。

总结上文对大研旅游城镇产业集群构造演化模式的分析，可以将其构造演化的阶段进行大致的时间界限划分。根据其演化路径，可以判断在未来一段时间内，大研旅游城镇产业集群将进一步在旅游产品升级带动集群升级的方向上演进。通过分析可以看出，大研旅游城镇产业集群的构造演化特征与路径趋势完全符合功能导向型演化模式的基本特点。这也充分论证了结论之一：以人文景观为核心的旅游小城镇产业集群的构造演化呈现出功能导向型模式。

7.1.4 大研旅游城镇产业集群构造演化的创新推动机制

（一）企业创新—市场选择—扩散演化机制：以大研镇特色旅游商品开发经营为例

（1）布农铃的产品创新与营销创新

布农铃是目前丽江最具代表性的旅游纪念品之一，深受国内外旅游者的喜爱，影响遍及全世界。布农铃的成功推广带动了大研镇一大批类似旅游商品的出现，极大地丰富了大研旅游城镇产业集群的特色手工艺品市场，推进了集群的创新进程。在大研旅游企业的创新实践中具有突出的代表性。下文笔者将对布农铃的产品开发和市场经营创新的独到之处，以及如何对大研旅游城镇产业集群的创新产生影响的过程进行分析。

布农铃得名于这种铃的原创者布农的名字。1996年布农来到大研镇做生意，由于对1995年独自骑马跋涉滇藏茶马古道途中拾得两片木块，在上面画上梅里雪山和澜沧江大峡谷，分别悬于马铃和自己胸前，沿途受到九位活佛开光保佑，保得一路平安的经历记忆犹新，因此布农在小木牌上绘上丽江风景，将木牌挂在手工打造的马铃上，做成风铃，向游客兜售。出乎意料的是，这种市场上未曾有过的铃铛一经推出，便引来旅游者争相购买。由于铃铛由布农本人设计，木牌由布农亲自制作，产量十分有限，因而甚至出现过旅游者排队抢购的现象。在市场需求的强烈助推下，布农对铃铛进行了标准化改良：铃的主体是古朴的铜铃，有青铜、黄铜之分，前者清脆，是阴铃；后者浑厚低沉，为阳铃。铃铛下悬挂小木牌，或圆，或半椭圆，或不规则状，依构图需要而定。木牌上用线条描绘丽江风光，背面有用草书文字介绍丽江古城，最后一行刻上玉龙雪山、纳西人、丽江古城、宁静四个东巴文字。这种铃被命名为“布农铃”。布农以此为店名，在大研镇开设了“布农铃”专卖店。为扩大生产规模，布农进行了生产改良，建立生产基地：布农负责整体产品设计，由专业技师负责铃铛制作，并在纯手工制作的基础上，逐步拓展出机器制铃，机器制作的和手工制作的铃采用不同定价，但能确保每一个的铃声都是独一无二的。木牌则坚持以布农本人绘制为主，也有其他技师的参与，体现出产品的独特性。这样既满足了不同旅游者的需求，又提高了生产效率。布农铃专卖店迅速发展成为大研镇内最受旅游者喜爱的商铺之一。

在对产品本身进行创新的同时，布农对产品的营销方式也进行了创新。首先，他为布农铃赋予了丰富的文化内涵。一方面，他把自己徒步跋涉茶马古道的经历和布农铃的来历刻在店门口，再把专卖店营造出浓厚的茶马古道文化氛围，让旅游者在购买布农铃的同时，对茶马古道的文化也有近距离的接触。另一方面，为布农铃赋予了藏传佛教梵音祈福保平安的宗教寓意，并定期请藏传佛教高僧举行布农铃开光仪式，增添了布农铃的神秘色彩，布农铃的附加价值因此体现出来。其次，在销售网点布局上，布农没有采取连锁经营的方式，在他看来布农铃必须依托马帮文化而存在，否则就失去了它的市场价值。因此他坚持在中国市场只开设大研镇这一家店，沿茶马古道，在尼泊尔、印度和希腊开设了分店，使布农铃产生了更广泛的国际影响力，同时开设了网店，拓展了网络销售渠道，这种销售模式提升了布农铃的稀缺程度，充分体现了“物以稀为贵”的商业原则。再次，布农十分注重对产品品牌的设计和保护。他为布农铃专门设计了特制的牛皮纸袋，并附赠同样材质的小卡片，上面刻着美国民谣 *Blowing in the wind* 的歌词，体现出布农铃追求的精神境界。这样独特的产品包装使布农铃品牌产生了广泛的市场传播效果。此外，布农为布农铃申请了专利，使品牌得到了有效保护。

布农铃的创新充分体现了大研旅游城镇产业集群的创新行为以产品创新及其相应的营销创新为主的特征，这种创新主要源于依托当地文化的创意，并且与企业家的个人经历、对马帮文化和纳西文化的感受以及他本人的精神追求有着不可分割的密切联系。

（2）布农铃面临的市场竞争选择

布农铃 1996 年投入市场后，引起了旅游者的强烈反响，供不应求，生产规模扩大，经营效益快速增长。当时大研镇市场上有少量传统纳西工艺的铜铃销售。如果布农铃与这些铃之间没有足够的差异性，则很难取得市场竞争优势。正因为布农铃与传统铜铃相比，不仅在产品形式上与木版画相互结合，对铜铃的音色进行了手工技艺的创新，使每个铃都有不同的音色，并且在产品的文化内涵上融入了马帮文化、东巴文化与佛教文化，在营销方式和销售布局上充分挖掘了布农铃的市场价值，其创新行为包含了产品创新和相应的营销创新，所以布农铃已远远突破传统铜铃的产品模式，产生了显著的产品差异化，在市场选择过程中布农铃的市场份额快速增长。份额最高时，旅游者在大研购买的铃铛中大致有 80% 都是布农铃。由于布农铃的市场冲击，使其他铃铛的市场份额快速萎缩。就其他铃铛的生产者和销售者而言，布农铃的兴起也推动了他们的创新实践。

（3）布农铃的创新扩散

布农铃对大研镇其他旅游商品生产和经营者的创新扩散可以分为三个阶段：第一阶段，布农铃的成功导致大量模仿者的出现。一时间在大研镇掀起了铃铛销售热潮。据笔者 2000 年在大研镇的观察，当时有销售与布农铃相似甚至相同的铃铛的商铺大致占到旅游纪念品销售商铺的 50%。大量的模仿经营并没有降低布农铃的市场占有率。原因在于：第一，在同类型产品市场，布农铃具有显著的市场先发优势，加之布农铃的品牌营销卓有成效，所以布农铃的品牌获得了广泛的市场认同，有着较为稳定并不断拓展的客源群体。第二，布农铃所蕴含的马帮文化内核是难以模仿的。布农本人穿越茶马古道的经历以及他本人对马帮文化的理解都融入布农铃和木版画的设计中，并且布农铃的品牌也融入了马帮文化的特质：如追求自由，在不断的旅途中领悟人生等。布农铃已经成为马帮文化的物化载体。这种深深嵌入丽江文化土壤的产品特质是模仿者无法仿效的。布农铃的产品唯一性使其没有遭到模仿者的冲击。反而使模仿者之间出现内耗，恶性竞争，通过市场机制的作用大量模仿者被淘汰出市场。布农铃的创新扩散进入第二阶段：模仿者数量减少，但学习者数量大幅增加。学习与模仿的本质区别在于学习方式融入了学习者自己的思考和创造。在纯粹模仿布农铃未能获得经济收益的情况下，部分经营者受布农铃创新策略的启发，设计开发出驼铃、鱼铃、银铃等各种铃铛，并且开始注重产品品牌建设和营销创新。于是创新扩散进入第三阶段：大研镇进行铃铛类型旅游产品创新的企业数量开始减少并逐步稳定，市场上形成了布农铃、驼铃、鱼铃、银铃等并存的相对平衡的竞争局面。铃铛产业的创新进一步扩散到其他类型旅游商品的创新开发中，推动了旅游商品产业部门的创新发展。

（4）案例推演

从布农铃的创新扩散到相关旅游商品的创新，只是大研旅游城镇产业集群创新演化机制中的一个案例。在大研特色旅游商品产业部门中，还有其他相类似的创新演化案例，如大研镇另一种主要的旅游商品—银器，以距离丽江 27 公里的千年银都鹤庆新华村传承了千年的制银工艺为基础，这种制银工艺融合了中原工艺与少数民族工艺的精华，已成为中国一项颇具特色的民间工艺。大研镇的银器经营者 90% 来自鹤庆新华村，他们在保留原始手工制银工艺的基础上，根据市场需求的变化，开发出日常生活用品、饰品，尤其以九龙系列餐具最具特色，提升了银制品的实用性，开拓了更多的潜在需求市场。银制品的创新又推动了相关的铜制品、木制品等的创新。

不同类型的旅游商品以市场需求为导向的创新实践共同促使旅游商品产业部门的快速发展，使旅游商品产业部门的规模迅速扩张，产业部门地位提升，从而取代了人文景区，成为大研旅游城镇产业集群的核心产业部门。大研旅游城镇产业集群中各产业部门都是在不断地创新推动下发展的。在不同的阶段，旅游者的需求特征不同，各产业部门创新的频率和强度不同，各产业的规模和市场地位也就因此不同，从而使产业集群构造中各层面的产业部门构成发生变化，集群的构造演化得以实现。

（二）大研旅游城镇产业集群创新支撑体系

大研镇旅游企业的创新实践离不开创新支撑体系为企业提供创新要素。而大研作为丽江最核心的旅游景区，其产业集群的创新支撑体系主要依托丽江市建立在产业层面的旅游创新支撑体系。可以说，在丽江多年的旅游产业发展实践中，旅游创新支撑体系建设可谓是旅游产业管理方面的突出亮点。这个创新支撑体系为大研镇的旅游企业提供了独特创新要素，体现在：

（1）行业协会创新行业监管机制，营造创新市场氛围

丽江旅游协会的监管范围包括旅游行业的自律、规划、发展、促销、服务、管理和培训。协会由饭店分会、旅行社分会、旅游汽车分会、购物分会和景区分会构成，其中饭店分会于 2001 年开始进一步细分为四星级饭店分会、三星级饭店分会、二星级饭店分会和一星级饭店分会。协会采取会员制，各分会会长由选举产生，各分会由会员共同缔结协会章程和自律条款，协会负责监督实施，并成立丽江旅游诚信服务监理公司，对行业协会章程进行监理。各行业分会在旅游发展的实践中，针对出现的各种问题共同协商解决之道，创新出许多在旅游业界值得推广的行业监管办法。

以饭店分会的创新实践为例。饭店分会成立于 2000 年。丽江饭店业发展近十年来最大的问题就是市场价格恶性竞争，这一问题已严重阻碍了丽江饭店业的发展，导致目前丽江作为中国著名的旅游目的地，却极少有国际和国内知名连锁酒店进入。造成这一问题的原因主要有三个方面：第一，丽江的客源结构以团队为主，旅行社接待的客人占丽江游客总数的 85%，旅行社作为团队旅游的组织者，掌握了定价主动权，由于团队游客的消费水平较低，对价格较为敏感，而景区和旅游交通的降价空间极为有限，因此为吸引团队游客，旅行社必然在住宿和餐饮环节大幅压价，于是饭店之间以低价争取旅行社客源，而非以服务质量取胜。第二，丽江的星级饭店数量多，2008 年已有近 200 家，但饭店星级普遍较低，规模普遍较小也是造成饭店价格竞争的重要原因。第三，丽江大研、束河等古镇内存在大量客栈，目前客栈的床位数与星级饭店的床位数比例已达 1:1，一方面客栈未纳入星级评定体系，服务质量缺乏规范要求，为降低成本，客栈普遍执行较低的服务标准；另一方面，客栈以低廉的价格、独特的民族风格吸引了大量散客，由此大量客栈的存在进一步将星级酒店的客源圈定为团队客，并且加剧了星级饭店之间的价格竞争。为解决星级饭店的恶性竞争问题，饭店业协会进行了许多尝试，如：第一，签订公约，成立价格联盟，但收效不大；第二，推出二次分配解决方案，即：由协会统一分配饭店协会成员的总营业收入，先对饭店成本进行补贴后，通过平均分配入住率来分配利润。若其中某一饭店定价过低，则将牺牲自己的利润。这一方案已实施近四年，根据市场变化，协会不断对分配公式进行修改调整，收到了一定的效果。第三，2008 年开始对客栈进行特色星级评定，为接待团队客人作准备，至 2009 年初报名参评客栈已有 900 多家。这些创新措施在稳定市场秩序、平抑恶性价格竞争，为企业营造良好创新市场氛围方面发挥了积极作用，并且协会还在探索尝试新的更有效的监管方法。

（2）金融与网络技术融合，提供有效的行业监控机制，保障企业利益

1999 年丽江作为昆明世博会的分会场，旅游市场异常火爆，但世博会后市场供求关系发生变化，供大于求，旅游企业纷纷采取低价策略进行销售，最终导致诸多企业入不敷出，三角债问题极为突出。地接社拖欠饭店、旅游车、餐厅的费用，外地组团社拖欠地接社的债务，以及旅游购物商店难以承受“人头费”、“停车费”、司陪人员回扣费用等问题已严重阻碍丽江旅游市场的发展。为此，经过多方调研和探索，2002 年 7 月丽江建立了中国第一套旅游行业管理及结算交易平台，即：基于Internet网络广域网应用系统，采用B/S模式，使用IE浏览器为载体，建立一套以旅游阶段与行业管理于一体的管理软件。在结算上，与相关银行合作，要求旅行社在指定银行开设账户，或将资金存入指定的银行账户，通过运用网络技术，将旅游团队消费信息预先输入团队IC卡内，导游人员持IC卡到各消费网点进行刷卡消费，并将相关信息通过网络传回结算中心，结算中心将信息进行分类处理，并向银行发出指令，银行根据指令在约定时间里进行划账结算。这套“一卡通”交易结算管理系统覆盖了旅游管理部门、旅行社、酒店、景点、餐饮、旅游交通、电信网络和银行金融服务等相关机构，实现了旅游全程的无现金交易和对旅游系统各项指标及数据的有效统计和监控。为此丽江还成立了“丽江一卡通旅游结算有限公司”，负责旅游结算交易系统及相关业务的运营和管理。这可谓是丽江在全国旅游产业监管领域中的创新亮点。这一有效的监管措施有效保障了旅游企业的利益，激发了企业的创新热情，推动了企业的创新实践。

（3）政府机构提供旅游营销支持

大研镇是丽江旅游营销的重点，丽江各级政府组织的旅游营销活动都将其作为营销的核心对象。近年来在丽江各级政府的组织下，丽江的旅游营销方式不断创新：先后举办了国际七星越野挑战赛、丽江东巴文化艺术节、雪山音乐节、亚太地区世界遗产年会等；组织洞经古乐会多次出国访问演出；与日本高山市、加拿大新西敏市建立友好关系等;2007年又在丽江市各级政府旅游主管机构牵头下，参加第十届海峡两岸旅游行业联谊会，并以此为契机成功举办“天雨流芳，梦幻丽江”2007丽江旅游产品推介会，推介了以丽江古城为核心的一批丽江知名景区。政府机构的重视和旅游营销方式的创新收到了卓有成效的营销效果。丽江获得了中国魅力城市、中国优秀旅游城市、中国最美丽的地方、欧洲人最喜爱的旅游城市、全球人居环境优秀城市、《新周刊》最新锐城市、中国青年人首选旅游目的地等一系列称号，开创了旅游城市形象与品牌营销的新亮点。在这样的创新支持下，旅游企业的创新积极性自然能够得到有效的提升。

（4）学术研究机构与教育机构的创新支持

大研镇在人文、历史、宗教、建筑、艺术等方面的独特性引起了学术界的普遍关注，近年来，来自国内外的诸多学术研究机构都曾到大研镇进行考察，举办了“中国丽江国际东巴文化学术研讨会”等学术研究活动。丽江东巴文化研究院承担了大量与东巴文化相关的学术研究课题，该院编写的《中国少数民族古籍总目提要。纳西族卷》获得云南省社科一等奖，出版了“社会科学研究系列丛书”——《滇川纳西族民俗宗教调查》、《黎明乡调查笔记》《纳西东巴占卜典籍研究》《纳西东巴文字概论》以及《纳西族社会与婚姻形态》《社会性别与可持续发展》等。此外《纳西族东巴教仪式资料汇编》《东巴古籍申报世界记忆遗产资料汇编》《东巴象形文异写字汇编》《东巴常用字典》《东巴文化与纳西族》《纳西象形文字书写名言俗语欣赏》《中国少数民族原始宗教经籍汇编·东巴经卷》等书籍，开展了大量国际学术合作交流活动。学术研究机构为大研镇文化旅游产品的创新提供了更为丰富的素材，并通过旅游企业进行合作，推进文化研究成果的市场化，有力支持了旅游企业的创新活动。

旅游企业的创新离不开人才支持。云南大学丽江旅游文化学院、丽江师范专科学校、丽江旅游职业学校等教育机构是直接为丽江旅游产业培养所需人才的机构。云南大学丽江旅游文化学院自 2002 年开始招收大学本科生，目前在校本科生人数已近 11000 人。学校根据丽江区域经济发展的实际设立专业，与丽江多家文化旅游企业建立了合作培养人才基地。丽江师专旅游系近年来为丽江输送了大量旅游专业技术人才，毕业生就业率达 100%。丽江旅游职业学校则作为丽江旅游专业人才的培养基地，专门为丽江培养旅游服务人才。这些教育机构所培养的毕业生成为丽江旅游业创新的重要支柱，也为大研旅游小城镇产业集群的创新实践提供了智力保障。

综上所述，大研旅游小城镇产业集群的创新支撑体系依托于六类旅游产业支持机构，通过这六类机构的创新实践，解决了阻碍旅游业发展的市场难题，激发了企业的创新热情，收到了显著的产业创新支持效果。

7.1.5 大研旅游城镇产业集群的空间演化模式

（一）聚集模式：围绕大研镇形成旅游产业集群

大研古镇是丽江最初旅游开发的核心资源，丽江申报世界文化遗产的核心区域，是丽江最重要的旅游景区。丽江地震之后及申报世界文化遗产期间大研镇接待的旅游者数量骤增，1997 年较 1996 年增长 56%，1998 年再增长 16.5%。旅游者的进入产生了大量必要旅游需求和非必要旅游需求，满足旅游者需求的旅游产业部门纷纷进入大研镇，于是以古镇的建筑和文化景观为核心，各类为旅游者提供产品和服务的旅游产业部门内形成了旅游企业扎堆集聚的状况。在此过程中各种资源，包括物质、人力、信息、资金等都在大研镇的吸引力作用下向其集聚，企业之间以及产业部门之间的联系日益密切，逐步形成了旅游产业集群。由于大研古镇旅游资源突出的独特性，使其产业集群具有很强的向心力，集群规模不断扩张，向周边区域进行辐射的效应十分显著。

大研镇面积 3.8 平方公里，镇内旅游产业集群的集聚区域由最初集中于以四方街为中心，辐射东大街、新华街、新义街、七一街靠近四方街的路段，逐步扩展到四方街、东大街、新华街双石段、新华街翠文段、新华街黄山下段、新义街密士巷、新义街、五一街兴仁上段、七一街关门口、光义街现文巷、光义街新院巷等古镇主要路段。2003 年之后，大研镇旅游集聚区域在原有规模基础上不断扩张，狮子山公园周边区域也快速聚集起大量旅游商铺，围绕大研镇的旅游产业聚集效应愈发突出。

2004 年“丽江旅游”(代码 :002033) 在深圳证券交易所正式挂牌上市，募集资金 1.6 亿，用于围绕大研古镇扩建旅游设施的三大项目：丽江古城世界遗产论坛中心项目、丽江古城艺术风情休闲区项目、丽江古城南入口旅游服务区项目。其中丽江古城世界遗产论坛中心定位为商务、会议旅游产品，是一个毗邻丽江古城、具有纳西民族风格、按照五星级标准设计的国际性商务会展和度假酒店。艺术风情休闲区定位为休闲度假旅游产品，是以论坛中心宾客和丽江其他高中端消费群为服务对象的高品位休闲社区。项目选址于丽江古城外西南端，北接古城，东连论坛中心，西邻古城南入口。丽江古城南入口旅游服务区定位为观光旅游服务产品，是以古城旅游南入口为依托，为观光旅游的大众游客提供综合服务的项目。该项目选址于丽江古城外西南端，占地33亩。虽然三个项目都是位于大研古镇之外区域的人工新建资源，但三个项目都以大研古镇为核心，在扩大其旅游城镇产业集群规模的同时，逐步丰富其产业集群的旅游产品类型、完善旅游产品结构、提升旅游产品层次，体现出进一步围绕大研镇实现更大范围旅游产业聚集的趋势。目前，古城南入口旅游服务区项目、丽江古城世界遗产论坛中心项目已相继达产，丽江古城艺术风情休闲区项目也临近达产期。但项目的市场认同度和收益状况尚需时间来检验。

（二）衍生模式：大研古镇向束河古镇的衍生

大研旅游城镇产业集群的空间衍生表现为大研古镇向束河古镇的衍生，目前束河古镇已成为丽江城区又一个重要的旅游景区，形成了新的旅游小城镇产业集群。

大研镇地处丽江市中心地段，其地域空间受限严重。伴随其旅游产业规模的快速扩张，可供开发的区域空间不断缩小。如何拓展以大研镇为核心的旅游景区规模，扩大旅游接待规模成为政府关注的问题。这时，距离大研镇4公里，与大研镇一同列入“世界文化遗产”的束河古镇成为实现大研旅游功能区域拓展的最佳选择。束河古镇是纳西先民在丽江坝子中的最早居住地，是茶马古道上保存最为完好的重要集镇，也是纳西族从农耕文明向商业文明过渡的活标本。尽管都是“世界文化遗产”的组成部分，但大研镇具有市场先发优势。在大研镇已逐步形成旅游城镇产业集群的时候，束河古镇的旅游业尚处于自发形成状态。旅游者基本都以大研镇为丽江城区的唯一景区，对束河古镇知之甚少。绝大多数旅游经营者也都选择进入大研镇。束河的发展受到大研的严重制约。但另一方面，束河的旅游资源有其独特之处，古镇内保留了大量纳西农耕文化的遗存，与大研镇浓厚的商业氛围相比，束河展现出宁静、优美的田园风光。同时，由于大研的空间拓展受限，不断有经营者开始选择进入束河古镇，为束河旅游业的发展奠定了基础。

为突显束河的特色，将束河打造为丽江又一重要旅游景区，避免其与大研镇的直接市场竞争，2002年政府将束河古镇的旅游开发定位于休闲度假产品，与大研镇观光游览的产品定位进行区别，提出了束河古镇的旅游城镇建设思路：即保护开发与发展旅游紧密结合，政府主导推动与民间开发建设相互促进，吸引既有经济实力又愿意进行长期战略投资的合作伙伴，广泛动员当地社区居民，一起参加到古镇保护与旅游开发中，积极探索以旅游城镇建设带动古镇遗产保护，促进城乡统筹协调发展的新模式（罗明义，2009）。采用旅游开发与房地产开发结合、积极引导社区居民参与的模式。在此前提下，通过招商引资，引入昆明鼎业投资集团，成立“束河鼎业旅游开发有限公司”负责束河的旅游景区与地产项目开发，2004年束河古镇景区正式对外营业。束河的旅游开发在空间规划上将古镇核心5.4公顷的区域作为独立区域进行保护，不对古镇的建筑风貌进行改动，包括原有农田都保留下来。而在古镇东南侧新建“茶马骚栈”旅游集聚区，并对集聚区内的空间进行功能分割，形成了“旅游商铺区”“茶室休闲区”“客栈区”“餐厅区”“酒店区”和“酒吧区”，同时预留大量扩展性用地，为旅游各产业部门的企业集聚创造了有利环境。这种全新的旅游开发模式使束河古镇与大研古镇的旅游产品形态产生了显著差异。这种差异体现在：

①核心旅游产品功能的差异。大研以纳西特色的当代旅游商业为核心，束河以返璞归真的纳西田园生活为核心，形成了观光旅游与休闲度假旅游相互补充的区域旅游产品结构。

②旅游产品层次的差异。大研的旅游产品以中低端大众旅游产品为主体，而束河则以中高端度假旅游产品为主体。目前在束河古镇区域内已建成由全球知名的新加坡悦榕集团投资的超豪华度假酒店“悦榕庄”、四星级的康年丽水阳光度假酒店、一系列具有星级酒店品质的主题客栈，拓展了面向国内外的中高端休闲度假旅游市场。

③旅游产品空间布局的差异。大研镇的人文景区零散分布于整个区域，各种旅游产业形态的商铺也分散于全镇，各种业态之间没有明确的空间分割。束河古镇的人文景区则完整地保留在古镇，各种旅游产业形态的商铺主要集中于茶马骚栈，形成人文景观与旅游服务相互分离的格局。并且茶马骤栈内进一步作了功能分区，每个分区内的旅游业态集中布局。束河古镇的这种空间布局既有利于人文景区的保护，又能够促进旅游产业各部门的集聚。

④旅游产品开发模式的差异。目前大研镇的旅游产品开发基本以外来经营者在古镇进行的纯商业性开发经营活动为主要模式。而束河则明确提出了“公司开发与当地居民参与”的互动开发模式。鼎业公司通过建立民间旅游合作社，把村民组织起来开发“庭院旅游”，推出家庭旅馆、民居客栈、庭院商店、餐饮茶吧、手工作坊等，既带动了广大居民参与旅游服务，兼顾了当地居民的利益；又引导当地居民共同参与保护和建设，促进了古镇的保护和社区旅游秩序的管理(罗明义，2009)。

差异性竞争策略使束河古镇在吸引大研镇旅游客流的基础上能够开拓自身的旅游需求市场，旅游业得到迅速发展。2002 ~ 2007五年间束河古镇累计完成固定资产投资21.9亿元。在已完工项目基础上，新华文化广场、束河古镇国际名人酒吧区、大港旺宝国际会展中心、雪山世纪花苑、悦榕酒店二期、滇西北珠宝购物商城等项目陆续推进。目前束河古镇已聚集了各类旅游企业1000余家，日平均游客接待量达5000余人。2005年全年接到旅游者90万人次，2006年达到150万人次，2007年突破200万人次。旅游业的发展为当地村民创造了3000余个就业岗位，当地300多户村民从事旅游相关经营活动。通过旅游经营活动和房产租金，当地农民人均纯收入从开发前2002年的800余元，增长到2008年的3800元，增长率达375%。束河逐步形成了大研镇周边的次级旅游城镇产业集群，与大研中心旅游城镇产业集群共同构成丽江城区的两大旅游景区。两个小镇的主要连接通道香格里拉大道两侧则形成了旅游景观与旅游地产集聚区。

根据前文“空间衍生模型”的分析思路，可将大研向束河的空间衍生进一步归纳为：大研和束河是两个地理临近并具有相似旅游资源条件的旅游城镇。在对旅游客源市场进行争夺的过程中，具有市场先发优势的大研镇由于地域空间受限而选择开发束河古镇来扩大旅游接待规模。在政府的引导作用下，对束河的旅游开发采取了与大研具有差异性的策略，使两个小城镇形成了不同的核心产品，大研古镇以大众化观光游览综合型旅游产品为核心，束河则以中高端休闲度假专项旅游产品为核心。两个小镇不再以同类型旅游产品争夺同一旅游客源市场，而是相互补充，共同扩大旅游需求市场，形成了互利共生又保持一定竞争关系的态势，束河逐步发展成为新的旅游城镇产业集群，以大研镇为主体的丽江城区旅游接待规模也得以扩大。

（三）扩散模式：丽江旅游目的地系统的形成

大研、束河两个旅游城镇构成了丽江城区南、北两大黄金旅游景区。两个旅游城镇的产业集群提供的产品具有相互补充的差异化特征，在客源市场开拓和旅游目的地形象营销等方面两个小镇也存在共同利益，所以彼此之间的合作日益深化，共同拉动了丽江城区的旅游产业发展。为进一步推动丽江全市区域的旅游“二次创业”，2006年丽江提出了“一体两翼”的旅游发展战略。其中“一体”是以丽江古城和玉龙雪山为核心，辐射束河古镇、玉龙新县城、拉市海高原湿地的丽江旅游主体；“两翼”是东翼泸沽湖为核心，辐射宁蒗、永胜和华坪三县的民族风情体验旅游景区：西翼老君山为核心，辐射石鼓长江第一湾、上虎跳峡、金沙江河谷的自然风光旅游景区。“一体两翼”的旅游布局涉及多个旅游资源丰富的乡镇，因此《丽江市市域城镇体系规划》对市区以及4个县城和20余个乡镇进行了功能定位。目前丽江已提出“在抓好丽江古城为中心的山水田园城市建设的基础上，搞好玉龙新县城，永胜、华坪、宁蒗县城建设，加快石鼓、束河、泸沽湖女儿国、大具等旅游小城镇建设”的发展思路，一大批各具特色的旅游小城镇以及相应的产业集群正在丽江逐步形成。

从最初的大研镇，衍生出束河古镇，再扩散产生丽江境内诸多旅游城镇，大研旅游城镇产业集群的整条空间演化路径呈现出政府主导下小城镇相互整合的趋势。这种整合促成了丽江市域旅游目的地系统的形成。

建立在诸多旅游小城镇整合基础上的区域旅游目的地系统会产生市场影响力的协同效应，使其在省级旅游市场中产生显著的辐射作用，成为省级旅游市场中的重点旅游目的地。笔者将通过比较丽江旅游目的地系统形成前后旅游人次的增速变化情况来衡量其协同效应的大小。2006年丽江市委、市人民政府出台“关于进一步加快旅游业发展的决定”，提出丽江建设国际精品旅游胜地的目标，对已有旅游资源进行整合，构建“丽江旅游”整体形象。我们以此为丽江区域旅游目的地系统形成的标志。考虑到当年出台的政策需要一段时间的实施才能体现出效果，因此，将2007和2008年的旅游人次增速作为目的地系统形成后的指标，2005、2006年旅游人次增速作为目的地系统形成前的

2005年丽江市旅游人次增速为12.2%，2006年为13.8%。目的地系统形成之后的2007年旅游人次增速达到15.4%，2008年更达到17.8%。可见丽江旅游目的地系统形成后的旅游人次增速明显高于目的地形成之前的增速。而进一步比较旅游人次具体值可以看到，2008年的旅游人次较之2005年增长了54.7%。因此可以得出结论，丽江旅游小城镇进行整合产生了显著的市场影响力协同效应，这种协同效应带来了超过50%增幅的旅游客流，整合后每年新增的旅游人次都超过上一年的增加值。

丽江区域旅游目的地系统对滇西北区域旅游市场以及云南全省旅游市场乃至滇川藏"香格里拉生态旅游区"产生了巨大的辐射效应。目前丽江已发展成为滇西北最重要的旅游集散地。昆明—楚雄—大理—丽江—香格里拉滇西北旅游线路成为云南六条旅游精品线路中市场影响力最广、认同度最高的黄金旅游线路。

7.2 以滇西北地区旅游产业集群为例

7.2.1 滇西北旅游产业集群的发展目标

滇西北旅游产业集群发展的最终目标是在滇西北地区以及在跨区域之间建立起完善的旅游产业集群，希望通过旅游产业集群的建立来推动滇西北地区整体经济发展，提升地区整体竞争力。但由于目前滇西北旅游产业集群还处于旅游产业集群发展的第二阶段——产业链集聚阶段，这一最终目标的实现还需要很长时间，因此，滇西北地区旅游产业集群的发展必须要分阶段进行。否则，欲速则不达。

（一）近期发展目标

近期应进一步培育或完善旅游产业集群。滇西北旅游产业集群要加强各地区彼此之间的联系与合作此外，由于滇西北各地区旅游产业集群发展的程度不同，总体来说，大理、丽江以及香格里拉发展的状况要稍好于怒江。要按照"做精大理、做大丽江、做优迪庆、开发怒江"的要求，扎实工作，促进旅游产业的健康发展。怒江旅游产业集群发展还处于其发展的第一阶段—旅游企业集聚阶段。应当加大投资力度，使之加快发展。而其他三个地区的旅游产业集群还应该继续培育和完善，继续加强与区外的联系。滇西北旅游产业集群经过培育和完善之后，使旅游资源得到进一步开发，旅游产品丰富，形成旅游核心企业。在旅游产业链方面，一方面要使产业链条多样化，这就要使产业链节点企业增多，从每一个节点处的每一个企业开始都能把旅游产业链延续下去，并且各地区的旅游产业链条要衔接，使产业链条更长、节点处企业更多，彼此交织，最终形成网络在跨区域旅游方面，旅游线路应增多且延长，这样就可以把各地的旅游景点紧密地联系在一起，可以延长旅游者驻留时间，为增加旅游收入创造条件和机会在基础建设和公共服务方面，要加强区域合作，尤其是在交通、通讯、金融等方面加强建设和合作。经过这一阶段的发展"大香格里拉旅游圈"初步形成，进而迈入旅游产业集群发展的第三阶段——旅游产业链相互交织的网络阶段。

（二）远期发展目标

远期阶段目标为滇西北旅游产业集群的创新发展。滇西北旅游产业集群经过上一阶段的培育与完善之后，将进入旅游产业集群的创新发展阶段。旅游产业集群的形成是创新的坚实基础，是滇西北旅游产品创新体系的重要推动力量。此外，旅游产业集群可持续发展的核心动力也是旅游产品的创新。“新、奇、特”是旅游产品的灵魂，创意和创新是旅游企业占领市场制高点的关键。因此，这一阶段要开发新的旅游产品，促进旅游产业集群的健康可持续发展。在旅游企业、大学、研究机构、中介、金融和政府间形成互动的机制，彼此交换关键信息知识，促使旅游产品创新和升级。要开发出更多的旅游资源，创造出更多的旅游产品，开辟更多旅游路线以及促使更多旅游相关技术的创新。产生更大的集聚效应和扩散效应，从而使滇西北旅游产业集群不断升级与优化，旅游产业集群的空间不断扩大。

7.2.2 滇西北旅游产业集群的发展模式

滇西北是经济欠发达地区，其旅游产业集群无法完全通过旅游市场自身的作用发展起来，而是在政府的决策指导下产生的。政府在滇西北旅游产业集群的产生和发展中起关键作用。

从20世纪90年代起，省政府从实际出发，把旅游业作为全省支柱产业之一，采取了一系列措施，推进旅游业发展。经过10多年的努力，云南已经实现了从旅游资源大省到旅游经济大省的跨越，奠定了在全国的地位。滇西北的旅游产业从无到有，政府在其中发挥了重要作用。在今后一段时期，滇西北旅游产业集群仍然要坚持政府主导模式，走政府主导与市场自主发展相结合的道路。发挥政府在产业集群发展中的主导作用，鼓励集群成员的知识整合，促使集群升级，同时还要抓住外来机会，在原有集群的基础上衍生出新的集群。目前，政府应该在滇西北旅游产业集群的发展中起到以下作用：

（一）提供公共基础设施，加强旅游产业链各节点横向联合

对于滇西北这样的欠发达地区，政府直接向一些社会收益率高的企业或项目投资，将克服私人投资者的局限性，促进社会知识存量更快地增长。为人们之间的交流与合作创造条件。此外，政府还能通过制定政策鼓励利用多方的资金对旅游产业进行投资。加快旅游企业集团化发展是旅游产业集群发展合理化和高度化的重要目标。国外经验表明，组建专业化水平的企业集团是增强旅游企业竞争力的重要手段。在滇西北发展旅游企业集团，不仅是在各自区域内组建大型旅游企业集团，形成开发、经营、管理的一体化，更是在整个地区组建各地区参与的跨地区旅游企业集团，促进旅游企业经营管理的联合化经营，同时也是增强产业链各节点处企业联系的一种手段。这就要求政府发挥主导作用，发挥政策优势，加强滇西北地区的同类企业之间的合作，彼此加强业务往来，形成你中有我、我中有你的业务关系。

（二）培育和积累区域社会资本，促进旅游产业集群网络的构建

旅游产业群成功的关键是区域社会资本充足。社会资本是人们在集群中为了共同的目的而进行合作的能力。而信任则是非常重要的社会资本。信任可以产生于直接的人际交往或人们对于调节他人价值和行为的制度的理解。对滇西北旅游产业群来说，地理上的靠近性使得群内各方拥有共同的背景知识、语言和文化。从而可以提高交流和沟通的效率、产生信任、理解和合作，形成和谐的氛围。群内企业之间的互动正是以区域内合作文化氛围及信任为基础的。目前，滇西北地区的旅游产业集群整体上已进入第二发展阶段，并在向第三阶段发展的过程中。旅游景点较多，与云南其他地区相比在国内外有一定知名度，旅游基础设施和相关服务机构也相对健全，旅游要素供应层的核心企业正在形成和发展，并且彼此之间的横向联系在不断加强，旅游产业链也较多，旅游线路也不断增多和延长。为此，政府要积极培育和积累滇西北地区的社会资本，把共同的文化建设作为基础投资，将企业根植于地方经济中，增强地方经济的创新能力。滇西北旅游产业群网络的构建，不仅要在滇西北地区内构建与完善，更主要的是在整个“大香格里拉旅游圈”内构建，使旅游产业在大香格里拉旅游圈内外形成相互交织、相互联系的网络式发展格局。

（三）培育群内学习能力，促进旅游产业集群的创新发展

学习能力是决定地方创新能力大小及区域竞争优势的关键。政府除了要进滇西北旅游产业群中企业之间的合作外，还要促进和加强各个企业同政府、中介服务机构、大学、研究机构等行为主体的联系与合作。努力形成大中小企业密切分工，专业分工与协作配套的产业群。政府要主动营造凝聚滇西北地区的社会文化特色，创新旅游产业文化和环境，使信息、知识和创意得到交流传播。制定优惠政策提高其他类型投资者从事创新的热情，加大在滇西北旅游区内相关产业及企业的研发投入，以及为生产者提供的服务。除了促进旅游产业群中企业之间的合作外，要加强与区外的旅游产业集群的联系。

7.2.3 滇西北旅游产业集群发展对策

滇西北旅游产业发展具备一定的资源优势，但这种资源还没有完全转化成资本；此外，滇西北的旅游产业集群刚步入旅游产业集群发展的第二阶段——发展阶段，如何让滇西北的旅游资源转化成资本和效益，让滇西北旅游产业集群发展趋于成熟和完善，这些对滇西北乃至整个“大香格里拉旅游圈”旅游产业的发展和区域整体竞争力水平的提高都将产生极大的影响。

（一）制订旅游产业集群发展规划

要抓住国家建设世界旅游强国的历史机遇，以交通建设为基础，以资源深度开发为特色，以扶持龙头企业为动力，以打造旅游品牌为核心，全面发展滇西北旅游产业集群。

做精大理，提升旅游产品的品牌质量。大理要紧紧围绕“大理好风光、世界共分享”的主题，使游客更深层次地感受和体验大理文化、大理风光，着力完善和拓展旅游目的地和客源集散地的功能，把大理建成集历史观光、文化体验为一体的、国内外知名的旅游目的地和客源集散地。

做大丽江。要紧紧围绕“人文丽江、休闲古镇、雪山风情”的主题，在以古城、古镇、古村和雪山为核心，深度开发丽江古城和束河古镇，抓好玉龙新县城建设。加快玉龙雪山、白沙等老景点的改造扩容的同时，一是加大泸沽湖的开发力度，二是加快老君山的开发步伐，三是加快“印象丽江”的建设等。

做优迪庆，努力打造香格里拉核心精品。要抓住国家支持建设“川、滇、藏中国香格里拉生态旅游区”之机，进一步强化基础，打造名牌，努力提升现有景区景点的质量和水平，加大新兴旅游景区的开发建设。

开发怒江，使之成为滇西北旅游的新亮点。要通过加大交通基础设施的建设力度，依托大理、丽江、迪庆及保山等周边旅游市场和独特的大峡谷风情，在充分展示怒江旅游产品的原始性、独特性、壮美性和神秘性的同时，很好树立起怒江的旅游形象。

（二）抓好交通基础设施建设

构建“四纵四横”交通网络。四纵就是南北走向的3条沿江公路，加上214国道；四横就是在连通德钦—贡山、福贡—维西、六库—华坪的通达道路，加上现有的320国道，形成4条东西走向的交通线。这样，从旅游交通的角度看，就可形成内、外两个旅游环线，这对滇西北旅游产业集群的发展具有重要的作用。在加快建设丽江至香格里拉铁路的同时，改扩建大理、丽江两个机场和新建怒江、泸沽湖两个机场。

（三）深度开发旅游资源

深化开发大理旅游产品。大理古城的改造提升，要针对目前大理古城内容单一、容易较小的薄弱环节，重点抓好古城的规划布局调研，进一步统一建筑风格，加大水系景观营造力度，加强旅游经营功能的重新定位和引导归并，扩大特色街区，恢复重要的历史文化遗迹。配套建设旅游服务设施，把大理古城建设成为文化内涵浓厚、特色鲜明、内容丰富的观光游览、文化体验、休闲度假的国际旅游胜地。

丽江古城保护开发。要按照世界遗产保护和展示的要求，加快实施丽江古城保护和古城外围旅游环境建设两大工程，拆除古城内不协调建筑，综合治理象山、金虹山小流域，扩大古城容量，改造市内道路网络，合理调整古城内的商业网点，切实做好新城与古城的协调改造和建设，进一步提升丽江古城的美誉度和吸引力。

香格里拉国家公园系列景点建设。迪庆是一个旅游资源丰富、景观遍布的地区，因此要积极探索建设香格里拉国家公园体系。近期要把虎跳峡、属都湖、碧塔海、白水台、千湖山等自然景区，以及松赞林寺、大千世界、下给村等文化景点纳入公园体系，切实抓好景区景点基础设施、服务接待设施的建设及环境保护治理，抓好州府所在地建塘旅游城镇的建设，把香格里拉建成中国香格里拉生态旅游的核心区，建成国内外著名的生态文化旅游胜地。

怒江大峡谷国家公园系列景点开发建设。为了全面启动怒江旅游的开发建设，要在加快怒江交通基础设施建设的同时，加快丙中洛三江明珠生态旅游区、月亮山傈僳族风情旅游区、罗古警旅游区及高黎贡山片马生态旅游区的开发，加快六库旅游城镇和旅游接待配套设施的建设，逐步形成怒江大峡谷旅游带及连接滇西北、滇西旅游景区的又一新兴旅游区。

（四）抓好旅游城镇建设

城市是完成旅游产业集群空间聚集的核心，是资金、人才、技术、信息等要素的汇集地，是区域旅游产业聚集效益和规模效益的实现地。因此，滇西北旅游产业集群的发展必须强调旅游城镇建设。大理在改造海西的同时，重点突破海东和凤仪新区建设；丽江要依托古城，建好新城，实现新老城区的功能到补；香格里拉要按照进一步做大、做强、作美和建成中国最好藏区的要求进行城市开发；六库要结合怒江水电站建设，按照城市风格独特、生态环境优良、适应旅游大发展的要求规划建设城镇。

（1）旅游城镇建设要体现整体性

大理、丽江、香格里拉、六库 4 个旅游城市要按照“富有特色、基础设施完善、管理科学”的总体要求来规划城市建设。城市的建设要与滇西北的文化特色相适应。

（2）旅游城镇与景区建设要良性互动

旅游产业集群的发展速度越快，聚集效应越明显，对城市的支撑作用要求越高。四州市在景区规划、建设或提升的同时，要把相关旅游城镇建设纳入其中，不断完善和提升城镇的旅游服务功能，使优势旅游资源与特色旅游城镇吸引力产生叠加，在旅游者和当地居民的相互作用中推动旅游城镇的繁荣，更好地促进历史文化和生态环境的保护。

（3）景区开发要尽力配套建设旅游城镇

国内外旅游业发展的实践证明，生态环境良好的特色旅游城镇既是游各果散地和消费中心，本身也构成旅游吸引物，成为带动乡村旅游业发展的基地。滇西北地区旅游产业集群的发展过程中，在开发重点景区时，要选择具有条件的地方建设服务于景区的特色旅游城镇，把为景区服务、为游客服务的城市功能最好地发挥出来，使游客在游览景区之余，对餐饮、住宿、购物、接待等方面越来越高的要求不断得到满足，更好地发挥旅游城镇的产业集聚效应。

（五）抓好旅游发展软环境建设

（1）规范旅游市场秩序，全面提升产业素质

要以构建“和谐云南，诚信旅游”为重点，抓好旅游市场的整治和规范，全面提高行业管理水平，不断提升集群内旅游企业素质，建立统一、开放、竞争、有序的旅游市场体系；建立旅游企业诚信经营体系和旅游市场长效监管机制，对旅游企业诚信状况实行定期公示，动态管理；推行旅行社服务质量信用等级，完善旅行社准入许可和退出机制，加大对旅行社的监管力度；严厉打击各种违法违规行为，维护旅游者的合法权益，开展创建平安旅游活动，营造“和谐云南，诚信旅游”的旅游环境，全面提升滇西北旅游产业素质。

（2）提高依法行政能力，加强旅游行业管理

要严格执行有关旅游行业的管理条例及滇西北旅游区行业管理等地方性法规，坚决打击违法、违规的经营行为和不正当竞争行为；进一步规范行政许可行为，创新旅游管理方式，积极发挥旅游行业协会作用，提高依法行政的能力；加大对旅游行业的国家标准和行业标准的贯彻实施力度，探索建立地方旅游行业标准体系，大力推行旅游设施和旅游服务质量标准化等级评定，切实推进滇西北地区旅游行业的标准化、规范化管理。促进产业集群的健康发展。

（3）加强旅游人才培养，全面提高服务质量

旅游业的发展与壮大，归根结底要靠人才，没有雄厚的人才基础，旅游产业集群就不可能兴旺发达和持久发展。因此，滇西北各州市要加强对旅游重点人才和短缺人才的培养，积极吸引国内外旅游人才，建立健全适合州情、市情并与国际接轨的旅游人力资源开发和引进机制，努力建设一支门类齐全、政治业务素质较高、作风顽强、具有战斗力的旅游职工队伍，使旅游人才培养在数量、质量和结构上能满足滇西北地区加快旅游产业发展的目标要求。同时要加大对在职在岗旅游从业人员的培训，加强员工政治思想和职业道德的教育，开展各种技能大赛，加大对各种违规违法人员的处罚力度，不断提高旅游从业人员素质，实现旅游服务向专业化、规范化和人性化方向发展，全面提高滇西北地区的旅游服务质量和水平。

（六）抓好生态环境保护与建设，促进旅游产业集群的可持续发展

滇西北旅游发展与生态环境质量密不可分。因此，发展旅游产业集群就要坚持保护性开发，走可持续发展的路子。在规划的景观用地范围内严禁探矿采矿、挖砂采石以及设置土地开发整理项目。在景区景点的开发中要做到不破坏植被，不污染水源。要抓好景区绿化，以国内首创的国家公园环境建设作为示范，把生态公益林建设、退耕还林工程实施、生态恢复重建和景区植被增加紧密结合起来，切实抓好脆弱区域的生态建设。要建立健全景区生态资源管理监测系统，加强对旅游环境的综合治理，搞好垃圾和污水的无害化处理。要积极引导当地群众改变落后的生产、生活方式，切实加强对当地居民和游客的环境保护教育，强化对“农家乐”的引导和规范，进一步营造人与自然和谐相处的良好氛围。

（七）抓好旅游宣传促销工作，进一步开发客源市场

旅游市场竞争越来越激烈，没有新思路、不想新招数，就很难在市场促销中取得新成效。今后，滇西北地区旅游产业集群的发展首要是要提高旅游宣传促销的整体意识，进一步树立和突出滇西北旅游的整体品牌形象，在整合宣传促销资源和力量的同时，建立起“部门联合、企业为主、上下联动”的区域宣传促销机制。二是要大力推进滇西北旅游信息化建设，充分利用广电、网络、平面等媒体

促销平台，积极推广和实施网络营销，打造宽平台、多语种的旅游目的地营销系统，全面宣传和展示滇西北旅游形象，提高滇西北旅游的知名度和吸引力。三是要深入实施市场多元化战略，加强“走出去”和“请进来”的旅游宣传促销力度，有重点、多渠道、全方位地拓展海内外客源市场，不断优化客源结构。四是把旅游市场需求和地方特色相结合，积极培育和推出富有特色的、招徕性强的精品游线路和名牌旅游节庆产品，不断营造滇西北旅游的新“亮点”，形成旅游的新“热点”和新高潮，促进滇西北旅游持续快速地发展。

（八）主动积极开展招商引资，多方筹集资金

滇西北旅游基础设施、景区景点和旅游城镇建设资金缺口很大，仅靠政府投入是不现实的。各地要广泛开展招商引资工作。一是展会招商。充分利用大型展会之机，争取海内外有实力的企业来投资。二是外出招商。组织精干队伍，联合企业到国外和国内发达地区，将滇西北地区有吸引力的旅游项目推销出去吸引外来企业投资。三是网上招商。利用网络广覆盖、高速度的优势开展滇西北旅游项目全球性招商。四是项目贷款贴息。对一些基础设施项目和关键性项目，加大贷款贴息力度。五是依法建立或完善旅游项目融资的分级担保体系。各地应积极探索建立旅游项目融资的担保体系。金融部门要积极扶持滇西北旅游项目的开发建设，对资信等级高、管理能力强、规模效益好的企业要进行重点扶持，不断增强其融资能力。六是积极探索新的融资方式。以市场化运作为核心，积极探索旅游投资基金、信用贷款等新的融资方式；加快旅游基础设施和旅游配套设施建设；推进重点旅游企业以上市融资、引进战略伙伴等方式，吸纳更多的社会资金投入。

（九）加快旅游龙头企业培育

企业是市场的主体，是旅游产业集群发展的核心力量。滇西北旅游建设项目绝大部分要靠企业投资来实现，加快旅游龙头企业的培育壮大十分重要。要加快对旅游龙头企业的培育，积极联合一批有实力的企业，对市场看好、规划完整、环境质量好、带动作用强、前期工作比较扎实的重大旅游项目积极进行引导性开发。各州市政府和有关部门要积极协助省旅游投资公司在当地开展业务，主动提供政府帮助，共同推进旅游重点项目的开发和建设，加快当地旅游产业发展，最大限度地实现政府意愿和企业发展双赢的战略目标。

（十）切实发挥政府在旅游产业集群发展中的主导作用

滇西北旅游产业集群能达到现今的发展水平，与各地州政府的重视分不开。但是，滇西北地区的基础设施建设还有缺陷，旅游产业集群的潜力还远远没有发挥出来，旅游经济的发展还很不充分，需要给予更多的关注、更大的支持。省政府积极帮助四州市完成重大项目的立项、申报等工作，省旅游局要帮助、指导各州市旅游规划的编制或修订。省交通厅要认真做好滇西北旅游交通干线、关键环线的规划和上报，抓紧在建项目的收尾工作，对国家批复同意的线路要尽快组织实施。省旅游局要主动发挥职能作用，加强对滇西北旅游规划和促进旅游发展的政策指导，及时协调、解决、反映发展中遇到的重大问题。省建设厅要主动帮助做好4个旅游城市和重点旅游小城镇的规划，积极协调城建项目的落实。省级其他各有关部门要在土地使用、环保建设、文化建设等方面积极主动给予支持和帮助。

7.3 以河南县域旅游产业集群为例

7.3.1 新安县旅游产业发展分析

（一）新安县概况

新安县位于河南省西北部，洛阳市西部，与河南省济源市及山西省垣曲县隔河相望，总面积1160平方千米，总人口50.22万人(2008年)。新安境内自北向南有黄河、青河、珍河、金水河、涧河等主要河流，其沿岸均有河谷川地分布。黄河、吵河川平地现大都被小浪底库区蓄水所淹没。新安县是旅游资源的大县，其旅游资源的丰度和密度在全省中名列前茅，其地形特点有“山高岭多沟谷碎，七岭两山一分川”之说。知名旅游资源有“一河一关一斋二湖三峡五山”：一河——黄河；一关——汉函谷关；一斋——千唐志斋；二湖一珍湖、青湖；三峡——龙潭峡、双龙峡、大峪峡；五山——黛眉山、青要山、荆紫山、始祖山、鹰嘴山。

（二）新安县旅游产业发展现状

（1）旅游资源现状

新安县地处豫西山区，靠近古都洛阳，总面积1160平方公里，其中可供游览面积近500平方公里。境内自然风光秀美、文化积淀深厚，旅游资源丰富，有世界地质公园1处（黛眉山），世界文化遗产申报单位1处（汉函谷关），AAAA级景区1处（龙潭峡），国家级文物保护单位1处（千唐志斋），省级文物保护单位6处；境内自然风光秀美、文化积淀深厚，旅游资源丰富，有青要山、荆紫山、黛眉山、始祖山、鹰嘴山，有黄河小浪底水库下闸蓄水后形成的168平方公里的广阔水面，占整个小浪底水库面积60%左右。且高峡平湖，群山环抱，山水相连，整体形成了以山为骨，以水为魂，以文化为脉的旅游格局。

（2）交通现状

新安县地理位置优越，交通便利。东距九朝古都洛阳 20 公里，距洛阳航空口岸 35 公里，距省会郑州 120 公里，地处欧亚大陆桥上，陇海铁路、310 国道、连霍高速横贯东西，并有 5 个铁路货运中转站台，3 条企业铁路专用线，拥有四通八达的运输网络，交通十分便利。

近年来，新安抓住交通扶贫和小浪底库区移民道路恢复、村村通硅（油）路工程等机遇，加快县内公路交通基础设施建设。截至目前，新安县公路总里程 1940.171 公里，具体情况为干线公路共计 187.963 公里，其中高速公路 1 条，6045，总里程 27.049 公里，沥青路面；国道 1 条，6310，总里程 29.267 公里，二级公路。目前，全县公路交通已初步形成了以县城为中心，以洛三高速公路、310 国道和新峪公路为主骨架，以县乡公路为脉络，县乡相连，干支配套，四通八达的公路网络，实现乡镇通油路，村村通汽车。

除航空、铁路、公路运输外，新安县水上航运业也日益繁忙。新安县水域通航里程已达 100 余公里，水面宽阔，水深足够，是发展航运业的有利条件。目前全县共有客船 11 艘，130 客位；货船 2 艘，长期在我县经营的外地籍货船 14 艘，年货运量 100 万吨，全县临时码头 6 个，共分布在四个乡镇境内，南石山、峪里码头 2004 年经省、市批准投资 500 余万元，建成站房两座，客运泊位 2 个，年接待能力可达 60 余万人次。

（3）旅游企业现状

旅游企业包括涉及旅游六大要素"吃、住、行、游、购、娱"的主体企业：旅游景区企业、旅行社、旅游饭店、旅游交通企业、旅游餐饮、旅游商业六类旅游供应商。

新安县不断加大对旅游基础设施的建设力度，努力消除新安旅游发展的"瓶颈"制约因素。筹集资金 2 亿多元，修建了通往景区道路 10 余条，总长 246 公里，修建了始祖山、鹰嘴山、荆紫山、黛眉山、龙潭峡等景区步游道 80 余公里；建成了旅游固定、浮动码头 8 个，购置游船 30 余艘；按照 AAAA 级景区标准，投资 1900 多万元对千唐志斋外围环境进行了综合治理，完成了停车场、广场、草坪等基础设施建设，使其外部形象焕然一新；投资 1.85 亿元，全长 63 公里的新安旅游主干道一新峪公路整修已结束，现已全线贯通；投资 2500 万元对新安旅游景观大道进行了绿化、美化；投资上千万元的南石山码头和投资 250 万元的万山湖水域峪里码头已建成投入使用；在各景区建设了一批宾馆、饭店、加油站等设施，青审宾馆、民政宾馆、电力宾馆、卫生宾馆、煤炭度假村、粮食宾馆、财政宾馆、土地小吃一条街、劳动饭店已落户景区，拥有三星级宾馆 3 家，社会宾馆 30 余家，床位达到 1700 个。景区家庭宾馆 500 多个，床位 1500 个。娱乐场所 5 家，可接待 300 人。

新安县主要企业包括河南黛眉山旅游开发有限公司、河南黛眉山旅行社有限公司、峪里滨湖度假区等。

河南黛眉山旅游开发有限公司是由多名大学生合作创办的以旅游服务为主营业务的综合性旅游企业。公司注册资本 200 万元。下设一个分公司和一个全资子公司及综合部、市场部、广告部、旅行社、烟酒名店等多个内设机构。现有员工 23 人，大专以上学历 9 人，其中硕士研究生 2 人。公司主要销售：旅游开发服务；国内广告设计、制作、发布；礼仪庆典活动策划、组织、实施；工艺品、旅游商品、特德产品、建材销售；烟酒、预包装食品零售；家禽养殖；中药材、苗木种植。

河南黛眉山旅行社有限公司是经省旅游局批准，是由工商行政管理部门登记注册的专业旅行社。公司注册资本 100 万元，主要从事国内旅游业务，协调办理国外旅游业务，兼营旅游商品的开发、代理和销售。公司下设办公室、计调部、外联部、财务部等三部一室。

峪里滨湖度假区位于新安县峪里村境内，处在黛眉山下，北临黄河主道，东接黄河三峡，区内有小浪底水库四大客运码头之一的峪里码头。水路可达万山湖其他景区，陆路距新安县城 64km。该度假区是游山、玩水、赏花和欣赏黄河民俗文化的一方圣地。黄河窑洞度假村以东，采用传统窑洞居室与现代玻璃画室相配套的独特风格．主要宾馆有新安电力宾馆、卫生宾馆等，有 30 个 4 人间，320 个床位，外加教室 1 个，画廊 1 个，总建筑面积 1500 平方米。

（4）旅游市场统计

截至 2009 年，根据新安县政府公开信息，可知：新安县旅游接待人次为 162.631 万人次，旅游综合收入达 5.86 亿元，经过测算可以发现，旅游业占第三产业的比重为 19.52%，旅游业占全县经济总量的 2.91%。

从河南省旅游促进处在 2009 年对河南各地市的旅游调查及新安县旅游部门的公开数据中，可以发现，新安县旅游客源市场的分布，一级市场主要集中在河南省内及周边省市；二级市场分为三块：京津地区、长三角和珠三角地区、日韩及中国港澳台地区；机会市场主要集中在东南亚、欧洲和北美地区。

（三）新安县旅游产业发展存在问题分析

对其现状分析，我们发现新安县旅游产业的发展遵循的是一种散点状的发展态势。这是一种旅游业发展的初级形态，在该县域的区域内，以各个景点，如龙潭峡、始祖山等为中心的观光旅游产业已经初步形成，有景区、旅行社、旅游酒店、餐饮企业和购物街等行业。但是其旅游产业发展也存在着明显的缺陷。

（1）尚未形成吸引全县旅游产业集聚的核心企业

通过对上面旅游企业的分析，我们可以明显地发现，新安县的旅游企业的发展是一团散沙，呈散点状。不管是旅游景区，还是旅行社或是酒店，缺乏凝聚起整个产业的核心企业，或是龙头企业。新安县有龙潭峡景区，而且该景区本省资源禀赋极高，但是不管从知名度或是旅游收入，在洛阳或是河南并没有极明显的竞争优势或是独一无二的特点。且新安县同时进行多个景区的建设，将资金、物力等进行了分散，同时客流也发生了分流，不利于围绕某一核心景区形成产业集群。旅游核心企业对产业集群的形成起着十分重要的作用。依托核心旅游企业，根据产业要素组合，其他旅游相关企业才可以围绕核心企业进行集聚，在其周边不断发展壮大，最大限度地发挥基础设施和相关机构的作用，吸引产业资本的投资，从而根据旅游者的需要灵活快捷地创新旅游产品，最大化地满足旅游者多样化的需求，进而树立区域旅游品牌。

（2）旅游产品链不全，缺乏深度体验类产品

以观光为主的产品占据主导地位，缺乏深度体验类产品。

目前旅游的发展趋势正从观光型旅游向休闲旅游型旅游转变。单纯的山水观光难以满足大众游客的多元化消费需求，从而阻碍了当地旅游数量的增长以及旅游质量的提升。新修复的千唐志斋作为当地的文化历史景点，其新产品开发过程中的“空壳化”现象严重，表现为供观光的复古建筑单体多，而供体验、参与或享受的娱乐活动少，这样的复古建筑很快会变成一个“空壳”，其后果就是吸引力从未提高或一度明显但又很快减弱。从新安县旅游局的旅游论坛中，发现曾到当地游览的游客普遍反映，当地的旅游购物品种类较为单一，可供购买、带走的产品较为缺乏，游客对此普遍反映不满意。全县通各景区车次仅有两趟，2 路公交车通往千唐志斋，在县汽车站有发往龙潭峡景区的班次。

（3）宣传力度不足，游客景区认知度不高

新安县景区经营基本停留在资源导向、门票经济的水平上。增长方式粗放，数量扩一张型多，质量效益型少。虽然县里按照“完善一条旅游线路，建设精品景区”的工作思路，把龙潭峡景区建设作为开发一重点，投资 5000 多万元，按照 AAAAA 级景区标准，进行了整修、扩建和完善配套设施，但由于开发时间短，宣传力度弱，且其景区在洛阳市甚至是河南省知名度不高，与同类景区相比，并不具有明显的优势和吸引力，游客认知度偏低。笔者通过网络和短信等方式对新安县的景点青要山景区、黛眉山景区、龙潭峡景区和千唐志斋进行了简单的认知度调查。之所以选择这四个景点，是由于青要山景区、黛眉山景区、龙潭峡景区三个山水型景区是《2009 年新安县政府工作报告》中提到开发“两山一峡”旅游景区。“高标准设计，大力度推进青要山、黛眉山景区开发，完善龙潭峡景区功能，以精品景区大开发，带动北部山区群众增加收入”。根据新安县政府公开信息的旅游线路介绍发现，在当地的一日游和两日游的线路推介中，均存在行千唐志斋这一景区，且在县城有公共汽车可以直达景点。

在新安县四个较为知名的景点中，33% 的受访者听说过龙潭峡，15% 的受访者听说青要山，9% 的受访者听说过黛眉山，48% 的受访者听说过千唐志斋，均不超过 50%。且在听说过的受访者中，通过报纸、电视、广播、新媒体等宣传手段而知道的仅占 1/50。

洛阳市旅游景点众多，豫西名山水旅游产品如白云山、亚武山、龙池曼、天子山、重渡沟、鸡冠洞、老君山、龙峪湾、养子沟、寨沟、通天峡、鼎室山、白石崖花果山、神灵寨、西泰山、龙山、邝山等一大批山水旅游景区，客观上分流了新安县的游客，形成了竞争压力，但其本身对旅游宣传的投入不足，宣传力度不大，导致了游客对其景区景点的认知度不高，局限了旅游景区的发展。

（4）旅游产业管理体制没有理顺，资金、人才支撑不足

新安县的旅游产业因多头管理不能形成合力，由此导致了条块分割，职能交叉，各自为政，互为封闭，互相制约，严重影响了旅游资源配置效率，直接后果是资源和景区的无序开发、无创意开发、无市场开发，浪费了宝贵的资源。举例来说，新安县珍吵湖的开发是由当地农业局牵头的，旅游局对此反应迟缓。此外，具有较高专业素质的旅游规划、策划、经营、管理人才不足，特别缺少景区旅游企业职业经理人。

本节选取了洛阳市新安县作为样本来研究县域旅游产业发展的一种模式：散点状发展，分析了其旅游资源现状、交通现状和旅游企业现状。通过对现状的分析，发现新安县散状发展的旅游产业存在着明显的缺陷，尚未形成吸引全县旅游产业集聚的核心企业；旅游产品链不全，缺乏深度体验类产品；宣传力度不足，游客景区认知度不高；旅游产业管理体制没有理顺，资金、人才支撑不足。

2008年全球陷入金融海啸引发的经济危机，旅游产业无其他产业一样遭遇到巨大有冲击。在严峻的形势下，河南省委省政府强力推行“旅游立省”发展战略，意在通过发展旅游业这个关联度很强的动力产业，带动三次产业调整，跨越式发展第三产业，做大做强文化产业，促进河南国民经济转型升级，全面促进和谐社会建设和生态文明建设。作为河南省最大的工业城市，洛阳市委市政府做出决策：“抢抓中原城市群建设重大历史机遇，加快洛阳新区建设，加快产业集聚区建设和加快城市化进程。”在这种国际形势和地区形势下，新安县旅游产业的发展也面临着升级更新，走何种旅游产业发展之路，如何做大做强县域旅游产业，成为当地亟待解决的问题。

7.3.2 修武县旅游产业发展分析

（一）修武县概况

修武县位于河南省西北部，太行山南麓，属焦作市管辖。全县总面积678平方公里，辖3镇、5乡、1个办事处和1个工贸区，223个行政村，30万人，是千年古县、全国旅游强县、国家生态建设示范区、国家卫生县城、全国平安建设先进县、全国农田水利基本建设先进县、全国绿化模范县、国家园林县城。修武山水秀美，北部的云台山风景名胜区总面积190平方公里，包括云台山、青龙峡、峰林峡三大园区，是一处以太行山岳丰富的水景为特色，以峡谷类地质地貌景观和悠久的历史文化为内涵，集科学价值和美学价值于一身的科普生态旅游精品景区。

（二）修武县旅游产业发展环境分析

（1）旅游资源环境分析

云台山是修武县境的拳头旅游资源，总面积190平方公里，它是一处以太行山岳丰富的水景特色，以峡谷类地质地貌景观和悠久的历史文化为内涵，集科学价值和美学价值于一身的科普生态旅游精品景区，含红石峡、潭瀑峡、泉瀑峡、茱英峰、叠彩洞、称猴谷、子房湖、万善寺、百家岩、青龙峡、峰林峡等十一大景点。云台山山奇水秀，气候宜人，植被茂盛，植物种类达 400 余种。中药材蕴藏丰富，除人参、灵芝外，还有闻名国内外的四大怀药—地黄、牛膝、菊花、山药以及茱英、连翘、天麻、当归等 200 多种。云台山景区是集世界地质公园、全国文明风景旅游区、国家重点风景名胜区、国家森林公园、国家 AAAAA 级旅游区、国家水利风景区、国家地质公园、国家级称猴自然保护区、国家自然遗产等一个世界级和八个国家级品牌于一身的全国知名景区，2007 年与美国大峡谷国家公园结为姐妹公园，2009 年与雅鲁藏布江结为兄弟景区。目前还是中国作家协会文学创作生活基地、中国摄影家协会摄影创作基地、中国地质大学产学研基地、中国科技大学教学科研基地、全国首个旅游景区博士生实习基地和河南省科普教育基地。

此外，还有诸多景区。胜果寺塔位于修武县城西南隅。宋绍圣中建。砖塔七层。原有殿宇 72 间已废，唯塔独存。1963 年 6 月，公布为河南省第一批省级文物保护单位。影寺风景区位于焦作市北部山区的修武县双庙乡，距市区 40 公里。影寺，原名净影寺，北临山西晋城市，西起孤山水库，东至过风口，南至平顶窑，呈平行四边形。主要景观还有黄娘塔、说法台、蜡烛峰、龙盘峰、狮踞峰、龙角峰、透山水、五股泉、龙门瓮瀑布等。河南太行山自然保护区位于河南省济源市、沁阳市、修武县、辉县市 4 县市境内，总面积 56600 公顷。保护区由济源保护区和沁阳松岭保护区合并而成，主要保护对象为称候及森林生态系统。群英湖风景名胜区地处太行山前沿，面积约 25 平方公里。群英湖坝高 100.5 米，是我国最高的砌石坝。大坝耸立于高山峡谷之中，气势雄伟挺拔，造型美观，曾先后以图片的形式在国际大坝会议和广交会上介绍展出。我国正式出版的《中国大坝》《中国拱坝》图集以及有关坝工建设的文献资料，都将群英湖大坝作为典型予以刊载。

（2）交通环境分析

修武地处郑州、新乡、焦作中心地带，区位优势突出，交通条件便利，境内有高速公路三条：济东高速、焦郑高速和即将实施的云郑高速。铁路三条：焦新铁路和拟建中的郑云轻轨、新月二线。距新郑国际机场仅有一个小时的车程，郑州至云台山的直达高速公路也正在筹建中。国家南水北调、西气东输工程均从修武通过并设有开口，修武县正在成为豫西北重要的交通、物流中心。北京至焦作云台山的一周一次的旅游专列。

（3）旅游市场统计

截至 2009 年，根据修武县政府公开信息，可以知道：修武县旅游接待人次为 326.55 万人次，旅游综合收入达 10.12 亿元，旅游业占第三产业的比重为 57.83%，旅游业占全县经济总量的 12.62%，已经成为当地的支柱产业。从河南省旅游促进处 2009 年对河南各地市的旅游调查及修武县旅游部门的公开数据中可以发现，修武县旅游客源市场的分布，一级市场主要集中在河南省内及周边省市；二级市场分为三块：京津地区、长三角地区；机会市场主要集中在日韩和中国港澳台地区、东南亚、欧洲和北美地区。

修武县旅游发展的政策环境要从市和县两级层面进行分析。市级层面主要体现在焦作市政府为扶持云台山旅游发展而采取的一系列举措，如：战略定位、组织协调、政策倾斜、营销等等。而县级层次则体现在县政府为发展旅游业所采取的一系列措施。

修武县云台山旅游从无到有、从默默无闻到声名远播，从缺乏旅游品牌到拥有焦作山水、世界地质公园、太极拳三大具有国际影响力的主题品牌，经历了量的增加和质的转变，政策环境的优越性体现得淋漓尽致。焦作市委书记、市长亲自制定旅游业发展方针，市委书记提出了做大、做强、做精焦作旅游业的战略目标，明确要求："对发展旅游业的态度要坚决，不能动摇；抓旅游工作的力度要加大，不能放松；对旅游工作的领导要加强，不能削弱。"焦作市长反复强调："要坚定不移地把旅游业放在第三产业的龙头地位，坚定不移地把旅游业做大做强做精。"焦作市政府曾多次发布文件，如 2005 年 23 号文件《中共焦作市委焦作市人民政府关于加快焦作旅游产业化发展的意见》，2009 年 22 号、24 号文件关于印发《市委办公室市政府办公室焦作市加快发展旅游业若干扶持政策》的通知，《中共焦作市委焦作市人民政府关于实施"旅游立市"战略加快旅游产业发展的意见》。

从 2001 年起，焦作市旅游局精心制定了《关于省外旅游专列、团队赴焦旅游的奖励政策》，对组织、招徕客源赴焦旅游的组团社给予了更科学的打折优惠和现金补贴奖励，大大调动了旅行社组团的积极性，对激活焦作山水旅游市场起到了积极的作用。市委、市政府先后出台了《关于进行第三次创业加快发展旅游业的意见》《关于做好假日旅游工作的意见》《关于旅游服务创品牌工作的意见》《关于进一步加快旅游产业化发展的意见》等一系列支持加快旅游业发展的指导性文件，明确旅游业的发展思路、指导思想、工作目标和工作重点。市政府每年都把发展旅游业纳入财政预算，在保证旅游部门正常办公经费的同时，市级财政、各景区景点所在的县市区财政及民间个人也纷纷出资投入旅游业。

1999 年，修武县委、县政府确立了"旅游兴县"的发展战略，举全县之力，对云台山景区进行了大力度的开发、建设和宣传，对旅游相关产业进行了大力度的扶持和引导，使云台山迅速发展成为客源市场遍布全国，并在国外有一定知名度的景区，使全县旅游产业迅速膨胀，旅游经济初具规模。为了进一步拉长旅游产业链条，提高旅游业综合效益，使修武真正从旅游资源大县变成旅游经济强县，2007 年，县委、县政府又提出了实施"旅游第二次创业"的口号，确定了打造国内一流、世界知名旅游胜地的目标，把强力发展旅游业作为推进工业化、城镇化、农业现代化的重要途径，在政府颁布的投资政策的投资导向中明确将"发展旅游产业。重点发展酒店业、娱乐业和旅游产品加工业"作为投资重点，努力实现从旅游资源富县向旅游经济大县、从旅游经济大县向旅游经济强县的成功跨越。同时，修武县政府较为重视产业集聚的发展，在 2009 年 10 月份颁布中共修武县委、修武县人民政府《关于加快推进产业集聚区标准化厂房建设的意见（试行）》，《关于印发产业集聚区项目入驻优惠办法的通知》，《关于加快产业集聚区建设的意见》等文件，促进了修武县旅游产业集群的发展。修武作为河南省 35 个对外开放重点县之一，成立有全省首家县级行政服务中心，为前来投资兴业的客商提供"保姆式""一站式"集中服务，对新上项目颁发“绿色通行证书”。县委、县政府还不断推出一系列优惠政策，为客商提供宽松良好的投资环境。

市县两级政府促进了云台山和修武县旅游的发展，客观上引导了当地旅游产业的发展，为旅游产业集群的顺利形成铺平了道路。

（三）修武县旅游产业集群发展现状

（1）集群概况分析（三层）

首先是核心层——旅游景区企业。旅游景区经营着由旅游核心吸引物构成的核心产品，是旅游产业集群赖以存在的基础。2009 年 12 月 26 日上午，焦作云台山旅游（集团）股份有限公司揭牌仪式，在云台山山门广场隆重举行。云台山景区以焦作云台山旅游发展有限公司和青龙峡旅游服务有限公司为主体，吸纳整合神农山索道旅游发展有限公司、青天河游船旅游发展有限公司和云台山国际旅行社为子公司，组建成立焦作云台山旅游（集团）股份有限公司。经营范围包括旅游客运、索道游船、餐饮住宿、旅行服务等，涵盖了“食、住、行、游、购、娱”六大旅游要素。

其次是要素供应层——旅游企业。包括涉及旅游六大要素“吃、住、行、游、购、娱”的主体企业等六类旅游供应商。旅游供给物正是旅游者在整个旅游过程中所直接消费的。修武县共有各类旅行社 26 家，定点旅游饭店 37 家、宾馆旅 372 家（床位 1.6 万张）、购物超市 105 家，开发旅游产品 85 种，旅游直接从业人员达 5000 人，间接从业人员达 2.5 万人，占全县城镇从业人员的 70%，旅游服务业成为吸纳劳动力的主渠道。

最后是辅助层——相关服务企业和机构。包括对目的地基础设施和前两个层次起支持作用的供应者和有关组织、团体、机构。随着修武县旅游业的快速发展和旅游服务功能的逐步完善，大量资金迅速注入市政、交通等服务设施建设，城镇供水、供电、通信等设施不断完善，旅游服务接待能力大幅提高。同时，通过旅游带动，县域交通网络日趋健全。修武县仅道路建设就投入资金 18.92 亿元，新修道路 852 公里，基本形成了“村村通油路，乡乡通二级，南北通高速”的交通大网络，加速了城乡一体化进程。在县政府的引导的情况下，成立了修武县餐饮行业协会、宾馆行业协会、超市行业协会（以下简称“三个协会”），后又在旅游局牵头组织成立的“修武县旅游行业协会”，“修武县旅游行业协会宾馆分会”，“修武县旅游特产购物协会”的基础上，将“三个协会”合并，变更成立“修武县旅游服务业协会”。

目前，修武县初步形成了旅游服务以及铝产品加工、机械加工、农副产品加工四大支柱产业，规划建设了 5000 亩的城南工业集聚区以及多个布局合理、基础设施完善的工业园区和旅游综合服务区。仅 2008 年全县各工业园区就吸引外来投资项目 45 个。

修武县以创建国家卫生县城和国家园林县城为载体，大力实施环城道路高标准绿化，规划和建设宁城公园、幸福公园、滨河公园等多个城市公园，着力打造“林在城中，城在绿中”的宜居环境。实施了文化城、广电大厦、山水文苑小区、银河城小区、阳光和谐家园小区等建设，显著改善了人居环境。在城市中心区，大力实施白音潭公园整合开发和运粮河、老城街开发改造，不断提高城市品位。

（2）企业现状分析

集群内主要是除景区企业的核心企业以外，以私营企业为主，其中旅游购物和餐饮的私营化程度最高而旅游住宿的私营化程度最低。集群内的企业以中小企业为主，规模较小。旅游购物和餐饮的规模最小，全县进行旅游超市 105 家，其中仅有 6 家规模较大、投资超过 10 万元的定点购物商场，其余的旅游产品销售商店则几乎全是投资在 3 万 ~ 5 万元、员工人数在 2 ~ 5 人的小型购物点。相对于其他旅游企业而言，旅游住宿业规模较高。

集群内相关中小企业是以焦作云台山旅游 (集团) 股份有限公司为龙头企业，聚集在风景名胜区的周围，龙头企业带动着中小企业的发展。下面对龙头企业焦作云台山旅游 (集团) 股份有限公司进行分析。

云台山景区以焦作云台山旅游发展有限公司和青龙峡旅游服务有限公司为主体，吸纳整合神农山索道旅游发展有限公司、青天河游船旅游发展有限公司和云台山国际旅行社为子公司，组建成立焦作云台山旅游 (集团) 股份有限公司。经营范围包括旅游客运、索道游船、餐饮住宿、旅行服务等，涵盖了“食、住、行、游、购、娱”六大旅游要素，将焦作云台山旅游 (集团) 股份有限公司打造成为在全国、全省具有巨大品牌影响力、竞争力的旅游龙头企业。组建旅游集团，是经济结构调整和产业升级的客观要求，是扩内需、保增长、保民生、保稳定的现实需要，是创新体制机制、突破旅游业发展瓶颈的必然选择，是做大做强旅游产业、应对国内国际严峻挑战的必由之路。公司采用先进的企业化管理模式，不断完善内部管理机制，提高职工整体素质，强化市场营销力度，实施山水品牌战略，注册了包括旅游工艺品、旅游服务商标在内的“云台山”商标 43 类 512 项。河南云台山国际旅行社有限公司是经国家旅游局批准成立并颁发国际旅行社业务经营许可证，按现代企业制度设立的股份制旅游企业。公司按照制度健全、权责明晰、分工明确、各负其责、运作有序、保障到位、利润分成、奖罚分明的经营机制，设有入境旅游中心、国内地接中心、散客接待中心，中国公民旅游中心、客户服务中心、车队、交通票务中心、导游中心、综合中心、财务中心、营销策划中心、航空票务部、人力资源部等部门。云台山国际旅行社将利用云台山世界品牌，形成以河南云台山为主的精品线路，集旅游、吃、住、游、购、娱为一体的多元化、品牌化、专业化、市场化、网络化、国际化、集团化的大型旅游标杆企业。

（3）集群内外企业的竞合关系

旅游产业集群内部企业之间的竞争与合作关系以及修武县旅游与其他区域旅游之间的竞争与合作关系。

集群内部企业之间的竞合关系从水平层面和垂直层面两个层面分析。从水平层面来看，集群内部企业之间存在着一些合作，但从总体上看，集群内部企业之间竞合关系不畅：存在无序竞争和低水平竞争；企业间合作度不高。究其原因，集聚区内企业的产品差异性小，各企业经营的方向和特色不明显，导致区内企业之间争夺人才资源、客户资源，在产品定价方面出现了无序竞争的现象；缺乏有效的信息沟通与协调机制，还没有建立起连接各旅游企业的信息平台和互动网络，集群内外部的相互的沟通交流受到限制，也影响到企业间的合作。从垂直层面来看，企业之间由于业务的关联性，相互之间保持良好的竞合关系，并且往往通过一些正式或非正式的协议达成彼此的战略联盟关系。

集群外部的竞合关系是指修武县与其他区域旅游之间的竞争与合作关系，竞争是主流。这种竞争主要表现在相互之间争夺旅游客源，如：修武县云台山与河南省内同属山岳型景区之间的竞争，与邻近河南省的山岳型景区的竞争。但是另外一方面，区域旅游之间也存在合作，如云台山与美国的科罗拉多大峡谷、西藏雅鲁藏布江峡谷结成姐妹、兄弟景区。随着郑西高铁的开通，为云台山、西安两地合作创造了条件。借助西安这一国际旅游平台，大幅提升焦作入境旅游客源市场份额，并实现西安既有的国内客源市场的重大突破。西安旅游界人士普遍认为，郑西高铁的开通将成为旅游市场的一个引爆点，西安—郑汴洛这一传统旅游线路多集中在历史人文景观，如果融进云台山的自然山水，这种旅游产品在市场上将会更有影响力。两地虽约定进行旅游合作，但由于区域合作涉及很多具体问题，比如说利益分配问题、旅游品牌建立问题等，这些问题很难解决，所以目前区域旅游合作还只是停留在形式上的协议上，实质的合作还很有限。

（4）政府管理体制

早在20世纪90年代初，云台山“景政合一”的管理模式就曾经作为先进经验得到国家建设部的认可。之后，县里又把原分属林业、水利等不同部门管理的国家森林公园、马鞍石水库、青龙峡景区全部纳入云台山管理，实现了人才、资金、资源、建设、管理的统一调配和合理使用，充分发挥了旅游资源的整合效应。

2008年9月，为了加强“中国云台山世界地质公园”建设和管理，充分挖掘“云台地貌”地质遗迹的科学内涵，打造世界名牌，根据联合国教科文组织关于世界地质公园的管理规定和国土资源部的国土资函(2007)68号和省国土资源厅的豫国土资发(2008)58号《关于进一步加强地质公园建设和管理工作的通知》，修武县政府研究决定，现成立“中国云台山世界地质公园管理委员会云台山园区管理处”，具体设置如下：

中国云台山世界地质公园管理委员会云台山园区管理处，事业单位，副处级别，编制巧人。其中云台山5人，博物馆6人，青龙峡、峰林峡4人。设副处领导职数1名，正科3名。经费财政全额供给。干部任免按国土资源系统的现行有关规定执行。

中国云台山世界地质公园管理委员会云台山园区管理处在接受市世界地质公园机构领导的同时，也要接受当地国土资源部门的领导，实行“双重”领导，以接受市世界地质公园管理领导为主。

（5）旅游行业协会

协会是集群形成的重要因素。非营利协会可以及时了解发布旅游市场最新信息，规范旅游产业内旅游相关企业行为活动的，推动集群内企业间的交流与合作。焦作市旅游协会是市旅游行业的企事业单位和个人在平等自愿基础上组成的全市综合性旅游行业协会，为非营利性的社团组织，具有独立的社团法人资格。协会接受市旅游局的领导、市民政局的业务指导和监督管理。拥有旅游商品、旅行社、景区和旅游饭店分会。而在修武县，在县政府的引导的情况下，成立了修武县餐饮行业协会、宾馆行业协会、超市行业协会(以下简称“三个协会”)，后又在旅游局牵头组织成立的“修武县旅游行业协会”“修武县旅游行业协会宾馆分会”“修武县旅游特产购物协会”的基础上，将“三个协会”合并，变更成立为“修武县旅游服务业协会”。

（6）旅游相关教育培训机构及人力资源状况

随着旅游市场的不断开放，修武县旅游发展面临的竞争和压力也越来越大，旅游队伍建设刻不容缓。当地从提高旅游行业从业准入标准、从业人员的服务意识和服务水平入手，以业务培训、技能比赛等方法为手段，努力建设一支高素质旅游队伍。焦作市各大中专院校普遍开设了旅游专业，每年都要培养出大批旅游人才，当地积极从中吸纳优秀人员进入旅游队伍。结合旅游企业业务分工的不同，在培训方式、培训内容和师资力量上各有侧重，邀请了国内知名院校、企业的专家前来讲学，先后选派60余名旅游管理人员赴华东师大、上海旅专及武汉大学等院校进修学习，并邀请了德国、法国、美国、日本等国内外知名专家前来讲学，选派旅游管理人员赴西班牙进修，努力与国际旅游接轨。在行业内，广泛开展各项评比活动。通过举办旅游行业普通话、英语、导游讲解、中西餐摆台等赛事活动，以及开展“青年文明号”“青年岗位能手”等创建活动，有效提升了他们的业务技能与服务水平。近几年，当地旅游系统内先后涌现出一批“全国青年文明号”“河南省青年文明号”“河南省青年岗位能手”。

（7）信息化建设

修武县已建成相关旅游公共网站十余个，这些网站大致分为两类，一类是政府建立的官方网站，如修武县人民政府网站中的旅游板块，焦作市旅游局设立的官方网站—焦作山水网，重点介绍了云台山景区；另一类是旅游企业自建的网站，主要对云台山相关信息进行介绍，如云台山官方网站，发布景点、食宿和交通等情况相关信息，并对企业自身旅游产品进行宣传推介，还提供车票、机票、景区门票、目的地酒店的在线预订，乃至旅游线路的预订。但是还没有建立起连接各旅游企业的信息平台和互动网络，缺乏一个专门机构对集群内的信息进行搜索、研究和整理，并及时将有价值的信息发送给集群内部的企业，也不能及时地将集群内信息迅速准确地传达到市场，限制了集群内外部的相互的沟通交流，进而限制了集群优势的发挥。

本节以河南省修武县为样本来研究县域旅游产业发展的一种模式：旅游产业集群发展。分析了修武县的概况和旅游产业集群发展环境，修武县旅游产业集群的现状，包括企业现状、政府管理体制、旅游行业协会、旅游教育培训和人力资源状况以及信息服务建设。可见，修武县已初步形成结构基本完善的旅游产业集群，但是集群正处于发展的初级阶段。

7.3.3 县域旅游产业集群发展优势分析

（一）旅游产品优势

旅游产业集群内聚集着大量的旅游相关企业，这既有利于企业间交易成本降低，促进了旅游产品成本的降低；又有利于企业之间相互沟通与交流，从而促进旅游产品的创新。

从修武县旅游产品的发展情况来看，旅游产业集群使修武县的旅游产品体系更完善，旅游产品的类型及层次更丰富，能够更好满足旅游者不同层次的需求。过去修武县的旅游产品结构单一，主要是初级的观光旅游产品，参与性体验性比较弱，游客多停留在“到此一游”的水平上，重游率低。如今，云台山已成为集7个国家级称号(国家级重点风景名胜区、国家森林公园、国家称猴自然保护区、国家地质公园、国家AAAAA景区、国家水利风景名胜区和国家级自然遗产）和1个世界级称号（首批世界地质公园）于一身的著名风景区，并被确定为河南省青少年科普教育基地、中国作家协会文学创作生活基地、中国摄影家协会摄影创作基地和中国地质大学产学研基地等。旅游产品已不再是观光旅游“一枝独秀”，而是发展成为观光旅游、度假旅游、生态旅游、探险旅游、修学旅游的综合旅游产品。这不仅顺应了21世纪休闲、生态、绿色旅游的趋势，也符合旅游者多样化和个性化需求。

（二）产业资本吸引力优势

旅游产业集群能够增强旅游目的地对产业资本的吸引力，集群良好的外部经济效应有助于降低了集群内部企业的成本，吸引更多新的投资进入，同时，集群有利于空间最大化旅游者的吸引力，放大旅游需求，形成了更大的旅游市场，从而吸引了更多的资本进入，形成了一个良性循环。越来越多的私营资本进入修武县进行相关的旅游开发，表明了修武县对产业资本越来越强的吸引力。如今，私营资本已介入到修武县旅游发展的各行各业，从劳动密集型的旅游商品销售、旅游餐饮，到技术密集型的旅行社，再到资金密集型的旅游饭店，就连旅游景区开发中都已经有私营资本的介入。可以预测的是，随着集群内私营企业经营状况的蒸蒸日上，必将有更多的产业资本进入修武县的旅游开发中。

为加快旅游经济由“门票经济”向“产业经济”转变的步伐，修武县把“拉长旅游产业链条”写进了政府工作报告，出台了《关于加快旅游相关产业发展的意见》等文件，并制定优惠措施，加大招商引资力度，吸引各界人士前来修武投资发展旅游相关产业，催生了云台商业广场、万水千山大酒店、锦江大酒店、西夏庄园、五龙玉雕博览城等一批与旅游相配套的三产服务项目。为吸引社会资金注入旅游业，县里专门修订出台了《修武县外来客商投资优惠办法（试行）》，在土地、税收、服务等方面提供最大限度的优惠和便利。如今，在修武，农民承包开发景点、个体户组建客运公司、山民开办家庭旅社等已习以为常，具有当地特色的传统土特产品如松花蛋、鸡头参、山韭菜等也成了特色旅游商品。

（三）区域旅游品牌优势

随着旅游产业集群的发展，集群区域内的旅游产品、服务和形象的差异化更加明显，从而使品牌产品逐渐区域化，成为一个整体性的区域旅游品牌。政府是区域旅游品牌建设中最主要的推动者。政府出面进行区域旅游品牌的建设，在规模、说服力、权威性上，都远远超过由旅游企业单独进行的营销活动。

焦作市政府和修武县政府通过各种途径，对云台山进行整体营销。在景区开发建设中，该县先后投资220万元，聘请国家旅游局、清华大学、南开大学等单位的60多位专家为景区高起点编制了详细规划和深度开发规划，并先后投资5亿元，精心开发包装了潭瀑峡、泉瀑峡、红石峡、青龙峡、茱英峰等精品景点，实施了三线地埋工程，建成了多功能综合服务区，实施了数字化景区建设工程，使景区管理水平大为提高。

为了在激烈的竞争中叫响修武云台山品牌，该县在国家工商总局注册了云台山品牌商标，共42类421项。与此同时，该县围绕“云台山水，峡谷极品”这一品牌形象，每年拿出门票收入的10%-20%，采取动静结合、基础性宣传与突破性宣传相结合的方式，多管齐下，在主要客源市场和目标市场发起强劲促销攻势。目前，该县的客源市场已经扩展到半径1500公里区域，游客遍布全国各省、自治区、直辖市。

为进一步提升云台山水的品位，修武县在打响云台山水品牌的同时，突出旅游资源特色，树立历史文化品牌，按照打造“山水云台、人文修武”的目标，大力开发文化资源，发展文化产业，促进文化与旅游的相互融合和协调发展。早在2002年，该县就成立历史文化研究会，组织专人对全县的历史文化资源进行系统研究，相继出版了《云台山历史文化研究》《云台山的传说》《青龙峡的传说》等书。2004年，该县对文人雅士、学者名流游览云台山的诗词歌赋、名篇佳句和书画墨宝进行精选，出版《云台赞歌》(民间传说、诗词歌赋、散文游记)三卷，满足了游客赏名山胜水、品佳文丽句的要求。该县挖掘出中华陶瓷业的始祖宁封子、中国历史上第一个国家烈士陵园等极富开发利用价值的文化资源，对汉献帝、“竹林七贤”、韩愈等历史名人与修武渊源的研究也逐步深入，使千年古县的历史文化脉络逐渐清晰。

在此基础上，修武县加大精品文化项目建设力度，本着体现和传承千年古县悠久历史文化风貌的原则，修编了县域总体规划，计划投资8000万元建设文化城，集中展示修武悠久的历史文化。在旅游项目建设上，该县以王维和孙思遂的遗迹为主线，在茱英峰景点修复了王维雕像、重阳阁、云台观、药王洞、玄帝宫等古迹；以魏晋时期的“竹林七贤”为主线，在百家岩景点开发了竹林、稽亭、崇明寺、汉献帝避暑台、秘康淬剑池、刘伶醒酒台等人文景观。目前，该县还计划在茱英峰景点修建骑龙升天台、观日台、碑廊，在百家岩景点修复御碑亭、七贤堂等，进一步丰富旅游内涵。

（四）县域旅游集群区域城镇化比较优势

产业集群在农村城镇化的过程中起着非常重要的作用。通过产业集群的市场接近的便利性，把农村的手工小作坊、机械小工业紧密地与市场联系起来，扩大农民就业，提高农民收入。在集群的促进下，农民才能真正体会到非农产业所带来的经济收益，才能有更多的农民脱离农业生产，转移到非农产业中，农村城镇化的节奏和幅度才能有质的飞跃。旅游业的快速发展和强力拉动，为县域经济的发展创造了新的机遇和空间，激活了县域经济。旅游业及相关产业的快速发展，使修武县经济结构明显改善，饮食、住宿、运输、商贸等行业呈现出前所未有的红火景象，特别是黄金周、双休日，全县所有宾馆、旅社、饭店全部爆满。旅游综合收入由 2000 年的 3680 万元上升到 2009 年的 8.07 亿元；占第三产业增加值的比重由 2000 年的 8% 上升到 2009 年的 50.3%; 第三产业对国民经济的推动力达 2.4%。同时也促进了基础设施建设。随着修武县旅游业的快速发展和旅游服务功能的逐步完善，大量资金迅速注入市政、交通等服务设施建设，城镇供水、供电、通信、娱乐等设施不断完善，旅游服务接待能力大幅提高。同时，通过旅游带动，县域交通网络日趋健全。也拓宽了就业渠道。蓬勃发展的旅游业提供了大量的就业岗位，全县从事第三产业的个体工商户和私营企业达到 5000 余家，第三产业从业人员占全部从业人员的 70% 以上，第三产业已替代第二产业，成为吸纳劳动力的主渠道。特别是景区内的农民，通过办家庭旅社、售旅游商品、参与旅游服务等，实现了就地转产、就地从业，人均年纯收入已由开发前的不足 300 元增加到现在的 3000 余元。景区附近的岸上村，2000 年还是一个全省有名的贫困村，人均收入只有 260 元。近年来，该村通过发展旅游业走上了致富的道路，2009 年全村人均收入达到 5 万元，家家开上了小汽车，户户办起了家庭旅馆，成了全省有名的富裕村和新农村建设示范村。

全县医疗卫生服务体系不断加强，乡镇卫生院建设步入河南省先进行列，标准农村卫生室覆盖率达 100%，新农合参合率达 98.4%，城镇居民医疗保险覆盖率达 55%；文化体育事业健康发展，90% 农村建设了文化活动中心；积极推进新农村建设，实施了 77 个分类推进村、17 个整村推进村和 10 个自然村整村搬迁工程，新建了一批超市、澡堂、沼气池、文化中心等设施。

改革开放 30 年，全县 GDP 总量由 1978 年的 6307 万元增加到 2017 年的 138.9 亿元，增长 219 倍；财政收入由 1978 年的 590 万元增加到 2017 年的 10.4 亿元，增长 175 倍；城乡居民储蓄由 1978 年的 367 万元增加到 2017 年的 47 亿元，增长 1280 倍，先后获得了全国旅游强县、国家生态建设示范区、国家卫生县城、全国平安建设先进县、全国农田水利基本建设先进县、全国绿化模范县等荣誉。

7.3.4 县域经济旅游产业升级对策分析

随着经济全球化与一体化进程的发展，我们所处的经济环境已经变得越来越开放和多元化，在这样的经济背景下，旅游目的地之间的竞争日益激烈。这种竞争不仅表现为同一区域之间不同旅游目的地间的竞争，也表现为区域之间目的地的竞争，甚至还表现为国与国之间不同目的地之间的竞争，并且这种竞争正在呈现出以产业集群为新的竞争单元来进行的发展趋势，因此，有必要对目的地产业进行升级，使其在与其他产业进行竞争时表现出更强的竞争实力。本书认为旅游产业集群可以分为三个基本层次，这三个层次相互补充、相互协调、共同发挥作用，才能更好地促进旅游产业集群的发展，提升旅游目的地的竞争力。

（一）在集群的核心层面，进行旅游资源的有效利用和合理开发

在开发山水资源过程中，修武县应坚持高起点规划、高标准建设，强力打造精品景区。对温盘峪、小寨沟、老潭沟等核心景点进行不间断的精雕细刻，而且对步道、停车场等旅游设施也要精益求精，使景区内处处是精品、点点有特色。要使景区的给排水工程、梯级水面工程档次高，贴近自然；各景点休息设施的外观、颜色、造型全部与周围环境相协调；景区内厕所全部达到二星级以上标准；集声、光、像于一体的云台山地质博物馆，为游人学习地质科普知识提供理想的场所；新修建的水上太极拳表演舞台将焦作的一山一拳（云台山和太极拳）充分展示给各位游客，全面提升景区的人文内涵和文化品位。在单一的自然山水旅游游产品基础上开发出历史文化游、科普知识游、体育健身游等10种旅游产品，最大限度地做到以游客为本，实现旅游服务的人性化；推出能够满足不同层次、不同年龄、不同地域游客的个性化食谱，强化旅游教育培训力度，增强旅游服务从业人员为游客提供个性化服务的意识，追求旅游服务的个性化。

（二）在集群的要素企业层面，强化综合服务能力的整体提升

按照旅游产业链的要素构成，以现有服务设施为基础，进一步拓展服务项目和服务功能，在纵向上完善旅游者全过程的食、住、行、游、购、娱等旅游需求的满足条件，完善旅游产业价值链。拓宽“购”和“食”的思路，旅游购物要突破纪念品和土特产品的传统领域，向工业消费品和高档工艺美术产品领域拓展，逐步实现生产和交易的集群化，以此带动修武县的旅游产业升级。完善“住”和“行”的条件，满足不同旅游者需求的吃住场所；拆除市场壁垒，对旅行社实行战略重组，允许省内外大型旅行社到集群来办分社，或投资创办旅行社，以改变旅行社“散、小、弱、差”的局面，搭建旅行社合作竞争的平台。

（三）在集群的相关行业建设层面，完善相关行业的功能，建立互动合作机制

以旅游业为主体，完善道路交通、邮电通讯、银行保险、建筑、媒体、环保、教育等行业功能，推进彼此之间生产或服务的合作与交易，强化集群各层次企业之间多方面的互动联系。具体措施是，建立企业共性技术研发的服务平台，培育学习与合作竞争的集群创新文化；建立政府和行业协会的监督、调控机制；加强污水和垃圾的集中处理；鼓励实施

清洁生产，发展循环经济等。在本章，文章对两县旅游发展现状进行了对比，分别从旅游资源、地理位置和交通条件以及旅游政策环境做对比，又对旅游产业发展的现状从旅游综合收入、旅游接待人次、旅行社书、旅游景区景点、旅游床位数和旅游商品种类等方面进行了比较，可以发现旅游产业集群对修武县旅游产品、产业资本吸引力、区域旅游品牌以及县域城镇化的进程四个方面产生了巨大的影响，使其在这四个方面具有了明显的优势，由此，从旅游产业集群地三个层次，提出了旅游产业集群升级的对策，在集群的核心层面，进行旅游资源的有效利用和合理开发；在集群的要素企业层面，强化综合服务能力的整体提升；在集群的相关行业建设层面，完善相关行业的功能，建立互动合作机制。

7.4 以永济蒲州镇旅游产业集群为例

7.4.1 永济市蒲州镇概况

永济市地处晋、秦、豫三省交界处、位于山西省西南端，是西部开发的前沿阵地；西邻黄河与陕西省隔河相望，南与茵城县接壤，东与运城市交界，北与临猗县毗邻；地跨东经 110° 15'00"~110° 45'33"，北纬 34° 44'50"~35° 04'50"，东西长约 49 千米，南北约 43 千米。市域总面积 1208.8 平方千米，中心城区位于市域中部偏西、中条山北麓。永济市交通便利，距运城 50 千米，西安 180 千米，洛阳 260 千米，交通四通八达。南同蒲铁路贯穿东西，越过黄河与欧亚大陆桥陇海铁路接轨，另有正在建设的大西高铁，横穿市区的运风高速公路西与西慷高速相连，北与大运高速相接，东与运三高速相通。

蒲州镇位于永济市区西 12 千米处，西临黄河，东连永济市区，北接栲栳镇，南毗风陵渡经济开发区，是永济市乃至山西省的经济、产业、文化、旅游重镇，全镇辖 32 个行政村，75 个自然村，4.3 万人，国土面积 129.1 平方千米。研究区属温带大陆性气候，冬寒雪少，春暖干旱，夏季高温，秋季凉湿。年平均日 2272.5 小时，年平均气温 13.5℃，年平均降水量在 500~550 毫米之间，全市降水量由东南向西北逐渐减少。由于受地形的影响，主要风向为东北风和西南风。黄河是流经本区的最大河流，全长为 48.6 千米。

（一）永济市蒲州镇旅游资源空间集聚现况

永济市蒲州镇旅游资源丰富、景点星罗棋布、空间上有集聚优势，文化底蕴深厚、并且等级较高，是目前永济旅游发展的重点区域。在不到 10 千米的文化旅游圈内串联了鹳雀楼、蒲津渡遗址、铁牛馆、普救寺、蒲州故城遗址、万固寺、黄河滩地、黄河夕照、农家乐等旅游资源。其中蒲津渡遗址、蒲州古城遗址和普救寺属五级旅游资源，万固寺、铁牛馆与鹳雀楼属四级旅游资源。蒲州镇丰富的旅游资源吸引大批古今文人墨客并留下千古名句，蒲州镇是山西省内唐文化元素最丰富、保存最完好的地方。蒲州镇 2005 年被确立为省级小城镇示范镇，2006 年被命名为山西省历史文化名镇，2008 年被命名为山西省旅游名镇，2010 年被命名为全国首批特色景观旅游名镇。

（二）永济市蒲州镇旅游景区辐射区空间集聚现况

蒲州镇位于中条山下，黄河岸西，蒲州镇是永济市旅游景点相对集聚的区域，境内有中国四大文化名楼鹳雀楼，《西厢记》故事发生地普救寺、国宝唐朝开元大铁牛，中条第一名刹万固寺，蒲州古城等旅游景区，这些旅游景区分布较集中从东向西沿旅游公路南北方向分布，其辐射区域相互连接涵盖了西厢、鹿峪等行政村，构成景区辐射区的空间集聚现象，为该区发展旅游产业集群提供了条件。

蒲州古城，历史亘古，遗存完好，在唐代和明代，此城曾两度成为我国北方最繁华的文化贸易中心和军事重镇，它深厚的文化积存，可与长江中游的历史名城荆州媲美，相映生辉，2001 年被国务院命名为国家重点文物保护单位。

鹳雀楼，西临黄河、南近蒲州古城，由于其气势宏伟，特别是登上楼顶眼界宽阔，风景秀丽，吸引大批诗人至此地作诗。特别是唐代著名诗人王之涣的留下的千古绝唱“白日依山尽，黄河入海流。欲穷千里目，更上一层楼。”它激励着人们高瞻远瞩，奋发向上，这座名楼已成为中华民族文化的象征。

普救寺是我国戏剧名著《西厢记》故事的发生地，普救寺以它多姿多彩的魅力，独特的“爱情文化”，吸引着众多的中外游客。普救寺内的莺莺塔，以其奇特的建筑形制形成的“普救蟾声”，被誉为我国四大回音建筑之一，令游人流连忘返。另外与普救寺莺莺塔遥遥相应的万固寺位于永济市西南 12 千米的中条山腰，始建于北魏时期，明洪武年间，又把石佛寺、竹溪寺、平陆县沉底村度门寺并入万固寺，时称“中条第一禅林”。

蒲津渡遗址，位于蒲州古城西门外，出土文物黄河大铁牛 (共四尊)，为“天下黄河第一桥”蒲津桥的桥头地锚，铸造于唐开元十二年 (724 年)，距今已有 1300 年的历史，经测算每尊铁牛重约 55 ～ 75 吨，造型精美，铁牛旁各有一铁人牵引，分别代表维、蒙、藏、汉四个民族，为民族大团结的象征。2001 年被国务院公布为全国重点文物保护单位。

目前蒲州镇的五个景点沿旅游公路由西向东依次为鹳雀楼、蒲津渡遗址、蒲州古城遗址、普救寺、万固寺，这些景区的地理位置相对集中，随着旅游业的发展，每个景区所在区域相关休闲娱乐活动内容以及产业的增加、服务设施的完善、居民参与旅游业的积极性增加，这就为每个景区的辐射区域的扩展创造了条件，随着每个景区辐射区的空间发展，未来这五个景区辐射区域将形成空间上的集聚，有利于蒲州镇泛旅游产业集群的形成。

（三）永济市蒲州镇社会产业经济现况

蒲州镇是一个旅游名镇，经济农副产品加工大镇，该镇充分发挥区位优势、资源优势和产业优势，以打造旅游名镇并带动相关服务业发展为目标。蒲州镇为了丰富休闲旅游产品内容，延伸产业链条，鼓励引导发展农家乐，积极支持观光农业，目前全镇景区已建农家乐巧家，观光农业园 4 个。在农业产业结构上，立足本镇资源优势，积极打造四个万亩基地，目前沿山万亩干鲜果基地，沿滩万亩优质芦笋基地已经形成，目前镇域内有中国最大的芦笋基地 6 万余亩，另外万亩核桃基地、万亩葡萄基地正在迅速发展，产业不断优化，格局不断壮大。蒲州镇现有 8 家芦笋加工企业及山楂等农副产品企业，有力地解决了农产品的销售。蒲州的社会服务基础建设有较大提升，镇区已建成由省投资的敬老院一座，建筑面积 1000 余平方米，可解决百余名农村老人抚养困难；卫生院增加医疗设备，改善门诊和住院条件；新建改建农村便民连锁店 29 个，新建农家书屋 30 个，完善农民体育健身设施和文化广场 32 个村，农村社会养老保险 32 个村 4600 名农民资料全登记造册，完成农村困难群众建房工程 40 户，街巷硬化 85 千米。教育设施充实提高，校园环境不断改善，教学质量稳步提高。

7.4.2 永济市蒲州镇发展泛旅游产业集群的必要性

（一）永济市蒲州镇旅游产业现状及存在问题分析

蒲州镇是山西省旅游名镇，处在运城市沿黄旅游品牌线路建设的节点上，也是永济市发展历史文化旅游的重点区域，旅游产业处于初步发展阶段。蒲州虽然旅游资源丰富，现有景区数量较多，但是无论是沿黄线旅游资源还是历史文化旅游资源都没有得到有效整合，存在资源雷同开发、产品单一、旅游产业链不完整、旅游区形象彰显不足等，旅游业还处在观光游览阶段。

永济市蒲州镇虽然旅游资源丰富、知名度较高，但是开发起步较晚，开发程度低，营销体系不完善，市场对其缺乏认知，需大力开拓市场，增加宣传投入，努力树立旅游目的地形象，另外蒲州镇应加大对旅游管理人才引进和培训，提升旅游服务水平，加强对旅游企业的管理。总之，蒲州镇旅游产业要发展，需要从旅游产品、市场营销、旅游管理等方面进行提升，需加强旅游产业间融合，使旅游业向泛产业集群化发展。

（二）永济市蒲州镇发展泛旅游产业集群的重要意义

永济市蒲州镇旅游主要以人文遗产型旅游资源占主要地位，是永济市蒲州镇的优势旅游资源。但目前蒲州镇人文遗产资源存在分散文物多、可视景观少、民间传说多的特点，景点独立开发，未能形成集聚效应。所以蒲州镇应该充分利用自身人文遗产景区多的优势，增强人文遗产旅游资源历史信息可读性，与著名的历史典故联动开发，形成历史脉络的旅游线路，发挥遗产型景区的聚集效应，构建遗产型泛旅游产业聚集区。

随着旅游观光时代向泛旅游时代的转变，旅游产业的综合性越来越强，全民休闲消费需求增强，这为蒲州镇发展旅游业提供新的机遇。蒲州镇应将旅游业与购物、餐饮、洗浴、美容美发、休闲、保健、学习、教育、歌舞、影视、娱乐、体育、农业、交通等产业结合，形成新的业态，构建泛旅游产业集群，从而延长旅游经济活动时间，拓展游客的消费空间，提高各种设施利用率，推动了服务业规模扩张，扩大消费、增加税源、形成产业聚集，提高城镇的竞争力和吸引力，拉动经济快速增长。

7.4.3 蒲州镇泛旅游产业集群形成的SWOT分析

SWOT分析法是国际流行的主要对旅游业环境态势的客观综合分析方法。SWOT是优势（Strength）、劣势（Weakness）、机遇（Opportunity）和威胁（Threaten）四个英文单词的首字母，它是产业聚集区的布局中的重要工具，被广泛运用于旅游业发展战略的制定中。

（一）优势分析（Strength）

（1）区位优势

蒲州镇所属的永济市地处山西省西南端，是我国华北、西北、中原三大地域连接处，秦、晋、豫三省交界处。永济市蒲州镇位于黄河金三角的核心区位，与山西省临汾市、运城市、陕西省渭南市和河南省三门峡市一同构成黄河金三角协作区，北、东可接受太原城市经济区、中原城市经济区的辐射，西可融入关中—天水经济区。作为陕、晋、豫三角地带的中心，永济市优越的区位优势将会对蒲州镇其发展泛旅游产业集群起着至关重要的作用。

（2）交通优势

蒲州镇所属的永济市区位优势明显，交通便利，是运城市外出西北、西南的交通主出口之一，也是山西省对外联系的主要通道之一。运城机场是黄河金三角地区唯一的机场，现已开通巧条航线。铁路方面，南同蒲铁路贯穿市区东西，另有正在建设施工的大西高铁。公路方面，横穿市区的运风高速公路西与西潼高速相连，北与大运高速相接，东与运三高速相通，另有省道临风线、运永线，同时蒲州镇内有专门的旅游公路。空港、铁路和高速公路以及专门旅游公路所组成的立体交通网络对蒲州镇泛旅游产业集群发展直接的推动作用。

（3）旅游资源优势

蒲州镇历史人文旅游资源相当丰富，有中国古代四大名楼之首鹳雀楼、西厢记故事发生地普救寺、中条第一禅林万固寺、唐开元大铁牛等一大批人文景观，蒲津渡遗址、蒲州故城遗址等黄河文明遗产类文物古迹留下的灿烂辉煌的神奇景观，还有王之涣、柳宗元、王维、马远等文人墨客留下的许多千古名句和精神财富，这些历史遗产为蒲州镇提供了品类多样、内涵丰富、品味高尚的旅游资源。

（二）劣势分析（Weakness）

永济市蒲州旅游业发展中所必需的几个条件尽管都可以满足，但不是非常突出，相反，有些方面甚至可能成为未来旅游业发展的瓶颈。

（1）泛旅游产业休闲型服务体系尚未形成

蒲州旅游休闲设施整体接待能力不强，不足以支撑旅游业发展，相应的住宿、娱乐、购物等设施不够完善，现代旅游业态缺乏，难以满足全民休闲时代游客的旅游服务需求，通往部分景区的旅游公路等级低，景区的可达性较低。另外，旅游咨询公共网站建设及公共场所旅游咨询中心建设缓慢。这些都成为限制蒲州泛旅游产业集群发展的制约因素。

（2）旅游开发模式单一

蒲州镇在已开发的人文旅游景点中，旅游形式多是以静态展示型为主，缺少动态展示方式，对于人文旅游资源历史信息可读性不强，旅游开发模式单一，缺乏体验式、参与性、趣味性的旅游产品，对游客的吸引力较小。旅游产业与休闲度假、商务会展、农业等相互融合形成的新旅游业态尚处于开发之中，有待形成集聚规模效益。另外蒲州镇同类资源在开发过程中有很大的相似性，未能发挥优势旅游资源的集群优势，难以满足现代城市居民消费休闲旅游需求。

（3）过境旅游较多，城市型旅游目的地建设缓慢

蒲州镇的旅游资源具有其地域独特性和文化特性，但是特色旅游产品缺乏品牌性、开发力度弱，不能形成鲜明的旅游目的地形象，对主体市场的感召力不足。加之永济旅游业起步较晚，近年旅游业才作为永济国民经济的重要产业来培育，导致目前蒲州镇旅游业基础薄弱，游客多为过境式观光旅游，将其作为旅游目的地的游客较少，直接影响了蒲州镇旅游经济发展和建设。

（三）机遇分析（Opportunity）

（1）线路性观光休闲大环境即将形成

在全民休闲时代下，传统的快走快游的观光型旅游已经难以适应现代旅游的发展，而是以核心城市为依托的体验快走漫游的大区域自然文化的线路性观光休闲旅游。山西提出打造以运城为中心的依托贯穿山西中部城市群的旅游线路轴，运城市旅游规划中提出运城将形成中条山自然生态休闲旅游线路和黄河生态体验休闲旅游线路，永济市蒲州镇作为这两条线路上的重点发展区域应该抓住目前线路性观光休闲大环境，充分挖掘自身的文化旅游资源，抓住近年来城郊休闲旅游业的发展趋势，做强蒲州镇的文化体验游与休闲农业游等。

（2）旅游市场发展的需求

蒲州镇旅游资源丰富多样，且历史文化旅游资源等级较高，在永济市及晋南地区甚至全国都具独特性，同时其处于晋南城市旅游线路轴上的重要节点，旅游市场开发前景广阔；另外蒲州镇与黄河相邻，处于黄河生态体验休闲旅游带，连接晋陕豫三省，有很强的旅游市场发展空间。随着国际旅游业的发展，国内旅游市场的兴起，以及旅游开发政策的逐步实施，都为蒲州镇旅游业的发展创造了有利的环境。在新的形势下蒲州镇应抓住机遇发展旅游这一龙头产业。

（3）文化、休闲旅游方式市场欢迎程度的不断高涨

随着体验经济时代的到来，以单一观光层次为主的旅游产品已经不再能满足人们对旅游和休闲的心理需求，从而转向文化、休闲、探险等专业需求层次。基于此蒲州镇应该延伸旅游产业链，将文化产业、休闲娱乐业、运动康体业、探险等与旅游业交叉融合，形成符合当今休闲度假旅游、文化旅游等主流的新业态产品，这一机遇也是蒲州镇泛旅游产业集群发展的主要方向之一。

（四）挑战分析（meats）

（1）完整的城市型旅游服务体系建设尚需努力

蒲州镇尚不具备现代旅游服务功能，其旅游尚处于初期开发阶段，未形成“吃、住、行、游、购、娱”的旅游产业链，如何形成完整的城市型旅游服务体系，从规模和服务质量上适应未来旅游城市发展的新趋势面临着严峻的挑战。

（2）与周边景区文化竞争及市场线路对接的挑战

随着旅游业成为国民经济支柱产业，周边各个地区都加快了旅游产业发展步伐，增强旅游产品的开发。虽然蒲州镇旅游业发展虽然很快，但仍是面临运城、三门峡、渭南等地旅游景区文化竞争压力以及市场线路对接的挑战。因此蒲州镇应抓住该地旅游景区资源优势，以旅游产业为主导，发展泛旅游产业集群化，增强本地的综合竞争力。

（3）旅游业发展不快，旅游形象定位不清晰，缺乏创新性旅游产品

目前，蒲州镇旅游业发展不快，旅游形象定位不清晰，缺乏创新性旅游产品，未形成明确的旅游发展导向，导致旅游产业的特征不明，吸引力较低，旅游产业的低吸引力直接导致游客旅游目标性不强，游客以过境式旅游为主，将其作为旅游目的地的游客较少，这也直接影响了旅游经济的发展以及与旅游相关配套产业的发育。

7.4.4 蒲州镇泛旅游产业集群化发展与空间建构

（一）蒲州镇泛旅游产业集群化发展模式

依据泛旅游产业理念和全域旅游理念，结合泛旅游产业集群的四种发展模式，考虑蒲州镇自身的产业结构及旅游产业发展现状，蒲州应从全要素、全行业、全时空、全过程、全方位、全社会、全部门、全游客角度出发，适合用旅游目的地城市系统集群化模式结合休闲消费聚集模式，来构建蒲州泛旅游产业集群化发展模式。蒲州泛旅游产业集群化过程主要体现在以下方面：

第一，吸引核心的形成。蒲州镇主要依托普救寺、鹳雀楼、蒲津渡遗址、万固寺与蒲州古城五个景区为基础，它们是蒲州旅游核心吸引力，形成蒲州旅游目的地的核心。

第二，业态规模的壮大。蒲州镇以五个景区的吸引核业态为基础，带动旅游产业与其他产业的融合交叉，促使产业规模扩大，实现全行业参与以及业态形式的创新增多，形成以文化旅游为主，包含文化观光、民俗街区、文化演艺、遗产休闲、养生度假、旅游地产、休闲农业、旅游食品加工等业态在内的主次分明、规模较大的产业体系。

第三，完善配套设施。蒲州在五个景区吸引核体系和文化休闲泛旅游产业体系架构的基础上，要考虑旅游目的地系统下的旅游交通、住宿、接待服务是否完善、要加强旅游集散、商品销售、旅游咨询等基础服务保障设施，同时跟进教育、科技、文化、环境等要素的供给，从而全方位的满足旅游目的地系统的建设。

第四，加强营销与管理。蒲州泛旅游产业集群的形成，最重要的还是要有政府管理部门的支持，以及合理的营销手段来推动，这就需要全部门包括旅游专业部门和相关企业部门的参与，以及游客和当地居民在内的全社会关注，只要有积极有效管理机制做后盾，蒲州泛旅游产业集群化模式会快速成长。

（二）蒲州镇泛旅游产业集群化发展产业体系的构成

在泛旅游时代旅游资源动态化、旅游产业综合化、旅游空间全景化趋势下，泛旅游产业集聚推动城镇社会经济综合实力提高，发展泛旅游产业的最高形态，实质上就是进行全域旅游发展，蒲州镇的泛旅游产业集群化形成应以泛旅游产业集群四种产业集群模式为引导，遵循以人为本、产业融合共生、可持续发展的原则下形成。

蒲州镇有深厚的唐文化旅游资源和黄河文化旅游资源，城镇旅游业发展处于起步阶段，农业比重过高，第二产业发展滞后，第三产业发展具有相对优势。基于蒲州镇文化旅游资源优势以及蒲州目前各产业经济状况，泛旅游经济是蒲州发展战略，确立以旅游为引擎动力带动国民经济相关产业的发展，形成蒲州泛旅游产业集群是蒲州旅游目的地建设的必由之路。

蒲州镇在其旅游目的地建设中首先要打造蒲州泛旅游产业集群化发展产业体系，该体系由核心产业、配套相关产业与支持延伸产业三部分构成。蒲州镇旅游资源丰富，文化底蕴深厚，旅游产业、文化产业是该体系的核心产业；旅游六要素需求的交通业、餐饮业、酒店业、娱乐产业、旅游购物及旅游地产等是该体系的相关配套产业；蒲州镇抓住当地产业发展特点，加强农业、林业、食品加工业、水电等传统产业与旅游产业的融合，以康体养生、遗产保护、会议会展、休闲商业等多个产业构成该体系的支持延伸产业。优化升级蒲州镇的旅游产业结构，真正做到以旅游产业为主导，发展旅游相关产业，延伸旅游支持产业，推进蒲州旅游泛产业化、多元化发展，形成泛旅游产业集群模式实现蒲州旅游目的地的全域发展。

（三）蒲州镇泛旅游产业集群的空间建构

蒲州镇是唐文化遗存的聚集之地，同时处在沿黄休闲旅游带上，加上蒲州现有的农业、林业优势，蒲州镇的泛旅游产业集群空间构建，文化为主的文化旅游业态展示为核心，加上旅游与教育、农业结合的业态空间集聚，实质上就是以唐、养生、地产等结合的业态空间集聚。

蒲州镇从鹳雀楼至西厢村的旅游轴线上分布了鹳雀楼、蒲津关遗址、蒲州故城遗址、普救寺、万固寺等体现唐文化特色的旅游景区，这是蒲州镇唐京裴道文化遗产空间集聚地，也是蒲州城池建设的文化中轴线。相应的蒲州旅游产业集群的区布局也与此对应，形成鹳雀楼—西厢村唐文化旅游轴线，沿旅游轴线布设商娱设施并发展相关产业，将分散的观光型旅游景区提升为唐中都京裴道文化景观泛旅游产业集群区，形成“一轴六区”的空间结构体系。

一轴：西厢村至鹳雀楼旅游路线；

六区：蒲津渡沿黄休闲旅游产业区，鹳雀楼旅游产业区，蒲津渡遗址商道文化体验休闲旅游产业区，蒲州故城大遗址保护区旅游产业区，普救寺风情文化娱乐体验旅游产业区；万固寺宗教文化休闲旅游产业区。

（1）蒲津渡沿黄休闲旅游产业区

①产业区现状与存在问题。蒲州镇西部黄河沿线是一条风光旅游带，近年来，永济也在积极打造“黄河沿线旅游”品牌，但是沿黄线旅游资源没有得到有效整合，存在资源雷同开发，目标不明确，旅游产业链不完整等问题，旅游开发仅停留在观光阶段，处于初级阶段。旅游区形象彰显不足，产业链不完整，存在经济漏损。该区产业的重塑应重视黄河为华夏文明的起源，建设以黄河文明起源为背景的旅游度假区，并以丰富的旅游活动带动度假区产业的发展。在对黄河沿线旅游开发基础上，形成黄河文化体验为核心的观光怀古旅游产业区，加强休闲度假旅游功能，创造多链条与多连接的旅游要素产业业态，实现其综合文化旅游区功能。

②产业区空间建构。依附黄河沿线和运风高速，与陕西渭南、永济市区衔接，以西安、运城为双核心市场，面向晋陕两地共同打造沿黄旅游集群地，实现旅游产业的区域集群化发展，实现其综合文化旅游休闲区产业集群模式。蒲津渡沿黄休闲旅游产业区空间布局图。

在蒲州沿黄旅游区，注重发展黄河水岸游憩娱乐区，满足游客在观光旅游需求的基础上，结合康体健身体验功完善旅游服务设施，设立亲水性旅游能项目进而延长旅游产业链；并以沿黄历史文化展示区为文化灵魂，展现黄河流域悠久的历史文化，沿黄地区有中华民族十分珍贵的遗产，例如中国古代的“四大发明”——造纸、活字印刷、指南针、火药，产生在黄河流域；古渡在历史上具有重要的交通地位，在此打造古渡口风情体验区，使黄河古渡以其独特的渡口风光、黄河文化成为永济黄河沿线旅游的重要景区；在旅游发展的基础上，湿地景观作为主要的生态保护区，具有独特的优势，在环境保护基础上黄河湿地休闲度假区与旅游接待功能相融合，形成一个集会议、度假、休闲旅游为一体的沿黄湿地休闲度假区产业链。

（2）鹳雀楼旅游产业区

①产业区现状与存在问题。鹳雀楼是我国古代四大名楼之一，新鹳雀楼是目前我国最大的仿唐建筑，也是目前国内唯一采用唐代彩画艺术恢复的唐代建筑。在建筑形制上充分体现了唐代风格，鹳雀楼外观为四层，内部其实共六层，楼内所有文化陈列是对黄河五千年文化的诠释，另外，繁华盛唐的氛围和华夏文明在这里得到充分的展示。目前该产业区旅游景观单调，配套设施较差，旅游产业链不健全，客源市场狭窄，经济漏损严重，鹳雀楼应延伸产业链，在其旅游发展的基础之上，增加品牌餐饮、增加休闲观光项目、改变景区旅游交通方式、打破季节性对旅游收入的影响，加强对旅游经营管理，实现旅游产业集群的发展。

②产业区空间建构。古今鹳雀楼，由于其壮丽风景和楼体的雄伟，吸引了大批文人墨客到此留下千古名句，因此在严格保护鹳雀楼的基础上，充分利用文化旅游资源，积极开发文化体验休闲项目，建盛唐黄河诗词歌赋展示，与黄河文化相契合，突出诗词文化氛围，完善景区旅游接待设施基础设施；鹳雀楼所在地区的文明史源远流长，整个鹳雀楼以其独特的人文底蕴和厚重的黄河文化吸引大量名人，在此建立唐中都名人雕塑观览区，配合完善旅游设施，打造有特色的文化旅游教育基地；另外以唐中都文化与体验休闲度假结合，打造唐中都骚站体验区域中都蒲州休闲度假区。

（3）蒲津渡遗址商道文化体验休闲旅游产业区

①产业区现状与存在问题。今蒲津渡遗址，西距黄河堤岸 2.8 千米，东距古蒲州城西墙约六米，南距古蒲州城西门近百米。1988 年 ~ 1991 年对蒲津渡进行了全面的调查、勘探和科学发掘，完整出土了唐开元十二年铸造的铁牛、铁人等重要文物。蒲津渡遗址属全国重点文物保护单位，但目前该旅游产业区发展处于起步阶段，有诸多资源点仍有很大的挖掘空间，缺失蒲津渡遗址的文化体验空间营造，旅游产业链不健全。因此，该产业区应该突出盛唐时期商贸文化意趣，按照一定的意寓结合古代原有渡口场景来布局，重现蒲津渡渡口车水马龙的繁华场景。开发滨河观光景区和休闲体验区等，形成以观光为依托，建设以休憩体验为主的旅游综合产业区。

②产业区空间建构。唐铁牛为唐蒲津桥遗物，在唐开元十二年为稳固蒲津浮桥，维系秦晋交通而铸，至今保存完整，极富观赏价值，可领略大唐盛世筑桥工程，在原有铁牛馆的基础上丰富博物馆内涵，突出唐文化特色，让游人感受千年历史；在原有遗址展示、博物馆建设的基础上，围绕河堤遗址复原骚道，扩充再现的渡口繁华景象，围绕盛唐渡口文化添加相应的舞蹈演绎等节目，使渡口的活化再现更加立体丰盈，形成蒲津渡民俗体验区；模拟古代桥梁建设，黄河淤泥清理以及冶金雕塑工艺的过程及场景，同时展现现代桥梁、铸造等科技，让游客在参观浏览的过程中博览古今科技之伟大与飞跃，形成历史景观展示体验区。以此形成文化展示、文化教育、旅游观览及旅游商服等集聚的产业空间。

（4）蒲州古城大遗址保护区旅游产业区

①产业区现状与存在问题。古老的蒲州古城位于黄河东岸，有五千年的历史文化和两千年的繁荣，是我国古代六大雄城之一。现在的蒲州古城已开发为大遗址保护区，也被划分为文物保护区域，但周围基本为农田。蒲州古城大遗址保护区的旅游开发基本处于初级阶段，旅游产业的发展基本为空白，景区可进入性较差，旅游交通体系还未形成，旅游相关产业基本没有在此区形成。

为了展示和合理利用蒲州古城遗址及其承载的文化内涵，让人们了解历史、延续文脉、善待环境，蒲州古城大遗址保护区旅游产业区建设很有必要。该产业区应该在游憩体验创新下的大遗址旅游开发模式指引下，对蒲州古城遗址进行保护性开发，以大遗址保护区为核心，围绕其建立各功能区以展示古蒲州中都文化为特色，提升观光空间休闲可进入性，建设集文化、旅游、商贸、居住、休闲、养生为一体的城市新区，实现蒲州古城旅游产业集群的快速发展。

②产业区空间建构。围绕蒲州古城遗址保护核心区打造“古蒲州城”文化形象，在遗址以南设置中都古城文化旅游区，重现中唐时期的蒲州城繁荣景象，同时通过模型复原，高科技虚拟图像，3D电影等多种方式了解蒲州城历史与现状，便于游客了解蒲州故城的历史与文化，延长旅游产业链；以蒲州古城外围进行旅游地产开发，建造高尚住宅区，城市围绕着遗址公园蔓延和拓展，起到天然围墙的作用，无论身处在遗址公园何处都会强烈感觉到周围城市的存在，城市与公园互为景观；在保护蒲州故城大遗址的基础上，在保护区的东面靠近普救寺婚庆园的地方发展蒲州古城生态养生休闲产业，彰显度假旅游功能，完善景区旅游接待设施基础设施，可以设生态养生会所，网球场、篮球场等户外运动场，以及室内spa康体、器械运动等休闲度假设施；最后在原有农家乐的基础上全力打造农家乐旅游骚站和休闲农业旅游聚集区，使分散的农家乐整合开发，结合新农村建设完善相关的配套基础设施，可增加院落式农庄酒店，四季果庄，创意农业工坊等新业态，进一步完善饮食、停车、住宿功能。

（5）普救寺风情文化娱乐体验旅游产业区

①产业区现状与存在问题。普救寺始建于唐武则天时期，原名永清院，是一座佛教十方院，整个寺院松柏满垣，以佛教寺院、唐风建筑和西厢记故事的发生地而闻名。普救寺是国家AAAA级景点，山西省十佳旅游景点之一，平均接待游客50万人/年。普救寺旅游产业仅停留在初级开发阶段，能为游客提供简单的车场、住宿、餐厅和旅游纪念品商店等基础旅游服务。该区缺乏主题文化的空间营造，形象定位模糊，未能体现浓厚的文化底蕴，旅游区产品结构不完整，旅游功能单一，存在明显的旅游产业经济漏损。

普救寺作为蒲州泛旅游产业集群重点旅游景区，应把现有普救寺和西厢村整合，进行泛旅游产业集群开发，重塑唐中都求仕与功名道风情文化，打造“普救寺风情文化”这一独特文化品牌，以唐京裴道求仕风情文化旅游为主线，构建旅游产业链。依托西厢村优越的交通区位，并凭普救寺的宗教、历史文化资源，建设唐京裴道文化观光体验旅游功能区，打造集文化观光旅游、求仕风情体验旅游活动为一体的泛旅游产业集聚区。

②产业区空间建构。普救寺是该旅游产业区的核心，应围绕其旅游资源特色，加快布局改造后花园、仿唐街等景点，提高整合开发度，增加休闲观光项目、延长旅游产业业态链；通过完善普救寺相关配套设施，借助永济市独特的地域文化、名胜景点和独有的爱情文化载体—《西厢记》，在普救寺风情文化娱乐旅游体验区内建设一个《西厢记》影视拍摄基地，将拍摄基地打造成为中原首个以爱情文化为主题的爱情旅游综合体，营造永济市作为中国爱情之都的文化氛围；结合唐京裴道廊道门景区建设，在普救寺景区大门外，依托自然山体，建设西厢情缘实景演艺区，结合影视城、艺术园建设，策划“圆梦西厢”或是“缘定西厢”的活动，吸引青年男女到此一游，祈盼爱情天荒地老，永恒不变，打造夜晚经济；改造西厢村，在建设西厢村求仕风情体验街区的基础上，按照该景区及过往游客的需要，在普济寺后花园附近布局综合旅游服务中心，树立景区形象，景区大门可通过皇城大门形象出现，加深进入体验街区的京裴道特色。在西厢村布局一条求仕风情街区，展示京裴道体验区的求仕风情文化，营造独具特色的休闲空间，将文化体验旅游与商业相结合，满足人们的购物需求，使步行街与商业业态达到和谐统一。另外，构建西厢村休闲游憩商务区(RBD) 结合自驾服务接待区建设，完善饮食、停车、住宿功能形成旅游接待聚集区，安排具有夜生活商娱活动的旅游地产项目，形成商娱街形式的夜生活区，吸引游客，逐步与城市旅游对接，形成集旅游度假、会议、娱乐、地为一体的泛旅游产业集聚区。

（6）万固寺宗教文化休闲旅游产业区

①产业区现状与存在问题。万固寺位于中条山麓，始建于北魏时期，属省级重点文物保护单位。万固寺旅游资源品位颇高，佛教文化渊源深厚，但景区面积不大，开发力度不够，仅仅依靠庙会来吸引周边的村民，处于初级开发状态，旅游产业及相关产业没有发展起来。基于此，万固寺需依托资源现状，拓展公共休闲游憩空间，重点开发万固寺及其周边乡村形成宗教历史文化和特色自然景观的集中分布区，提高整合开发度，延长旅游产业业态链，主线源、须弥四洲分布风水结构为主体，围绕其旅游资源特色恢复寺庙中历史时期以须弥山内涵为遭破坏的旅游资主要开辟民俗体验、观光、避暑、祈福等旅游活动。通过连片集中开发，浓缩蒲州盛唐宗教文化特色，形成集商贸服务、宗教文化、城市游憩等的特色宗教历史文化旅游产业区。

②产业区空间建构。万固寺在恢复其佛教须弥风水结构的基础上，布局以体现宗教圣地须弥山景观结构及寓意的盛唐佛教文化体验景区。在原有景区内突出表现佛教须弥山的景观要素，强化宗教圣地须弥山结构。在周边拓展区域的主要空间节点上完善佛教须弥山东胜神州、西牛贺洲、南瞻部洲、北俱卢洲的文化架构，与自然山水结合，形成一个风水要素完备的吉地环境。拓展休闲游憩空间，建设北俱芦洲祈福文化体验项目区、南瞻部洲世俗文化展示区、东胜神洲农业观光游憩区、西牛贺洲晋商商贸文化体验区。

本章小结

大研旅游城镇产业集群的动态演化案例充分证明了理论研究中旅游小城镇产业集群的形成机制、以人文景观为核心的旅游小城镇产业集群的功能导向型构造演化模式、集群内部构造演化的创新推动机制、集群外部空间演化的三种渐进性演化模式等方面的研究结论对现实案例具有较强的解释力，理论研究成果具备现实运用的价值。

县域旅游产业是在县级行政辖区内发展起来的旅游产业。目前，我国县域旅游产业发展存在着散状发展和集群化发展两种形态。散状发展是在一个区域内，初步形成了以各个景点为中心的观光旅游产业，包括景区、旅游酒店、旅行社、旅游餐饮和旅游购物，是旅游发展的初级形态。在我国和世界上许多重要的旅游目的地，旅游产业集群现象已初露端倪。在我国，为了促进县域旅游产业的发展，县政府一般在本县旅游资源丰富、旅游品牌突出的区域，采取一系列政策来扶持、推动、治理，吸引旅游企业集聚，促使该区域的旅游产业快速发展，这实际上是区域旅游产业集群化发展战略。本章在此基础上，以河南省内两个比较有代表性的县为例，对其旅游产业发展的两种模式做了比较研究。

第8章 旅游城镇产业集群动态转变中面临的问题分析

8.1 阻碍旅游小城镇产业集群内部构造演化的主要问题

8.1.1 政府资金投向界定不清以及企业融资渠道单一

资金不足是旅游小城镇产业集群中地方政府、企业普遍反映的核心问题。笔者认为，就目前中国市场经济的发展现状来看，好的投资项目不会真正缺乏资金支持。旅游小城镇产业集群中地方政府和企业都反映资金短缺的根源在于政府资金投向界定不清以及企业融资渠道单一两个方面，并且旅游小城镇的旅游开发资金缺乏保障机制。旅游小城镇建设的资金主要来源于两个渠道：政府财政拨款和企业自筹资金。一方面，政府的资金投向究竟投向哪些领域，是支持企业发展还是加强旅游产业环境和基础设施建设，缺乏明确的界定，造成投资目的不清晰，投资见效不显著。政府认为投入了大量资金，但旅游小城镇的集群培育进展缓慢，企业也普遍反映政府的资金支持力度不够。另一方面，目前旅游小城镇开发建设的主力军是民营企业，开发建设资金主要靠企业自筹资金。但民营企业在经营过程中普遍存在融资难的问题，体现在：第一，融资渠道过于狭窄：民营企业进入资本市场直接融资的空间极为有限，利用债券和股票筹资的可能性很小；从间接融资方式看，民营企业过度依赖银行贷款，目前我国民营企业流动资金的90%来自于银行贷款。第二，民营企业融资缺乏有利的宏观外部环境：政府的优惠政策倾向于国有大中型企业，民营企业抵押、担保难，商业银行的贷款门槛高(都新英，2010)。民营企业自筹资金不足，会影响其旅游开发的推进，阻碍旅游小城镇的产业集群培育。此外，政府在引入旅游开发的主导民营企业时，对企业的资质认证不够完善，引进的民营企业在经营过程中面临的不确定因素较多，一旦出现资金链断裂、经营失败等问题，则将严重阻碍旅游小城镇的旅游业开发进度。例如：云南鹤庆新华村通过文化旅游资源经营权的转让，引进民营企业盛兴集团投资，当时盛兴集团的主业是家电零售，并且正处于快速扩张期。主业的快速扩张需要资金支持，而旅游开发占用了大量企业资金，2005 年盛兴集团资金链断裂，家电零售经营失败，新华村的旅游开发以及旅游产业集群的培育进程因此严重受挫。

8.1.2 旅游产业集群化发展与传统城镇形态和文化保护之间的矛盾

旅游小城镇产业集群发展与传统城镇形态和文化保护之间的矛盾主要体现在两个方面：

第一，旅游小城镇产业集群规模扩张与传统城镇形态保护之间的矛盾。部分旅游小城镇是特色自然旅游资源或民族文化及历史文化资源的集中区域，尤其是具有悠久历史的古镇，其独特的城镇形态是不可多得的人类文化遗产。这些资源为旅游产业集群的培育创造了良好的基础条件，并能通过旅游产业的发展将资源优势转化为经济效益。但是旅游产业集群的培育和发展，需要集聚大量旅游企业。旅游企业开辟发展空间，将对传统城镇的建筑形态和街区形态造成影响甚至破坏。边宝莲 (2006) 指出，不少历史文化名城，将大批居住在保护区内的原住民置换到古城外，招商引资，大街小巷开商铺，临街院落改客栈，喧闹的商业化氛围里，原本赖于农耕经济形成的社会结构形态、传统商业形态荡然无存。当旅游产业集群发展到一定程度时，保护濒临消亡的历史城镇形态将成为旅游小城镇政府必须关注的重点问题。如果政府出台限制旅游产业发展的政策，那么对于依托古镇环境发展的旅游企业，以及准备进入古镇的旅游企业将是沉重的打击，产业集群的规模扩张将因此受挫。

第二，旅游小城镇产业集群中大量外来企业的进入，导致集群嵌入性较弱，并在很大程度上改变了当地建立在历史文化脉络基础上的社会文化关系网络。产业集群的演化受到当地历史文化传统、制度体系等外部环境的深刻影响，通过潜移默化地“嵌入”，产业集群的经济活动将沿着某一种路径演进，产生“锁定效应”。但是，旅游小城镇产业集群中大量企业为外来投资，受当地传统文化根基的影响较小，“锁定效应”不显著。这对于旅游小城镇产业集群的演化一方面是优势，因为这种集群的发展可塑性强；但另一方面对于需要扎根当地历史文化传统，发展特色人文旅游的小城镇而言却是阻碍集群演化的严重问题。因为大量外来企业“嵌入”旅游小城镇社会文化关系网络，使商业文化渗透到小城镇社会文化中，将改变当地的社会文化形态和历史文化脉络，从而降低旅游小城镇的人文资源品质，甚至对当地人文资源造成破坏。因此，如何平衡开发与保护的关系是困扰旅游小城镇产业集群演化进程的难题。

8.1.3 市场竞争秩序混乱导致企业创新热情不足

本研究认为，将旅游者需求变化最终转化为旅游小城镇产业集群构造演化的核心动力机制是旅游小城镇企业创新—市场选择—创新扩散演化机制，旅游小城镇企业的创新强度和频率直接决定着集群演化的进度。但实践中旅游小城镇产业集群中部分企业的创新热情不足、创新频率较低，使集群演化呈现出缓慢甚至停滞的状态。造成这种状况的原因在于旅游小城镇产业集群市场竞争秩序混乱，具体表现为：

第一，价格竞争。一方面，在旅游小城镇产业集群的演化过程中，新进入的旅游企业不断增加。新进企业为争取市场竞争优势，最简单有效的竞争策略就是低价竞争。另一方面，旅行社作为旅游小城镇的客源组织者，掌握旅游产品的定价权。而由于旅游小城镇的客源基本来自中心城市，因此旅游小城镇当地的旅行社大多承担地接动能，组团功能由中心城市的旅行社负责。为争取客源，组团社必然选择低价策略，并进一步将低价损失转嫁给旅游小城镇的地接社，并由地接社进一步转嫁给集群中旅游产品的各个供给部门。低价使旅游企业利润空间不断被挤压，用于创新的投入资金大幅萎缩，企业创新行为受阻

第二，市场模仿行为泛滥，企业竞争恶性循环。首先，由于存在着集群内的知识和信息“外溢效应”与“模仿战略”以及信息传递交易成本优势，单个企业的创新活动很快就会被集群内其他企业模仿，成为集群内的公共创新活动。这种现象一方面加快了集群创新的整体优势，另一方面也会削弱单个企业进行创新活动的动力，容易形成大家都不进行创新的“集体无效率”博弈均衡状态（张杰，刘东，2006）；再者，旅游产品和服务创新难以得到专利保护，而且其生产和服务过程的外显性导致模仿难度小、成本低、见效快，因此，有的旅游企业在创新能力薄弱的情况下可能会采取单纯的模仿行为，而不去创新，当这种单纯模仿的机会主义行为得不到惩罚时，就会使企业失去创新动机和动力，容易形成集群内企业低成本、低价格的竞争恶性循环（冯卫红，2008）。这种恶性竞争将进一步导致集群提供的旅游产品低品质，低档次，阻碍集群向高品质、个性化演化的趋势。如第五章所述，模仿是旅游小城镇产业集群创新扩散过程中的暂时性状态，当模仿导致的恶性竞争严重影响企业发展时，大多数企业将转向学习性创新，因此如何加快旅游小城镇产业集群中的企业尽快走出模仿竞争的恶性循环圈，是旅游小城镇产业集群演化过程中需要解决的问题。

8.1.4 创新型旅游专业人才缺乏阻碍旅游企业的创新实践

集群创新的实践者是大量具有创新精神和创新能力的专业人才。旅游小城镇产业集群的创新实践包括两类人才：一类是具有创新精神的旅游企业家，另一类是经过正规教育和培训的旅游专业人才。然而在现实中，这两类人才在旅游小城镇的集聚突显不足，制约了当地集群的创新实践。造成人才缺乏的主要原因在于：第一，由于旅游小城镇较之中心城市，地理位置相对偏远、经济发展相对落后、基础生活条件相对较差，对专业性人才的吸引力不足，除非当地政府能够出台具有足够竞争力的人才吸引政策。但由于目前各类市、县都在竞相出台优惠政策，争夺人才，小城镇的人才吸引政策难以显现出足够的竞争力。第二，旅游小城镇的企业家普遍受教育水平不高，对旅游产业和市场规律的认识不足，知识视野比较局限，因此创新能力不足。尽管在一些发展比较成熟的旅游小城镇周边出现了专业性的旅游教育培训机构，但这些教育培训机构的人才供给大多面向旅游产业比较发达的市级或县级区域，对于区域旅游产业环境较差的旅游小城镇而言，人才供给还是严重匮乏的。

8.1.5 集群内中介服务机构严重缺失导致集群效率优势难以显现

中介服务机构是使产业集群保持低生产成本、高生产效率、快速创新能力的重要组织。在高科技产业集群和制造业产业集群中都有大量中介服务机构的存在。张炜 (2005) 指出，产业集群中的中介组织主要有进行行业自律的行业协会、商会，为各关联企业提供信息、预测、报价、技术交易、融资等服务的咨询公司、信息公司、风险投资机构等，提供各种沟通和协调服务的科技中介、专利代理、商标代理、税务代理、人才交流中心等，提供评价和审查服务的律师事务所、会计师事务所、资产评估机构等，以及一些评价标准的机构，如检测生产质量和认证产品级别的实验中心。旅游小城镇产业集群中，仅有银行、邮政、园林绿化、清洁等为旅游企业提供最基础性服务的机构，却没有为产业集群提供专业性服务的中介机构。而如果将旅游小城镇产业集群的创新支撑体系也视为服务性机构，那么这些服务性机构也大多存在于旅游小城镇范围之外的县级或市级区域，不包含在旅游小城镇产业集群体系中。可见，旅游小城镇产业集群范围内严重缺失能够提供中介服务的机构。中介服务机构缺失的重要原因是政府职能的过度介入。政府行使了很多本应该由市场机构行使的职能，结果造成政府的事务负担过重，履行核心职能的效率难以体现，而提供的中介服务质量也难以保证。

当然，由于旅游小城镇的地域空间狭小，其难以形成复杂的中介服务机构体系，并且旅游小城镇与周边县级或市级区域存在密切的物质、信息、人力资源交流，因此也不需要其具备完善的中介服务机构，但是专门为旅游产业及其产业集群服务的中介机构在旅游小城镇内的存在还是十分必要的。

8.2 阻碍旅游小城镇产业集群外部空间演化的主要问题

8.2.1 上级政府的总体规划不合理

上级政府的总体规划难以满足各旅游小城镇政府的利益诉求，或者政府规划的执行力度不够，导致旅游小城镇产业集群之间的整合停留在形式上，而在旅游产品互补和市场营销合作，以及旅游腹地通道建设方面的合作难以实质性推进。旅游产业集群化水平较高的中心旅游小城镇政府往往缺乏与周边旅游小城镇进行合作的意愿，新兴的旅游小城镇则极力希望上级政府能够在资源、资金、政策、客源分流等方面给予更多支持。利益诉求的不一致将导致旅游小城镇产业集群之间的合作难以推进。

8.2.2 部分区域范围内旅游小城镇重复建设严重

部分区域范围内旅游小城镇重复建设严重。在一些省区的旅游小城镇建设实践中，受中央政策号召以及实际利益的驱动，地方政府往往在未认清本小城镇的旅游资源实际条件、未明确旅游产业发展定位的情况下，盲目模仿发展成功的旅游小城镇，造成小城镇建设的严重趋同，资源极大浪费。这种现象在地域临近的旅游小城镇中尤为突出，于是旅游小城镇之间出现恶性竞争，各自的经济效益难以体现，集群的集聚优势和创新特征更无从谈起。重复建设问题严重制约了旅游小城镇旨在创造区域范围内差异化旅游产业集群的空间衍生，以及旨在通过彼此整合产生市场影响力协同效应的空间扩散，难以形成高品质的区域旅游目的地系统。

本章小结

旅游小城镇产业集群是新兴的旅游经济生命体，在其动态演化过程中存在诸多阻碍集群动态演化的问题。本章从集群内部构造演化和外部空间演化两个维度，对目前中国旅游小城镇产业集群建设发展中普遍存在的问题进行了归纳。

第9章 旅游城镇产业集群动态转变的政策及建议

9.1 促进旅游小城镇产业集群内部构造健康演化的政策建议

促进旅游小城镇产业集群内部构造健康演化就是要解决旅游小城镇产业集群内部构造演化过程中存在的问题，使其内部构造能够朝着品质提升、个性突出的趋势健康演化。要实现这个目标，应该以构建旅游小城镇产业集群全新的建设模式为对策。这种模式应体现出政府、产业集群、企业三个层面明确的定位和职能分工，由不同的主体解决不同层面的问题，并强化三个层面之间的合作。笔者通过对云南典型旅游小城镇产业集群的详细调研，认为丽江束河旅游城镇产业集群的建设模式正是这种全新模式的代表。束河模式吸取了大研镇旅游业开发和集群演化的经验和教训，比较有效地解决了旅游城镇产业集群内部构造演化过程中存在的问题，收到了显著成效，在当今云南乃至全国的旅游小城镇建设中独树一帜。笔者将进一步总结束河模式中政府、企业、集群三个层面的职能定位，并通过总结束河模式的经验，提出可供其他旅游小城镇借鉴的政策建议。

9.1.1 束河模式的经验

（一）政府层面的职能定位

在束河模式中，政府的职能主要体现在以下几个方面：第一，明确旅游开发思路：确立建设休闲度假旅游目的地的旅游开发思路；提出引入大企业，将束河古镇及外围开发区域土地的经营权转让给企业进行旅游城镇整体建设，并通过旅游带动地产、地产促进旅游的模式使当地地价升值。这种建设方案能够有效解决旅游小城镇开发建设的资金问题，又为政府开辟了收入渠道。第二，招商引资：通过政府招标，引入昆明鼎业投资集团，成立“束河鼎业旅游开发有限公司”。大企业的进入，能够保证旅游开发建设的延续性，并在资源、人才吸引等方面具有优势。第三，编制束河古镇保护与开发设计方案：明确保护束河古镇5.4公顷核心区域，不进行旅游开发；对外围15.6公顷控制地带的街巷和民居，在保护其建筑外立面原貌不变的前提下，允许对内部生活设施进行改造；建设与古镇格局和风貌相协调的仿古新街区，作为旅游产业集聚区。这种开发设计方案既有效保护了束河古镇的建筑风貌和文化形态，又为产业集群预留了充分的地理空间，有利于旅游企业集聚以及今后集群规模的扩张。第四，旅游形象营销：政府负责对束河的旅游形象进行设计和营销。第五，协调社区居民生活与旅游开发的关系：组织社区居民参与旅游业经营、为居民提供日常生活服务，并通过开展社区活动来丰富旅游活动内容。政府与社区居民的密切联系，既有利于稳定古镇原住民不离开居住地，使古镇历史文化形态和社会关系得以维系，又能够使当地居民从旅游发展中受益，改善生活条件。

（二）企业层面的职能定位

这里的企业包括两类：一类是负责旅游小城镇旅游开发和运营的企业；另一类是旅游小城镇产业集群内大量存在的旅游产品和服务供给企业，也就是产业集群的主体。在束河模式中，旅游开发企业的职能体现在：第一，企业自行筹集旅游开发建设资金。第二，制定束河旅游开发的具体方案：对古镇核心区域进行保护性恢复建设；在外围区域以旅游房地产开发来推动旅游产业集聚区建设，并实施分期开发，便于资金回笼，滚动利用。通过旅游房地产建设，推动了区域内地价升值、房价上涨，使政府、企业、居民均受益。第三，负责对各类旅游经营者进行招商引资，在招商过程中注重引入具有实力的各类旅游企业，如引进了香港腾云集团以及澳门、台湾、广东、上海、北京的投资商，通过这些旅游企业的带动，吸引更多小企业和个体经营者进入，从而能够在引进龙头企业的同时，强化产业集群的嵌入性和根植性；并且这些具有规模和实力的外来投资将带来大量具有创新精神的企业家，并吸引丽江当地的旅游专业人才到束河就业。第四，负责旅游城镇景区的日常经营和房产销售。第五，投资进行道路、灯光、绿化、电力、排污等基础设施建设，改善旅游环境，为企业集聚和旅游者进入创造条件。旅游产品和服务供给企业的主要职能体现为自筹资金、做强主业，进行产品和服务创新，企业之间进行合作性创新与交流，强化与当地居民的联系。

（三）产业集群层面的支持性职能

产业集群层面的支持性职能主要指集群创新支撑体系和外围中介服务机构对旅游小城镇产业集群内企业发展的支持。束河模式中产业集群层面的支持性职能主要依托丽江市的旅游产业支撑体系和相关服务机构。束河本地的中介服务在基础性服务机构：银行、邮政、清洁、绿化的基础上，目前成立了旅游合作社，其目的是规避旅游开发中只有少数人直接得利的弊端，按照股份制和协会的方式把圈外的和收入较少的村民组织起来，让多数人得益，有利于社区旅游秩序的管理。但总体来看，束河古镇的集群中介服务机构建设仍然比较滞后。

9.1.2 基于束河经验的普适性政策建议

通过对束河模式中政府、企业和产业集群三个层面职能定位的总结，我们进一步提出促进旅游小城镇产业集群内部构造演化的政策建议。

（一）政府层面的建议

第一，明确政府职能。政府负责宏观规划、政策引导、旅游地营销和为原住民提升社区服务。这样既能发挥政府的主导作用，又能够保障旅游开发和集群培育的正确方向。明确政府职能，还有利于限制政府过度介入企业的经营发展和产业集群的自组织演化过程。

第二，明确政府财政资金投向。政府的财政资金投向应该集中于四个领域：设立旅游小城镇建设奖励基金、设立旅游小城镇产业集群培育扶持基金、投入基础设施建设，以及旅游小城镇形象营销。也就是说政府的资金投向主要是从宏观层面创造有利于旅游小城镇产业集群演化发展的环境，而不是为企业发展提供资金补助。

第三，建立招商企业资质认证体系，完善融资保障机制。为规避进行旅游开发的民营企业的经营风险，在引入企业之前应该对民营企业的主业所属产业的市场前景进行分析、对企业的实际经营状况，包括现金流、资产负债率、应收账款等财务指标进行风险评估、对企业家的创新能力与领导力进行评价，挑选出主业经营比较稳定，具有较好发展前景的企业，而不是单纯注重企业的资金实力，这样才能从源头上保障旅游小城镇旅游开发的持续性，并为产业集群的培育提供充足的资金支持。

第四，规划中预留充足的集群拓展空间。在历史古镇旅游产业集群中，将古镇核心区域与旅游服务区域相分离，通过旅游功能服务区的建设来推进企业集聚，形成产业集群。而在一般性的旅游小城镇的开发规划中，也应着眼未来，预留充足的集群拓展空间，为旅游产业集群的扩张创造空间条件。

第五，政府组织原住民参与旅游经营，并通过改善原住民生活条件以及给予原住民政策性补贴的方式，吸引原住民继续在旅游小城镇镇居住，从而保护旅游小城镇传统文化形态和社会关系形态。

（二）产业集群层面的建议

产业集群层面的职能培育很大程度上仍然需要政府引导：

第一，加强旅游行业组织建设，推进市场监管创新。引导更多旅游企业加入旅游行业组织，充分发挥旅游企业在缔结行业自律规范中的自主性，通过企业协商来创新市场监管方式，使第三方管制职能充分建立在企业共同利益的基础上，发挥更为有效的监管效果，达到规范市场竞争秩序的目的。

第二，加强支持中小企业发展的金融服务建设。各商业银行应通过与异地银行合作、与信托机构合作、与保险公司合作、与担保公司合作等方式来解决中小企业贷款的诸多困难，加大对中小企业的贷款支持力度；大力发展民间借贷，拓宽小城镇及农村地区金融服务渠道，并通过建立民间借贷风险预警机制来规范民间借贷的市场化行为。对于旅游小城镇而言，应重点发展面向中小旅游企业和个人的灵活多样的金融服务，为旅游小城镇的企业和个人经营提供充足的资金支持。

第三，建立面向企业的旅游小城镇产业集群人才培训基地。针对旅游专业型人才培训，应该引导企业与旅游小城镇周边的人才教育机构建立人才联合培养计划，一方面由企业资助部分人才教育，另一方面在企业建立实习基地，从而畅通教育机构与企业的人才供需渠道。

第四，建立创新激励专项基金，并对企业家进行创新能力培育。通过资金支持，鼓励企业在模仿基础上进行学习性创新实践；针对企业家创新能力培育，应由行业协会出面，定期组织旅游小城镇的各类旅游企业负责人相互交流、外出考察、开办学习班，为企业家们及时提供市场信息、更新知识结构、扩宽创新视野，为企业家进行自主创新创造环境。

第五，引导企业与科研机构合作创新旅游产品，推进学术科研成果的市场化转换，丰富旅游企业产品创新的科学性和文化内涵。

第六，促进部分政府职能机构向社会中介中介服务机构转型，发展旅游小城镇产业集群中介服务。可以向社会中介服务机构转型的政府职能主要包括非涉密的信息搜集与分析、资格认证和公证、社会主体间的沟通协调、研究咨询等事务。因此对于旅游小城镇产业集群而言，应重点发展历史文化研究会、自然生态研究会、融资咨询服务公司、旅游咨询公司、旅游产品创新专利代理机构和旅游人才交流中心。这些中介服务机构可以通过区域内相互临近的旅游小城镇产业集群来共同建设，彼此共享其服务功能，完善产业集群的外围支撑，提高集群的生产效率。

（三）企业层面的建议

第一，明确企业职能。旅游开发企业负责自筹资金建设旅游小城镇、进行旅游小城镇开发的具体规划和实施、负责旅游小城镇旅游产品和服务企业的招商引资、负责旅游小城镇景区的日常经营和销售。旅游产品和服务供给企业的职能是自筹资金、做强主业，彼此加强合作与联系，与当地居民进行联系增强企业的根植性。

第二，实施旅游小城镇旅游开发分期滚动模式。旅游开发公司在具体实施旅游小城镇开发规划的过程中，应分期进行建设。在每一期建设中重点建设某一个旅游产业部门的企业集聚区，在这一类型的旅游企业集聚达到一定程度，开发成本逐步收回，市场收益逐步显现的情况下再实施下一期开发。如此，既能保障开发企业的资金回笼与循环使用，又能有效推动旅游小城镇产业集群的形成和集群构造的顺利演化。

第三，实施大企业战略。一方面，旅游开发公司在对旅游服务企业进行招商引资过程中，注重引进大型旅游企业，发挥大企业对中小企业的凝聚吸引作用，推进产业集群的演化；另一方面，大量旅游产品和服务供给企业在经营过程中，可充分利用市场竞争规律，实施企业之间的自由兼并、重组，或者成立战略联盟，建立松散联合体，通过这些合作，将旅游小城镇产业集群内部各产业部门分散的小企业集中起来，增强该产业部门在集群中的话语权，从而改变旅行社主导定价权的现状，一定程度上遏制压价竞争。同时大企业的出现也有利于吸引人才进入，为企业的创新活动提供支持。

9.2 有效推动旅游小城镇产业集群外部空间演化的政策建议

有效推动旅游小城镇产业集群外部空间演化是指上级政府兼顾不同旅游小城镇产业集群的利益，重点建立干预机制，确保不同旅游小城镇之间的差异化发展，并在差异化基础上促进区域旅游目的地的形成。在云南旅游小城镇的建设实践中，旅游小城镇趋同问题得到了有效的解决并形成了一批具有较高市场知名度的区域旅游目的地，其原因就在于云南各级政府对旅游小城镇产业集群的演化全过程建立了有效的干预机制，形成了促进旅游小城镇产业集群空间演化的“云南模式”。笔者拟对“云南模式”干预机制的主要措施进行归纳，从而为推进中国其他省区的旅游小城镇产业集群外部空间演化提供政策参考。

9.2.1 政策指导

云南省 2005 年出台了《云南省人民政府关于加快旅游城镇开发建设的指导意见》，给予旅游小城镇开发建设极大的政策支持。意见中提出了“坚持突出特色、张扬个性”的旅游小城镇开发原则，指出要突出地方民族文化特色和历史文化特色，体现鲜明的民族性和独特性，以增强旅游城镇的吸引力和感染力。意见更进一步从政策支持、工作推进等方面给予指导，促进旅游小城镇的差异化与多样化发展。同时，云南省政府在云南旅游“二次创业”发展战略中提出要重点打造滇中、滇西北、滇西南、滇西、滇东北、滇东南六条旅游精品线路。这六条精品旅游线路由多个区域性旅游目的地构成，而这些区域性旅游目的地又是对区域内多个旅游小城镇进行整合的结果。省政府从政策层面将旅游小城镇的差异化发展与区域旅游目的地的培育结合起来，构建了云南旅游产业发展的立体空间布局。

由省级政府针对旅游小城镇开发建设出台专门的指导性意见，在全国尚属首例，充分体现出云南省政府对旅游小城镇建设的高度重视。有利的政策环境为旅游小城镇差异化发展，形成各具特色的旅游小城镇产业集群，并在差异化基础上构建区域旅游目的地系统奠定了有利的政策基础。

9.2.2 源头把关

为促进云南旅游小城镇建设的顺利推进，打造一系列具有鲜明特色的旅小城镇，避免重复建设，云南省建立了从省政府到地州政府、县市级政府、旅游小城镇政府切实贯彻全方位进行旅游小城镇建设科学论证和个性化规划的源头把关机制“规划先行”的原则。

由省政府组织省建设厅、省旅游局等相关职能机构制定《云南旅游城镇准入标准》，对全省各地具备旅游小城镇开发条件的小城镇进行筛选，形成分批次的旅游小城镇建设名单，入选的旅游小城镇须具备以下条件：景观资源优秀、特色价值高、区位及旅游发展条件好、旅游经济势头好。

各地州政府、市政府、县市政府根据名单，组织专业机构对所辖区域内拟建设的旅游小城镇进行资源分析、产品设计定位、开发思路、推进模式等一系列规划，并形成旅游小城镇的总体建设规划和保护与开发利用规划，以此作为旅游小城镇建设的科学指导。规划中注意协调不同旅游小城镇之间的利益关系，既突出各个旅游小城镇的个性化特征，又为区域旅游目的地的建设铺平道路。在此基础上，县市级政府和小城镇政府出台相应的措施来落实规划，制定旅游产业发展政策，促进旅游小城镇形成别具特色的产业集群。

源头把关机制的优势在于：这种规划从省政府开始，逐级落实，因此可以从全局考虑旅游小城镇的功能定位和空间布局，突出旅游小城镇的个性化与差异化，提高资源配置的效率，避免同一区域范围内同类旅游小城镇的重复建设。在准确定位的基础上，形成完善的规划及推进措施，能够保证规划的有效落实。差异化的旅游小城镇是整合形成区域旅游目的地系统的前提条件，因此源头把关推进旅游小城镇的差异化发展，也为今后区域旅游目的地系统的建设创造了条件。

9.2.3 过程控制

在“规划先行”的基础上，云南省成立了“云南省旅游城镇开发建设协领导小组”，对全省范围内的旅游小城镇建设进行动态跟踪管理。每三年对旅游城镇的建设情况进行一次普查，普查内容包括旅游城镇的规划编制、审批和实施工作情况、旅游城镇的招商引资工作及企业进入后的开发建设情况、旅游城镇领导机构和工作机制的建设情况、旅游城镇开发建设项目的土地使用和财政资金使用情况、旅游城镇开发建设存在的主要问题、困难，以及工作建议措施等。对于三年来建设推进不力、尚无旅游开发企业进入，或者资源利用效率低下的旅游城镇予以摘帽，而建设进展顺利、成果显著的旅游城镇将纳入“云南旅游名镇”的候选名单，在资金、市场推广等方面给予支持。根据动态管理反映的情况，政府为有投资意向的企业与发展势头好、需要资金投入的旅游城镇牵线搭桥，扶持旅游小城镇的发展。

各地州政府、市政府、县政府一方面对区域内的旅游小城镇的发展状况进行长期的动态跟踪，另一方面根据区域内旅游小城镇的发展进程，适时出台兼顾各旅游小城镇利益的区域旅游目的地建设指导文件，并引导旅游小城镇在产品互补、旅游形象整合等方面进行实质性合作，共同扩大区域旅游市场。如目前昆明、丽江、大理、腾冲、西双版纳、红河等一系列具有较高市场知名度的区域性旅游目的地系统就是在当地政府不断对区域内各类旅游小城镇和旅游景区进行产品互补性整合和营销整合的基础上逐步形成的，这些区域性旅游目的地已成为云南六大旅游黄金线路上的旅游热点。

过程控制机制的优势在于：能够从政策高度保障旅游小城镇的建设进度，在旅游小城镇发展的全过程中避免临近小城镇之间的恶性竞争，促使旅游小城镇产业集群依据规划保持既定的演化路径和趋势，而避免发展方向的偏离；并通过政府的过程控制，适时出台引导性政策和措施，促成区域旅游目的地的建设和形成。

9.2.4 环境营造

云南的旅游产业之所以能够成为支柱产业，并呈现出全面开发、加速成长的强劲势头，关键原因在于两个方面：第一，云南全省范围内具有分布广泛、类型多样、特色鲜明、品质上乘的各类旅游资源。这为全省各地旅游业的发展创造了无可比拟的优势条件。第二，云南地处“老、少、边、穷”地区、少数民族众多，. 地理条件复杂，交通不便，长期以来经济发展落后。正是旅游业将云南的自然和人文资源转化为经济发展的优势资源，通过“旅游扶贫”大力促进了基础设施改善，有力推动了区域经济发展，并为贫困地区创造了大量就业机会，提高了城镇居民和农民收入，使贫困人口脱贫致富。可以说，无论在云南的城镇还是农村，人们都普遍深刻地感受到旅游产业发展给社会经济和居民生活带来的显著变化，因此人们从内心深处支持旅游产业的发展，形成了全社会关注旅游产业、支持旅游产业、参与旅游产业的大环境，为旅游产业的发展开垦了肥沃土壤。

现在云南实施的“旅游小城镇”建设，是在“旅游扶贫”基础上，进一步推进城镇化进程的重要举措。政府通过动员社会各界力量，共同投入旅游小城镇建设，进一步使民众受益，强化全民参与旅游产业的社会大环境，有利于遍及全省的旅游小城镇建设的开展，更重要的是全民对旅游产业的高度认同和参与为旅游小城镇之间整合形成区域旅游目的地系统，甚至各区域旅游目的地系统进一步整合形成云南省国际旅游目的地创造了十分难得的社会大环境。这正是云南旅游产业发展的独特之处。

本章小结

有效推动旅游小城镇产业集群外部空间演化的“云南模式”干预机制，从政策指导、源头把关、过程控制和环境营造四个方面进行干预，促进旅游小城镇产业集群差异化发展并形成区域旅游目的地系统。其中政策指导环节为旅游小城镇的差异化发展和区域旅游目的地系统的形成奠定政策基础，源头把关环节制定差异化的旅游小城镇建设规划并为区域旅游目的地系统的建设创造条件，过程控制环节确保了旅游小城镇的差异化演化趋势并适时推进区域旅游目的地建设，环境营造环节则通过强化全民参与旅游产业发展的社会大环境，促进区域旅游目的地的形成与进一步整合。“云南模式”中的政策指导、源头把关、过程控制环节都是政府在推进旅游小城镇建设中的创新之举，具有推广借鉴意义。而环境营造源于全民对旅游业的深刻感知，具有不可复制性，但并不会对旅游小城镇产业集群的差异化发展和区域旅游目的地的形成造成不可逾越的障碍。相反，通过发展旅游小城镇的旅游产业，使人们切实感受到旅游发展给经济、社会和生活带来的改变，能够推进社会大环境的培育。因此，总体而言，促进旅游小城镇产业集群差异化发展、避免同质化造成恶性竞争和资源浪费、并促进区域旅游目的地形成的“云南模式”具有普适性意义，其成功经验可为中国其他省区的旅游小城镇产业集群的外部空间演化提供有益的参考和借鉴。

第 10 章 研究结论及展望

10.1 研究结论：旅游城镇产业集群动态演化基本理论

本研究从理论研究和案例研究两个维度对旅游城镇产业集群动态演化的核心问题进行了系统研究。研究得出的以下结论构成了旅游城镇产业集群动态演化的基本理论。

旅游城镇是指具有丰富旅游资源，通过大力发展旅游产业，使旅游产业在当地产业结构中居于主导地位的城镇。旅游城镇产业集群是指在以旅游产业为主导产业的城镇地理空间内形成的以特色旅游生产部门为核心，其他旅游产业部门根据旅游者需求，围绕核心生产部门形成集聚，并由当地传统产业对旅游产业构成外围支撑的网络状产业集群系统。

旅游城镇产业集群的实质是在旅游城镇范围内形成的旅游产业集群，其特殊性由旅游产业和旅游产业链的特殊性所决定。旅游产业与传统制造业相比，最显著的差异在于生产的旅游产品具有无形性、综合性、生产和消费的同一性，由此导致旅游产业的六要素生产部门之间表现为最终产品的并列关系，并且旅游产品的生产过程就是旅游产品的消费过程，在此过程中涉及三次产业的多个部门。旅游产业链形态的特殊性突出表现在旅游产业链由核心产业链和相关产业链共同构成。由于旅游城镇的地理空间狭小，传统产业基础薄弱，产业结构单一，在其范围内形成的旅游产业集群，无法具备完善的、结构庞大的旅游相关产业链，甚至无法囊括旅游核心产业链的所有环节和部门。旅游城镇产业集群以当地特色旅游资源为重要依托，所表现出来的企业集聚主要集中于旅游核心产业链的生产部门。

旅游城镇产业集群的形成机制分为市场机制、行政机制，以及市场与行政相结合机制。实践中，大多数旅游城镇产业集群都是在市场机制和行政机制的共同作用下形成的。

旅游城镇产业集群的基本构造由核心层、紧密关联层、外围松散层以及需求导入者共同构成。构造演化的方式为以旅行社向旅游城镇导入的旅游者需求为原动力，引发产业集群构造的核心产品变化，进而带动紧密关联产品和外围产品的进一步改变，使集群的核心层、紧密关联层、外围松散层的构造和彼此之间的关联方式随之变化，实现构造的动态演化。在国内旅游需求日益多元化的趋势下，构造演化呈现出多种路径。其中集群核心层产品数量变化可产生三种演化路径：①单核心向多核心演化，核心层产品类型保持不变；②单核心向多核心演化，核心层产品类型不断丰富；③多核心向单核心演化，核心层产品个性和服务品质提升。集群核心层产品类型变化可产生两种演化路径：①核心层产品发生改变，紧密关联层产品和外围松散层产品随之变化；②核心层产品不变，集群各层面产品的个性和服务品质提升。在旅游城镇产业集群的演化不同阶段随着旅游需求的变化呈现出不同的演化路径。进一步，旅游城镇产业集群的构造演化可以归纳为三种模式资源导向型模式、功能导向型模式和综合导向型模式。每一种演化模式呈现出不同的演化路径和趋势。三种演化模式是并列关系，旅游城镇产业集群将以何种模式进行构造演化，取决于旅游城镇产业集群的类型。

将旅游者需求变化转化为旅游小城镇产业集群构造演化的动力机制是以需求为导向的旅游小城镇企业创新—市场选择—创新扩散机制。这种创新演化机制可划分为三个阶段：第一阶段：旅游小城镇内单一旅游企业根据旅游者需求变化而进行产品和服务创新，创新的方式包括对原有旅游产品和服务进行重新组合、以全新创意创造新的旅游产品和服务。第二阶段：旅游企业创新的产品和服务接受旅游小城镇市场竞争机制选择。若创新之后的旅游产品和服务在地方特色、文化内涵、个性品质等方面具有显著差异性，则可以通过扩大产量来获得更多利润，不同旅游企业将在旅游小城镇中共存。第三阶段：单一旅游企业的创新策略得到市场认可，创新策略通过复制、学习、模仿等途径在旅游小城镇同类企业之间扩散，使创新由一个旅游企业扩散到生产同类旅游产品和服务的整个产业部门。旅游小城镇内不同旅游产业部门的创新效率和创新扩散程度不同，每个产业部门的规模扩张和市场影响力产生差异，由此引发旅游小城镇产业集群构造演化。创新演化机制的实现需要一个全方位的创新支撑体系，这个体系由政府机构、行业协会、技术支持机构、学术研究机构、教育机构和金融机构组成。

旅游小城镇产业集群的空间演化分为聚集模式、衍生模式和扩散模式，三种模式构成渐进性的完整空间演化过程。无论何种类型的旅游小城镇产业集群都存在这三种空间演化模式。聚集模式是空间演化的第一阶段，即区域内出现核心旅游小城镇产业集群，围绕该小城镇的核心旅游产品形成旅游产业集群。衍生模式是空间演化的第二阶段，即区域内在原有核心旅游小城镇产业集群的基础上，周边具有相似旅游资源的小城镇又出现了规模较小的次级旅游小城镇产业集群。扩散模式是空间演化的第三阶段，指中心旅游小城镇产业集群周边形成多个次级旅游小城镇产业集群，诸多旅游小城镇产业集群进行整合，促成市级或县级区域旅游目的地系统的最终形成。在基础上，该区域旅游目的地系统对省级旅游市场构成辐射，成为省级旅游市场的重点目的地。内部的构造演化和外部空间演化共同构成了旅游小城镇产业集群动态演化的全景。

理论研究对现实实践是否具有解释力需要案例研究来检验。为此，笔者以云南旅游小城镇产业集群为研究对象，重点对丽江大研旅游城镇产业集群进行个案研究。从形成机制看，大研旅游城镇产业集群的形成是以高品质旅游资源为基础，政府主导和市场机制共同作用的结果。大研旅游城镇产业集群的构造演化是典型的功能导向型模式，以不断突显旅游功能性要素为主线，经历了四个演化阶段：以古镇人文景区为核心的单核心阶段；旅游购物成为新核心产品的集群核心替换阶段旅游购物单核心向购物、餐饮、客栈多核心演化阶段集群构造各层面产品个性和服务品质提升阶段。推动大研旅游城镇产业集群实现这种演化模式的动力机制是以需求为导向，从单一旅游企业的产品和服务创新开始，经过市场选择，逐步扩散到生产同类旅游产品的产业部门，再扩散到大研镇各旅游产业部门的创新演化机制。大研旅游城镇产业集群的创新支撑体系依托丽江市的旅游创新支撑体系，其中旅游行业协会对维护市场竞争秩序的监管创新、金融服务与网络技术相结合建立的“一卡通”旅游结算系统是丽江旅游产业管理中的创新亮点。在构造演化基础上，大研旅游城镇产业集群的空间演化经历了围绕大研镇形成旅游产业集群的聚集模式、实现大研古镇向束河古镇扩充的衍生模式、形成丽江旅游目的地系统的扩散模式三个阶段。

通过对丽江大研镇的案例研究，可以发现，大研旅游城镇的案例从旅游小城镇产业集群的存在性、形成机制、基本构造、构造的演化模式和路径、构造演化的动力机制、空间演化模式等方面，充分证明了相关理论研究结论的现实适用性。理论研究成果不仅能够充分解释大研旅游城镇产业集群的动态演化过程，并且能够探究到演化的内在机理。

旅游小城镇产业集群动态演化过程中普遍存在阻碍构造演化和空间演化的一系列问题。健康促进构造演化的对策是建立体现政府、产业集群、企业三个层面明确定位和职能分工的旅游小城镇产业集群建设新模式，有效推动空间演化的对策是建立集政策指导、源头把关、过程控制和环境营造于一体的政府干预机制。据此，笔者认为丽江大研旅游城镇产业集群演化过程中出现的问题主要有：过度商业化与古镇文化保护的矛盾、旅游商品同质化问题、市场压价竞争问题和融资渠道单一的问题。解决这些问题必须依靠政府干预，重塑大研旅游城镇产业集群的建设模式。

10.2 研究局限与今后研究方向

本研究首次将旅游小城镇的实践上升到理论研究的层面，构建出旅游小城镇产业集群动态演化研究的基础理论。尽管在研究设计和论文写作过程中力求科学吐和创新性，但由于相关研究成果十分有限，加之本人的知识构成和研究能力有限，研究存在以下局限：

第一，数理研究尚有较大拓展空间。本研究是对旅游小城镇产业集群的开创性研究，如何科学地运用经济学数理模型来阐释旅游小城镇产业集群动态演化的相关问题，一直是笔者思考和探索的领域。研究中笔者运用 Logistic 演化模型阐释了旅游小城镇产业集群中企业创新的市场选择机制和创新扩散机制，并构建了旅游小城镇产业集群空间衍生模型，得出了有意义的分析结论。但总体而言，研究对数理模型的运用还有很大的拓展空间。

第二，研究数据不足。我国现行统计体系中的基层统计机构主要到县一级，而大多数旅游小城镇是县级以下建制镇，关于国民经济和社会发展的各类统计数据和调研数据十分有限，部分旅游小城镇的统计数据更是一片空白。旅游产业发展较为成熟的旅游小城镇虽有少量数据，但数据缺乏长期性，难以进行趋势性的研究。笔者虽对部分数据进行了实地调研统计，但苦于个人能力有限，无法形成大规模的研究数据。因此，本研究难以在案例研究基础上进行实证量化分析。

第三，系统性案例研究的广度有待加强。笔者的案例研究主要建立在云南旅游小城镇实践的基础上，理论研究部分多次运用云南的相关案例进行佐证，并进一步将系统性的个案研究聚焦到丽江大研镇上，通过大研镇的案例研究充分论证了理论研究的适用性。理论研究的系统性结论是否也普遍适用于云南其他的旅游小城镇，甚至全国其他地区的旅游小城镇，还需要进一步深入论证。

为进一步完善旅游小城镇产业集群研究的理论体系，深化对旅游小城镇产业集群现实发展问题的认识和理解，提升理论研究对现实问题的解释力，笔者认为，今后的研究可以朝以下方向发展：

第一，构建数理模型对理论研究进行更为深入的论证。如：在对企业创新推动旅游小城镇产业集群构造演化的研究基础上，可以构建博弈演化模型，进一步探讨集群各层面产业部门之间的相互博弈对推动集群构造演化的影响对旅游小城镇产业集群建设的“云南模式”的核心要素进行量化指标的测量研究，从而进一步论证“云南模式”的普适性。

第二，运用比较研究方法对案例进行更广泛的研究。在大研镇个案研究基础上，对云南其他具有代表性的旅游小城镇产业集群，如鹤庆新华村、大理镇、腾冲和顺古镇的产业集群进行系统的案例研究，并对这些旅游小城镇产业集群与大研旅游城镇产业集群的形成机制、构造演化、空间演化进行横向比较，寻找共性与差异，从而丰富云南旅游小城镇产业集群建设模式的内涵。在此基础上进一步拓展案例范围，对全国另一个旅游小城镇建设的代表性省份—浙江省的实践进行案例分析，总结出浙江旅游小城镇产业集群的发展模式，将云南模式与浙江模式进行比较研究，以期获得更有意义的研究结论。

第三，拓展研究对象的区域范围，进行实证研究。在旅游小城镇的数据难以获得的情况下，将研究对象拓展到县域旅游产业集群，选取数据指标，构建相关统计模型，对县域旅游产业集群的集聚效应、构造演化、空间演化进行实证研究。本研究选题在研究广度和深度上都有显著的扩展空间。此次研究将为今后的扩展性研究打下良好的基础。

参考文献

[1] 罗霞 . 新型城镇化背景下旅游产业集群发展路径研究——以江苏泰州为例 [J]. 天津商业大学学报 ,2015,35(5):13–17,53.

[2] 王珏 . 向莆铁路江西沿线区域旅游城镇化发展对策分析 [J]. 企业经济 ,2014(10):122–126.

[3] 张冰 . 基于城市泛旅游产业集群理念下蒲州镇产业集群布局 [D]. 西安外国语大学 ,2014.

[4] 范晔 . 协同理论支撑下的旅游城镇发展策略研究 [J]. 农业经济 ,2014(7):67–68.

[5] 刁述军 . 城郊旅游引导的新型城镇化研究——基于成都市温江区的实践 [D]. 四川农业大学 ,2015.

[6] 朱晓辉 , 范珍珍 , 王佳莹等 . 旅游康体娱乐业与城镇化互动发展研究 -- 以云南为例 [J]. 学术探索 ,2016(8):90–96.

[7] 韩登 . 旅游城镇产业集群形成与演变研究——以云南湾碧旅游城镇为例 [D]. 云南财经大学 ,2015.

[8] 冯卫红 , 胡建玲 . 旅游产业集群网络结构与企业绩效关系研究 [J]. 经济问题 ,2016(2):125–129.

[9] 王美云 . 旅游引导的新型城镇化实践与反思——以杭州为例 [J]. 农村经济与科技 ,2015,26(12):90–92.

[10] 任晶 , 孟祥彬 . 林下经济导向下的西集镇旅游产业规划探索 [J]. 城镇建设 ,2015(4):89–93.

[11] 魏卫 , 何蓓婷 . "美丽乡村" 旅游产业园创新模式 [J]. 西北农林科技大学学报（社会科学版）,2016,16(3):63–68.

[12] 蒋才芳 , 姜佳驹 . 武陵山片区民族文化旅游创意产业集群研究 [J]. 中外企业家 ,2016,(1):41–46.

[13] 覃小华 . 南宁市乡村旅游产业集群培育研究 [D]. 广西师范学院 ,2015.

[14] 刘少和 , 梁明珠 . 环大珠三角城市群游憩带旅游产业集聚发展路径模式——以广东山海旅游产业园区建设为例 [J]. 经济地理 ,2015,35(6):190–197.

[15] 陈雪 , 于丽卫 . 河北省文化产业集群发展路径分析 [J]. 合作经济与科

技,2014(18):5–5,6.
[16] 李丹丹.辽宁省新型城镇化视角下的产业集群发展研究[J].福建质量管理,2016(14):235.
[17] 李卓杰.产业选择视角下的传统农区新型城镇化路径研究[J].郑州轻工业学院学报（社会科学版）,2014(6):97–99,108.
[18] 王维.河南省旅游产业集群发展的思路与对策——以内乡县旅游为例[J].大观,2014(9):237.
[19] 洪文艺.旅游产业集群:区域旅游发展升级新模式——以江西省为例[J].企业经济,2016(1):155–159.
[20] 申欣欣.我国文化旅游产业集群发展探索[J].黄河水利职业技术学院学报,2015(2):92–95.
[21] 陆瑶,陈国生,欧阳琳等.农业产业集群企业绩效影响机制研究——以湖南省环洞庭湖地区为例[J].企业经济,2014(3):125–129.
[22] 张荣天.区域城镇化与旅游发展耦合协调关系及时空分异研究——以皖南文化旅游示范区为例[J].旅游论坛,2015,8(6):60–65.
[23] 黄义军.滨海休闲体育产业集群构建研究——以山东丁字湾海上新城为例[J].东岳论丛,2014,35(9):178–181.
[24] 舒小林,王叶.贵州旅游产业集群的空间结构研究[J].贵阳学院学报（社会科学版）,2015,10(3):45–51.
[25] 郭荣朝,王颖.河南省特色城镇发展模式探析[J].国土与自然资源研究,2016(4):24–25.
[26] 陆相林,张杰,赵宁等.石家庄旅游集散中心网络设施整合与组织协同[J].石家庄学院学报,2016,18(6):80–86.
[27] 李嘉政.新型城镇化背景下温泉旅游城镇发展策略研究——以阜阳市阜南县田集镇规划为例[J].城市建设理论研究（电子版）,2014(7).
[28] 张兆润，夏维力，姜继娇，等.陕西省旅游产业发展与城镇建设互动关系研究[J].科技和产业,2016,16(2):22–30.
[29] 熊正贤,吴黎围.进程与展望：武陵山片区旅游发展30年[J].长江师范学院学报,2016,32(3):45–55.
[30] 许光中.加速玉树区域新型城镇化进程的对策初探[J].青海师范大学民族师范学院学报,2014,25(2):9–12.
[31] 钟家雨,柳思维.基于协同理论的湖南省旅游城镇发展对策[J].经济地理,2012,32(7):159–164.
[32] 贺希娟.旅游驱动的新型城镇化模式选择——以山西吕梁交口镇为例[D].电子科技大学,2014.

[33] 史智，黄小葵．基于内蒙古产业集群的区域品牌建设战略[J]．中国市场，2012(22):62–63,70.
[34] 陶春峰．区域旅游服务供应链联盟的利益协调机制研究[D]．南昌大学，2015.
[35] 李岚．“景区－城镇”空间共生旅游业发展模式创新[J]．商业时代，2013(28):110–111.
[36] 陆亦农，张灵燕，李娜等．吐鲁番旅游产业集群品牌的培育研究[J]．新疆师范大学学报：自然科学版，2012,31(4):1–4.
[37] 杨辉鹏．湖北山区绿色低碳城镇健康发展的路径初探[J]．福建商业高等专科学校学报，2013(4):79–84.
[38] 章明卓，马远军．县（市）域城镇体系结构及其优化——以浙江省桐乡市为例[J]．池州学院学报，2012,26(3):41–44,58.
[39] 王云才，郭娜．国际村镇旅游业集群化发展的经验借鉴与启示[J]．城镇建设，2012(1):28–31.
[40] 高爽，董雅文，祝栋林等．生态文明视角下的镇域空间资源管控研究——以南京市竹镇镇为例[J]．环境污染与防治，2016,38(1):97–101,105.
[41] 吕本勋．城镇化背景下都市旅游卫星城开发战略研究--以南宁市为例[C].2013中国旅游科学年会论文集.2013:53–57.
[42] 杨亚莉．渔区休闲渔业与城镇化的耦合协调发展——以长岛县为例[D]．中国海洋大学，2015.
[43] 蒋向荣，宋扬扬，刘丽君等．新型城镇化视角下生态旅游型卫星城镇发展对策研究--以宾县为例[C].2013中国城市规划年会论文集.2013:1–9.
[44] 向彬．县级行政区全域旅游发展路径研究——基于温江区政府视角[D]．西南财经大学，2016.
[45] 李寿邦，朱韬．美国体育对我国城镇化背景下发展乡镇体育的启发①--以TROYCITY为例[J]．当代体育科技，2016,6(5):154–154,156.
[46] 张娟．两型社会视角下旅游城镇农业产业升级研究——以江苏句容市茅山镇为例[J]．江苏商论，2013(6):57–59.
[47] 赵军，王亚楠，赵娟等．多彩城市·山水共生--青海省海晏县三角城镇中心城区城市设计探析[J]．规划师，2014(1):53–59.
[48] 赵刚，王唯山．旅游城镇社区发展调查与对策研究--以鼓浪屿为例[C].//2014中国城市规划年会论文集.2014:1–9.
[49] 杨懿，李柏文，班璇等．我国少数民族地区旅游城镇发展研究[J]．生态经济，2010(2):105–108.
[50] 刘静．辽宁中部旅游城镇空间结构体系的构建方法[J]．消费导刊，2015(5):241–241.